U0898752

旅游管理专业系列教材

旅游资源开发与规划

杨振之 著

四川大学出版社

责任编辑：陈克坚
责任校对：成　杰
封面设计：邹小工
责任印制：曹　琳

图书在版编目(CIP)数据

旅游资源开发与规划 / 杨振之著. —成都：四川大学出版社，2002.1（2008.1重印）
旅游管理专业系列教材
ISBN 978-7-5614-2208-3

Ⅰ. 旅… Ⅱ. 杨… Ⅲ. ①旅游资源-资源开发-高等学校-教材②旅游资源-经济规划-高等学校-教材 Ⅳ. F590.3

中国版本图书馆CIP数据核字（2002）第005318号

书名　**旅游资源开发与规划**

著　者	杨振之
出　版	四川大学出版社
地　址	成都市一环路南一段24号(610065)
发　行	四川大学出版社
书　号	ISBN 978-7-5614-2208-3
印　刷	郫县犀浦印刷厂
成品尺寸	140 mm×202 mm
印　张	12.5
插　页	2
字　数	307千字
版　次	2002年1月第1版
印　次	2019年7月第8次印刷
定　价	37.00元

◆读者邮购本书，请与本社发行科联系。
电话：(028)85408408/(028)85401670/
(028)85408023　邮政编码：610065
◆本社图书如有印装质量问题，请寄回出版社调换。
◆网址：http://press.scu.edu.cn

前　　言

五年前,笔者撰写了《旅游资源开发》一书(1996年),承蒙四川人民出版社出版。该书虽提出了不少新的东西,在实践中也得到了应用,但现在来看,书中不成熟的地方也不少。从1997年至今,笔者主持了各类旅游规划、策划和项目可行性论证10余个。其中包括《四川省都江堰市旅游发展总体规划》、《四川省江油市旅游营销策划》和策划的"2001年成都中国国际旅游博览会",一些思路成为国家旅游局和四川省人民政府主办的"2001年中国国内旅游交易会"的重要内容,特别是前所未有的"首届中国旅游纪念品设计大赛"和"中国旅游论坛"得到了实施。还与四川大学旅游学院的老师们一起策划了"中国旅游论坛",并亲自对论坛的各项计划如宣传计划、接待计划、论坛日程计划等进行了详细的策划和具体的实施。所有这些使笔者在实践中积累了不少的经验。书中所选的10多个案例,皆源自笔者在实践中的运筹。加之近几年来,国内其他作者也出版了几部有影响的旅游规划方面的专著,使旅游规划理论更加成熟。这些为我重新写作一部旅游规划与开发方面的著作提供了条件。

本书的结构没有按旅游开发的逻辑顺序将旅游规划放在前面,考虑到旅游规划国内论述较多,而旅游开发论述较少,为了显示出本书的重点,而采用"倒叙"的方法,将"开发篇"置于前,而"规划篇"放于后。

我要感谢下列单位这几年来为我的研究提供的帮助和支持,它们是:四川省政协、成都市人民政府、成都市政协、四川省旅游局、成都市旅游局、江油市人民政府、都江堰市人民政府、邛崃市人民政府、四川省凉山彝族自治州旅游局、成都市龙泉驿区人民政府及洛带镇人民政府、南部县人民政府、四川省旅游规划设计研究所、四川省旅游地学研究会、阿坝藏族羌族自治州理县人民政府、甘孜藏族自治州理塘县和乡城县人民政府、九寨沟管理局、都江古堰管理局、青城山管理局、龙池管理局、峨眉山管委会、海螺沟国家森林公园、四川雅安万贯碧峰峡有限责任公司(碧峰峡风景区)、鲁能信谊旅游集团、成都野生世界。

我还要感谢下列各位领导、师长、朋友,没有他们的帮助,这部书就难以出版。他们是:在"中国旅游论坛"筹备期间和编制旅游规划时,给以支持、指导的四川省旅游局局长钟勉,副局长崔志伟、张谷、彭祖德,四川省旅游局原规划处处长、四川省旅游规划设计研究所原所长陈隆志,所长游勇;成都市旅游局局长陈效全,副局长杨剑、赵太想,财务规划处副处长何银武;都江堰市旅游局原局长王永昌,副局长高泽清;江油市旅游局局长,窦团山(即窦圌山,全书同)–观雾山旅游经济开发委员会主任文实、副主任刘浩进、市场开发处处长向东;南部县县委书记庞明鲜、旅游局局长何容培;四川雅安万贯碧峰峡有限责任公司董事长陈清华、副董事长兼总经理魏学大、副总裁陶骏乔;四川大学旅游学院常务副院长王挺之教授、书记孙锦泉教授、副院长石应平先生;四川大学冉光荣教授和艾南山教授;四川省社科联副主席、省民族研究所李绍明研究员;与我一起做规划、策划的各位老师和同学。

另外,还要感谢四川大学出版社对本著作的厚爱,感谢责任编辑陈克坚的辛勤劳动,感谢我的妻子李玉琴为我准备材料、编辑材料和为本书提供了她拍摄的相片。

杨振之

2001年10月

目　录

开发篇

规划篇

开 发 篇

第一章　旅游地形象策划

一、旅游地

旅游地是指在一定的地域空间范围内,以对客源市场具有吸引力的旅游吸引物(tourist attraction)为基础,形成旅游业吃、住、行、游、购、娱六大要素综合协调发展的旅游目的地。它具有以下几个特征:

1. 旅游吸引物是旅游地的基础

旅游吸引物不仅包含了一般意义上的旅游资源,而且还包括旅游服务设施、服务、当地居民的友好态度和其他相关条件(如较好的可进入性等)。

2. 旅游业是这一地区的重要产业,并能影响该地区的经济收入和经济增长

旅游地能通过六大要素的组合、协调,为旅游者提供全面的服务。这是旅游地与未形成产业的一般景点的根本区别。

3. 旅游地的范围可大可小,依具体情况而定

它可以大到一个国家或跨国的某个区域,小到一个服务功能齐全的景区、景点。

4. 旅游地与旅游点既相联系,又相区别

两者在有时是指的同一处地点,只不过旅游点强调的是旅游活动的场所和游客聚集之处,而旅游地强调的是旅游活动所占用的土地利用方式,在美国就直接称旅游地为“游憩用地”;对于一个城市或一个大的区域而言,作为旅游地,又是由若干旅游点构成;

有的地方虽已成为旅游点，但尚未形成旅游产业，就不能称为旅游地(以上参见杨振之《旅游资源开发》，1996年)。

二、旅游规划与旅游策划

旅游规划是在专家、政府、企业和社会公众的广泛参与下，通过对旅游资源和社会政治、经济等因素的调查研究和评价，为未来旅游业的发展寻求社会效益、经济效益、环境效益的最优化的过程。

旅游策划是对旅游的创新。它是通过创意去整合、连结各种资源和相关因素，再通过对各细分目标市场需求的调查研究，为市场推出所需要的产品组合，并对其付诸实施的可行性进行系统论证的过程。

创意是策划的起点，创意的意义在于提出了一个新问题，是创新的开始。但它还缺乏科学、严密的可行性论证。一个好的创意可能带来一个市场，但不等于就会带来市场。创意只有经过策划，才有可能变为现实。因而创意更多地依赖于个人知识的积累和经验的积累，依赖于个人的感受和经历。

高水平的策划需要以高水平的创意为起点，因此策划是对创意付诸实施的系统论证的过程。在这一过程中，对市场需求的调查研究是策划成功与否的关键。所以，策划指向的是市场的需求。

旅游策划是旅游规划的灵魂。规划是比策划更庞大的工程，它是对社会、经济、环境效益的最优化进行预测，它比策划更讲综合效益和协调发展，但规划的可操作性是由策划来作保证的。规划指向政府行为，规划文本是规范性文件，对地区、政府、部门、企业和人的行为起规范作用，它强调整体战略性、方向性，其实质是立法。

三、旅游地形象定位的支撑要素

旅游地形象定位是旅游地形象策划的核心。旅游地形象策划又是旅游地整体策划的重要组成部分。旅游地策划主要包括形象策划、产品策划和市场策划三大要素，在以后的章节里将作逐个论述。它们的关系如图 1-1 所示：

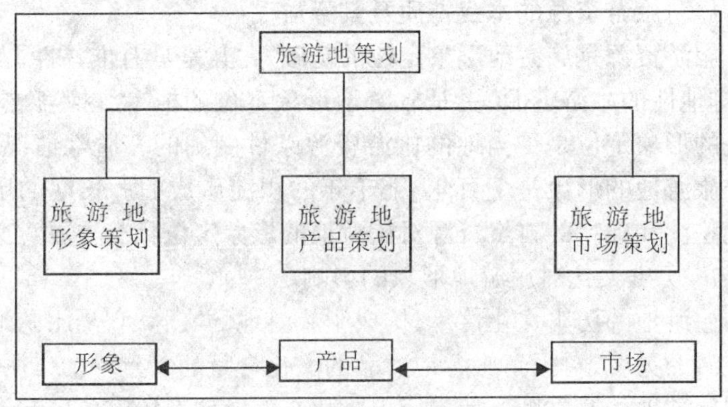

图 1-1　旅游地策划的构成要素

旅游地形象是旅游地对客源市场产生吸引力的关键，是旅游地的象征，是召唤旅游者前往旅游地旅游的旗帜，同时也是旅游者对旅游地的感知和认知印象。旅游地之间的竞争在很大程度上是形象之间的竞争，所以这不得不迫使地方政府、企业、风景区面对这个重大问题，动用大量的人力、物力和财力，对自己的形象定位进行研究。

世界上许多著名的旅游地，我们对它们的形象已是耳熟能详。这些形象及其所包含的丰富的内容构成了对旅游者的强大的吸引力。如巴黎的旅游形象是“花都”，给了世人迷人的、浪漫的、艺术天堂的暗示。香港的旅游形象以前是“购物天堂”，将低廉的商品价格、丰富的物产、自由的购物环境和娱乐环境等信息告知了世人;现在的形象定位是“动感之都,就是香港”(The City of Life, This is HongKong),香港旅游将“动感”二字表现得淋漓尽致。反过来说,旅游业不发达的地方,旅游形象也黯然无光。

旅游地形象需要提炼和策划。但旅游地形象绝非凭空杜撰,它的形成受制于几个关键因素。

(一)旅游资源的本我特质及其释放

旅游资源是旅游地形象定位的基础,尤其是具有惟一性、垄断性、排他性的旅游资源,更是旅游地形象定位的根本。换言之,旅游地的形象定位是受当地的旅游资源条件制约的。通常情况下,一个旅游地的形象是上百年、上千年的积淀形成的。长期的历史变化积淀和独特的自然资源对旅游地的形象定位具有重要意义。

1. 历史文化对旅游地形象的影响

旅游地的历史文化传承,构成了旅游地的文脉,它是旅游地发展旅游的灵魂,对提高旅游地产品的文化含量起着重要的作用,能增加旅游地的厚重度。如果历史文化在旅游地形象定位中起了关键作用,这就决定了旅游地产品开发的方向和它吸引的旅游者的类型。比如,中国是世界上四大文明古国之一,其“东方文明古国”的形象在全世界深入人心,当然支撑这一形象的是她灿烂的五千年的文明史和多姿多彩的历史文化,以及以北京、西安、南京、杭州、洛阳等中国古代帝都为代表的旅游目的地。这一形象的定位决定了中国的旅游产品的特色以历史文化观光产品为主,吸引的游客也多半是猎奇、探秘的年龄在40岁以上的观光游客。如果中国要开发度假旅游产品来吸引海外度假游客,与其在国际市场中的旅游形象相悖,就难以受到市场的认同,因为海外度假游客所认同的度假旅游地在美国夏威夷、加勒比海沿岸、地中海沿岸地区,绝不会想到中国。中国开发度假旅游产品的主要市场应是国内市场,所以,国家旅游局在20世纪90年代中期决定开发12个国家级度假地时，思路以吸引海外游客为先导，就有很大的困难。近来，国家旅游局改变思路在内地开发山地度假地，很明显这是为了满足国内市场和内地区域市场的需求。

2. 自然旅游资源对旅游地形象定位的作用

自然旅游资源的表征构成了旅游地形象定位的“地脉”，诸如气候、气象、地形、植物、动物等自然旅游资源，都可能成为旅游地形象定位的决定性因素。比如四川省，在众多的旅游资源中，大熊猫具有绝对的垄断性。中国80%以上的大熊猫在四川。大熊猫既是中国的国宝，也是全世界动物保护的标志。因此，四川以“大熊猫的故乡”作为旅游形象，就具有无可比拟的号召力。如果成都市仍以“大熊猫的故乡”作为旅游形象，既出现重复，又缺乏资源垄断性和资源基础，反而与这座城市千百年来的文化传承和生活习俗相左，就不是恰当的定位。

3. 历史文化与自然旅游资源在旅游地形象定位中的优势比较

应该说，每一个旅游地都有丰富的历史文化和自然旅游资源，每一个旅游地在谈到它们的旅游资源时都会如数家珍。在旅游地的形象定位中，经常会遇到哪一方面都割舍不下的现象。如何比较这两方面旅游资源在旅游地形象定位中的优势，标准和尺度如何把握，就显得十分重要。我们认为，无论是历史文化的，还是自然的旅游资源，资源的垄断性、惟一性和排他性是旅游地形象定位的原则。如果两方面都有这些品质，则在形象定位中两方面同样重要。

比如，四川省眉山市在旅游资源上有如下类型和特色：

●瓦屋山国家级森林公园，世界上最大的高山杜鹃群落之一；

●麻浩崖墓，中国最大的汉代崖墓群；

●三苏祠，苏洵、苏轼、苏辙故里；

●彭祖山，彭祖长寿文化的故地。

面对如此丰富且品质都不错的旅游资源，割舍谁也会觉得可惜，全部都容纳则会造成形象的模糊不清。所以许多地区在形象定位时将自然和人文两大类统统纳入旅游地形象之中，可以说是千篇一律，毫无生命力可言。在上面眉山市的例证中，明显地具有惟一性、垄断性和排他性的旅游资源只有三苏故里；另一具有垄断性的是麻浩崖墓，但其可观性大受影响，作为形象又缺乏惟一性，因为它只以规模取胜。因此，“三苏故里”应作为眉山市的旅游形象。

如上所述，在形象定位中，如果自然、人文等都很重要，两者都会成为旅游地形象定位的重要因素。但涉及对旅游资源的评价问题，如果做得不好，采取中庸之道，两方面都不放弃，其结果就无特色，对市场也就缺乏号召力。

比如，四川省所编制的各市、县、州旅游发展总体规划，从省内专家的技术而言，在全国也颇具实力，其总体实力决定了规划成果是基本可行的。尤其是由省旅游局规划设计所牵头对每个规划形成从编写大纲—初稿—定稿的三级咨询评审制度，广泛汲取各学科专家意见，保证了规划成果的科学严谨。笔者自始至终参与咨询，其中可选取一些个案来分析、探讨，由此看出一部规划的形成是十分艰难的（这里只作问题研究，所选案例都是十分优秀的规划，包括在书中其他地方提到的规划个案皆如此）。

四川省甘孜藏族自治区丹巴县位于康定以北，与阿坝州马尔康县毗邻，是嘉绒藏族的主要聚居区之一，该县导向性旅游资源的特色、品级如下：

●以墨尔多神山为代表的高山自然生态资源区，墨尔多神山是康巴地区四大神山之一，为藏区重要神山，其宗教文化的意义更大；

●嘉绒藏族风情，嘉绒藏寨民居“原汁原味”，分布广泛；

●梭坡—中路一带保留有 100 多座挺拔的藏碉群，最高达 50

多米,有六角碉、八角碉,还有十三角碉。

如何进行形象定位?这里自然生态和人文资源都异常丰富,规划文本在提交的初稿讨论时,将形象定位为“川西嘉绒藏族风情与自然生态观光、休闲度假旅游目的地”。这个形象定位既照顾了自然、人文两方面的旅游资源特色,又照顾了观光旅游和休闲度假旅游的产品特色定位,可谓面面俱到,但特色反而凸现不出来。丹巴主要是一个观光旅游地,并不适宜休闲度假。同时,在旅游资源的特色、品质评价方面,它的自然生态在川西片区不具有惟一性和垄断性,在与同片区的邻近区域比较以后,自然生态在形象定位中应放弃。若以嘉绒藏族风情定位,也不具有惟一性,在小金县、理县、黑水县、马尔康县、汶川县等地都有嘉绒藏族聚居。在咨询论证会上,笔者想到曾有一位建筑学家以“千碉之国”来形容丹巴县,这正是丹巴县的灵魂所在:既能体现嘉绒藏族文化,又能将独特性显现出来,而且藏碉本身就是一种形象,具有强烈的冲击力和感染力。所以,笔者当时就建议丹巴的旅游形象定位为“千碉之国”,旅游产品特色定位为“康区嘉绒藏族风情观光旅游胜地”,这不仅突现了特色,而且旅游开发的方向也得以明确。

如前所述,若自然、人文资源两方面都有价值,舍去一方面就可能失去本应当具有的更大的感召力,在形象定位时两方面都要兼顾。

如《四川省旅游发展总体规划》,是 WTO(世界旅游组织)专家在中国境内编制的第一部省级区域规划,对规划界具有一定的指导意义。该规划将四川省的旅游形象定位为“中国自然生态旅游目的地”,以川西旅游资源为基础,市场定位更看重欧美市场。规划对自然生态方面的定位较准确,却忽视了四川是一个文化大省,而对三星堆、都江堰都不十分重视,由此引起了国内部分专家的不满。当然,要在半年之内熟悉、理解上千年的地方文化积淀,并能加以概括和提炼,确实非常困难。相反,四川以三星堆、都江堰为代表的古蜀文化在全国具有惟一性、垄断性、排他性，特别是三星堆的考古发掘成果，证明了长江上游是中华文明的发祥地，成都平原是长江上游文明的摇篮，古蜀文化是一个独立于中原文化的文化圈。这在一定程度上改写了中国历史。更特别的是三星堆出土的青铜人、青铜人面具、金杖等全非中原正统文化因素，其夸张性、艺术性、神秘性使它具有无与伦比的吸引力。在2000年相继出土的成都市战国羌人船棺墓葬群及金沙遗址，更加凸现了三星堆的神秘性。青铜器中大量对人物的艺术描绘和金杖等古希腊、古埃及文化因素更使西方人如痴如醉，百思不得其解。三星堆青铜器在欧美、日本巡回展出时，场场爆满。以三星堆为代表的古蜀文化在成都平原的考古发掘可谓硕果累累，七座古城相继发现，将古蜀文化推向了全世界。

因此，以三星堆、都江堰为代表的古蜀文化不仅资源级别高，历史价值、艺术价值、美学价值、科学价值也都无与伦比。在四川旅游形象定位中，就不能忽略古蜀文化。因此四川省的自然生态优势和古蜀文化优势同样明显。四川省的旅游形象定位，较圆满的应是"熊猫家园，古蜀王国"。

"家园"一词优于"故乡"。"故乡"是过去的家园，非现世的家园。"家园"具有现世性，表示现在的存在，由此可明白告知世人四川良好的生态环境。"古蜀王国"，告诉受众这里有灿烂辉煌的古蜀文明和丰富多彩的蜀文化，这一文明曾经辉煌而又很快消逝，从而增添了人们对四川省的神秘感。

以上论述的是，旅游资源的本我特质对旅游形象定位的重要意义。所谓旅游资源的本我特质，即旅游资源自身所具备的价值(历史价值、文化价值、艺术价值、科学价值)和品质、特色，由此决定了旅游资源自身的级别。它是旅游形象定位的基础，是旅游产品开发的基础。离开了这一基础而谈旅游开发，通过炒作可能在短期内带来大量客源，但其生命力一定不大，生命周期一定不长。

另外,像主题公园这一类旅游资源,它不是原赋的自然、人文旅游资源,而是对原赋旅游资源的仿制和整合。对这类旅游资源,虽然不具备历史价值、科学价值,但仍具备艺术价值和文化价值,它经历了艺术的再创造过程。同时,这种对原赋旅游资源的仿制和整合,仿制和整合的水平也能体现主题公园的品质和特色。

旅游资源只具备本我特质还不行,还应兼具本我特质的释放功能。旅游资源存在于这个世界上,在以不同的方式释放自己、表现自己和展示自己。资源所表现出来的美感度,它的观赏性、参与性,它释放的状态往往决定了它的吸引力的大小。有的资源价值很大,但形不成风景,那么它就难以转化为产品。即使它被开发成旅游产品,也难以为世人认同。有时出现了这样的现象:通过专家评定,某项旅游资源如某地质剖面,某一漏斗群或者某一文物的价值很大,专家们也写出了大量论文,可这类资源就是迟迟不能转化为产品,为市场所接受,原因也许有多种,但若排除其他开发条件,恐怕旅游资源本我特质的释放和外溢不充分是重要原因。

旅游资源本我特质的释放,是旅游资源通过地形、气候、气象、山水等形式将其内在特质形象地表现出来,或雄奇、隽秀,或幽深、灵雅,或惊险、神秘,或巧夺天工、惊天动地,使人们置身其景,能被其美丽的景观、迷人的风采、特有的气质所吸引。所以旅游资源的本我特质释放得如何,释放得是否充分,也就成了旅游资源评价的重要部分。

(二)旅游者的感知、认知

旅游者的感知是旅游者对旅游地的资源所释放出来的本我特质的印象。这一印象的形成经过了从“想象的形象”到“真实印象”的过程,有的专家用“本底感知形象、决策感知形象、实地感知形象”(李蕾蕾,1999 年)来研究这一过程。无论如何,旅游资源的特质、环境所外溢表现出来的形象是一切感知的基础,离开了这一基础,一切感知皆无从谈起。

所谓“想象的形象”,实际上是旅游者在已往的生活、学习经历中,通过各种载体的描述(文本、影像、口碑等)对旅游地的“神游”(精神游历)印象。这一印象使山水文化精神得以延续,使旅游市场在润物细无声中得以培育,更使一个人的空间想象能力和形象思维能力得以发展。这对于人类来说,其功莫大焉。

想象的形象对想象者、神游者来说,是非真实的印象,却是他人的真实印象。想象的形象是非真实的,却以他人的真实印象为依据。在对旅游地的形象感知中,他人的真实印象会影响旅游者到实地后的真实感知印象。

旅游者到达某一旅游地后,就会对旅游地产生真实的感受,从而获得“真实的印象”。就单个旅游者而言,这一“真实印象”对旅游地形象的确立也许无足轻重,而且每个游客对旅游地的印象因其经历、修养、素质的不同而各有差异。但正是基于旅游资源自身的特色和品质,以及对这些特色、品质的形象表达,才使得上百越千年来众多游客产生了“共性感知”,这些“共性感知”经过提炼,就成为旅游地的形象。

例如,成都市和四川省就其在中国的地理位置、文化特点、军事地位、经济地位等各方面来说,都堪称“中国后花园”(《中国后花园》,杨振之,1999 年),以“中国后花园”来定位也十分鲜明形象。这里 2 500 多年来,“水旱从人”,号称“天府”。富足、悠闲是成都千百年传承的基因,茶馆,美食(川菜、小吃),川剧,消费方式和生活习俗,无不表现出小康、满足、悠然自得的特点,这些特点对地域文化的影响十分深远。所以,成都市的旅游形象可定位为“天府之都,休闲乐土”。这一句话是笔者在为成都市撰写《成都市旅游业“十五”计划和 2015 年远景规划纲要》时提炼的。很显然,从西汉时司马迁写《史记》,到如今众多旅游者的感受,都是如此。这一形象定位有大量的文献资料佐证,这就是千百年来众多游客对成都的“共性感知”。如果将成都市形象定位为“熊猫故乡”,就无文化支撑，也与“熊猫”生态环境无直接的关系。

认知是比感知更高一级的认识形式。感知停留在感受、知觉层面上，对被感知的对象的认识往往止于印象层面。尽管这种感知印象离理性认识还有差距，但恰恰这一感知印象（初始印象或常言的“第一印象”）对对象的感觉很有可能切中要害，这正是感知的价值所在。认知比起感知就要理性得多，它是在感知对象之后，在游历过程中和旅游行为结束之后，对旅游地这一对象的属性、特性、品质的深入而理性的认识。经过认知阶段后，就容易在旅游者大脑中对旅游地的印象最终定格。这一阶段包括了游历过程中的深入考察、思考，游历结束后的回忆和翻阅大量资料对自己的印象加以判断。所以，认知是对旅游地属性、特色、品质的理性认识，它容易提炼出旅游地的形象，即对旅游地的形象进行较抽象的总结。

旅游者的旅游行为与感知、认知和旅游地形象的关系如图1－2所示：

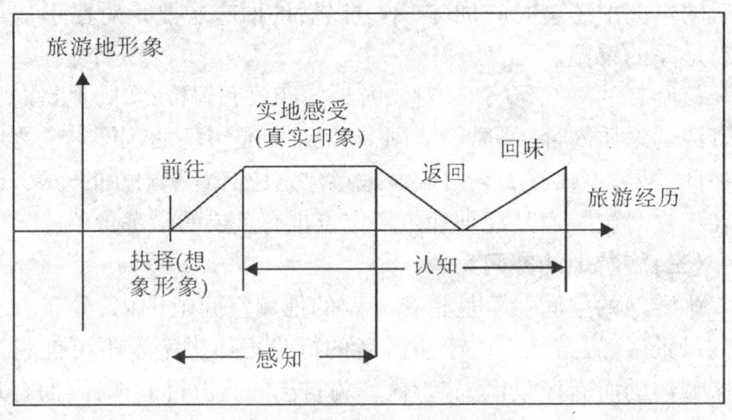

图1－2　旅游行为与感知、认知和旅游地形象关系图

图中所示，只是通过图示形象地表达出了一个旅游者的旅游经历（旅游行为）与旅游地形象及感知、认知之间的关系。旅游者在出发之前,都处于对旅游地的抉择和旅游的准备活动时期,此时旅游者停留于“世俗世界”(或称惯常环境),对旅游地形象的感知仅停留于“想象形象”阶段。一旦选择定了旅游地并前往旅游地时,沿途的风光和风情都会对“想象形象”加以印证并逐渐充实,对旅游目的地形象感知在感知沿途风物时也渐渐展开并越来越接近真实。当游客到达旅游地,而在旅游地“诗意地栖居”短暂时间(杨振之《旅游资源开发》,1996 年)时,便进入对旅游地的实地感受期,此时对旅游地的形象是真实印象。想象形象与真实印象都是对旅游地的感知。当游客离开旅游地,就开始回到居住地,进入返回的游程,从此,游客开始进入回味期。在回到家中以后的很长期间内,游客都会对这次旅游经历、旅游地的感受进行回味。这一回味过程就是对旅游地的理性认识过程,只不过旅游者对旅游地的认知从到达旅游地实地感受时就已经开始了。通过这一过程,旅游地形象就在大脑中形成。如果这次旅游经历难忘,印象很深,在以后的生涯中还会时时回味,不过以后的回味主要是对已形成的固有形象的重温。

旅游者的感知、认知是对旅游地的印象和评价,实际上是对旅游资源的本质属性、特质的认同,归根结蒂是市场的认同。它之所以如此重要,不仅在于它对旅游地形象定位有着基础性的意义,而且在于它对旅游产品规划和市场定位也有重要的参考价值。

(三)旅游地的空间竞争

旅游地的空间竞争是指在一定的地域空间范围内,分布着若干的风景区、旅游区。由于旅游者的行为规律决定了不可能将这一区域内的所有风景区、旅游区作为自己的旅游目的地,因而客观上这些风景区、旅游区之间存在着市场竞争,这首先表现为风景区、旅游区之间的形象竞争,其次是产品竞争。

旅游地之间的空间竞争决定了旅游地之间存在形象竞争。形象竞争的核心是使自己的风景风、旅游区与其他风景区、旅游区的形象区别开来,进而使自身的产品特色与其他风景区、旅游区的产品特色区别开来。差别化、个性化的形象工程,是当今中国大多数旅游地面临的重要课题。

由于在同一区域内同时存在若干的风景区、旅游区,这些旅游区的分布或者在一条环线上,或者在旅游干线附近,这样将造成如此局势:在市场开发方面,要么共享市场,要么争相对共同市场进行分割、竞争。因此,在旅游地的形象定位方面也会出现两种状况:

1. 差异化形象定位

差异化形象定位突出了不同旅游地的个性化形象,在同一区域内产生"形象叠加"的效果,从而使该区域的吸引力倍增,可以吸引不同的细分目标市场关注这一区域。图 1－3 是四川省"九环线"(九寨沟旅游环线)的示意图,通过各个不同旅游地在同一区域内的分布,我们来分析在这个区域是如何产生"形象叠加"效果的。

所谓"形象叠加",指在同一区域内不同的旅游地的差异化形象定位,它使每一个旅游地的形象影响力大增,进而形成一种叠加的合力,产生爆发性的影响力。

图 1－3 的旅游地的分布及其差异化形象,可以说是一个十分典型的实例。

在"九环线"上,分布着多个世界级的旅游地。成都市的武侯祠和杜甫草堂,在国内同类旅游地中具有明显的优势地位,对海外市场有吸引力。离成都市仅 25 分钟车程的都江堰市的青城山－都江堰风景名胜区,是"世界文化遗产";九寨沟是"世界自然遗产";黄龙也具有同样的桂冠。在这条线上已有三个世界遗产。2001 年四川省正在积极申报卧龙－四姑娘山大熊猫世界自然遗产,这个风景区既是中国已发现的大熊猫最多的地区,其生物多样性和植物的垂直带谱分布在世界上也具有典型意义。从资源级别来看,更从大熊猫的保护来讲,申报成功的可能性极大。另外,三

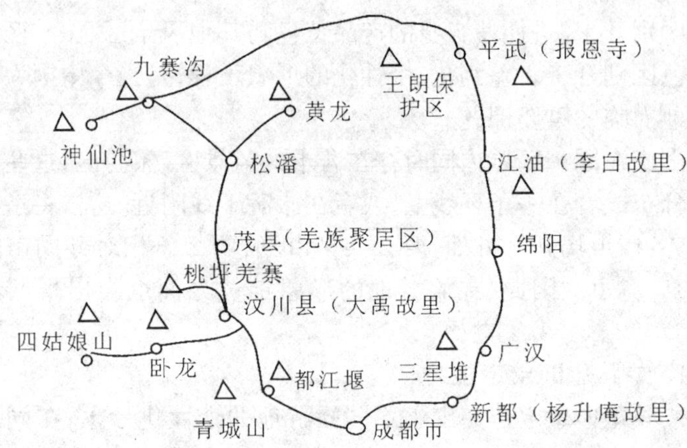

图 1-3 “九环线”旅游地分布示意图

星堆也正在申报世界文化遗产。居于汶川县与理县交界处的桃坪羌寨的世界文化遗产也正在积极的申报中，且三星堆和桃坪羌寨申报成功的可能性极大。于是，在近两年内，“九环线”上将有 4～6 个世界遗产诞生。世界上还能够找出第二个区域在一条1 000公里的环线上分布着如此众多的世界遗产级别的旅游地吗？除此之外，还有江油市的李白故里，如今正在积极开发。李白故里保留有太白祠、陇西院、磨针溪、名贤祠、衣冠冢等 13 处遗址，且都保留较好。开发之后，这里也将成为吸引海外游客前往寻根的旅游地。汶川县又是大禹的故里，还有圣迹遗留。此外，茂县、汶川是中国的羌族聚居区，平武县白马乡还有惟一尚存的氐人后裔，现为白马藏族，九寨、黄龙、四姑娘山是藏族居住区。

这个区域资源富集，世界级的旅游资源众多，为全世界所罕见；更为重要的是，这些世界级的风景区在旅游形象上互不雷同，旅游资源的特色各自差异较大，形成差异化的旅游形象。青城山是道教发祥地，天师道祖庭，以道教名山为形象；都江堰以古代生态水利工程和水文化为形象;九寨沟、黄龙以多姿多彩的水和藏族风情为其形象;卧龙-四姑娘山以大熊猫、现代冰川为其形象;三星堆以消逝的古蜀文明为其形象;李白更是名人形象效应。这些风景区之间在旅游形象上并不存在空间竞争,而是居于同一个区域内,相得益彰,产生了"形象叠加"的良好效应。1997年重庆市与四川省分治,四川失去了三峡热线后,当时就没有热线了。如今"九环线"已成为四川的旅游热线,而且这条线路对海外市场的吸引力将越来越大。

在世界上,旅游资源如此富集,在总体上这些世界级旅游资源相互之间又不雷同的区域并不多见。我们遇到的更多的案例,是在同一区域内往往旅游资源特色具有相似性,这就不可避免地造成同一区域旅游地形象的空间竞争。

2. 旅游形象遮蔽

旅游形象遮蔽,第一种情形指在同一区域内分布着若干风景区,其中有多个风景区在旅游资源的基本特色上具有相似性,在旅游形象定位上也可能出现雷同,它们之中旅游资源级别最高、特色最突出的风景区,在旅游形象方面也会更突出,从而对其他相似景区形成旅游形象遮蔽,或称旅游形象替代。

如果旅游形象遮蔽确实已经出现,则被遮蔽、被替代的风景区若不实施差异化形象定位战略,推出全新的个性化形象,则在市场竞争中会处于极为不利的地位,会出现惨淡经营的局面。

形象遮蔽不仅仅出现在同一区域的相似旅游资源的景区中,即使旅游资源不相似,但由于旅游资源的特色、级别和品牌效应都不如其他景区,也会形成形象遮蔽。这类景区在该区域内处于配角的地位,不容易成为旅游目的地,一般只会成为过境地而短暂停留。

分而言之,在旅游形象遮蔽中会出现下列三种情形:

(1)形象雷同。两者或更多的旅游地都可以用同一形象(因为旅游资源特色相似)，就看谁率先树立起形象，抢先树立起形象者就会对其他旅游地形成形象遮蔽。

(2)同一区域内，旅游资源具有相似性，级别、品质高的旅游资源所在景区对其他景区形成形象遮蔽。

(3)同一区域内，尽管旅游资源各有特色，并不具有相似性，但品牌效应大，旅游资源级别高，特色明显的景区对其他景区也会形成形象遮蔽。

下面分别以案例进行分析。

关于第一种情形，最引人注目的要数“香格里拉”了。

“香格里拉”在藏传佛教经典中被称为“香巴拉”，是藏传佛教构建的“理想国”。据《大藏经》第一卷记载，神性的香巴拉是一块净土，中间的城堡是香巴拉国王的寓所，四周有双重的雪峰环抱，八个区呈莲花瓣状。它是雪山、冰川、峡谷、森林、草甸、湖泊、金矿及纯净空气的荟萃地，是美、明朗、安然、闲逸、悠远、知足、宁静、和谐等一切人类美好理想的归宿(James Hilton 著:《消失的地平线》，罗尘编译，陕西师大出版社，2000 年)。

神性的香巴拉世界与藏区世俗的香巴拉世界太相像了。于是，人们坚信在这个世界上有一个真正的香巴拉存在，人们在藏区及其边缘苦苦寻找。在 Hilton 的惊世之作出版以后，西方世界掀起了寻找“香格里拉”的狂热。在青藏高原及其边缘，被列为“香格里拉”的神山圣湖不计其数，香港郭氏集团将“香格里拉”品牌抢先注册为饭店名号，使“香格里拉”饭店名扬四海。于是，人们发现了商机。1957 年，印度国家旅游局向外界宣布，位于印度一侧喀什米尔喜马拉雅冰峰下的巴尔蒂斯镇为香格里拉，吸引了大量慕名而来的旅游者，在 30 多年中，为印度创汇 7 亿多美元(罗尘编译:《消逝的地平线》)。

云南省想到了香格里拉。1997 年 9 月，在紧锣密鼓的组织策划后，在迪庆州府中甸召开了新闻发布会，向全世界宣布:香格里拉在迪庆！当天夜里，BBC(英国广播公司)就将这一惊人消息传遍了世界。在当年9月之前，迪庆州只接待了50多万游客，到年底，游客达到近百万。到2000年，迪庆州接待的游客已逾200多万人次。这个偏远的藏区小城，以意想不到的速度在发展、扩张。

两年后，四川省才想到了"香格里拉"。与迪庆州接壤的四川甘孜州的稻城亚丁，从资源条件和环境来看，更像"香格里拉"。亚丁的仙乃日、央迈勇、夏洛多季三座品字形的呈金字塔状的雪峰，比迪庆州的梅里雪山更像《消失的地平线》所描绘的景象，其他如冰川、草甸、湖泊、寺庙一点不比迪庆差，从资源和环境来看，有过之而无不及。迪庆州的成功，使四川这边的甘孜州再也沉不住气了。1999年，甘孜州也在谋划推出香格里拉在稻城。而此时云南为促销"香格里拉"已投入了巨额资金。

1999年底，在《四川省甘孜藏族自治州旅游发展总体规划》咨询会上，甘孜州提出将"香格里拉"定位为该州的旅游形象。笔者作为咨询专家之一，在会上提出了反对意见。原因是云南省为推出"香格里拉"，经过专家们周密的论证，且投入了巨资进行宣传促销。四川走到了后面，若要在甘孜州树立这一形象，将花掉比云南多出两倍的经费，最后的意义并不大。因为"香格里拉"的形象已被云南牢牢地树立起来且被旅游者认同。但就亚丁一个景区而言，目前打出的"最后的香巴拉"的旗帜是可以的，但就一个州而言并无意义。所以建议甘孜州将旅游形象确定为"格萨尔的故乡"。格萨尔王作为藏族的英雄，在欧美影响很大，《格萨尔王传》作为藏族史诗，也为欧美人所知晓，并且它包容了藏族最精髓的文化，德格县的阿须草原，正是格萨尔王的故乡。最后，也许甘孜州政府接受了建议，因为在2000年8月8日中央电视一台播放的长达20分钟的甘孜州的旅游宣传片，其题目竟是"格萨尔的故乡"。

这一建议使甘孜州绕开了出现"形象遮蔽"的可能性。倘若定位为"香格里拉"，就会被云南的形象所遮蔽。两者的资源条件相差无几，就看谁“抢先注册”，谁就在形象战略上占上风。

第二种情形的“形象遮蔽”极有可能形成“投资陷阱”，使投资者在长期内不能自拔。也就是说，在同一区域内，或者一条旅游线上，或者在邻近地区，同时存在两个以上的风景区，它们的资源条件相近，资源类型雷同，但可能甲地在资源级别、品质上高于乙地。单就乙地来看，资源级别也很高，如果它生长在另外的区域，它的发展前景无可限量，投资潜力也很大。可它偏偏就与甲地生在了一起，可谓生不逢地了。由于资质条件差不多，可能开发的产品也相似，在“形象遮蔽”的情形下，根据旅游者的旅游行为规律，受时间、成本限制，乙地不在旅游者抉择、计划内。

图 1－4 是都江堰与灵岩山关系示意图，我们以之为案例，来分析“形象遮蔽”对灵岩山的影响。

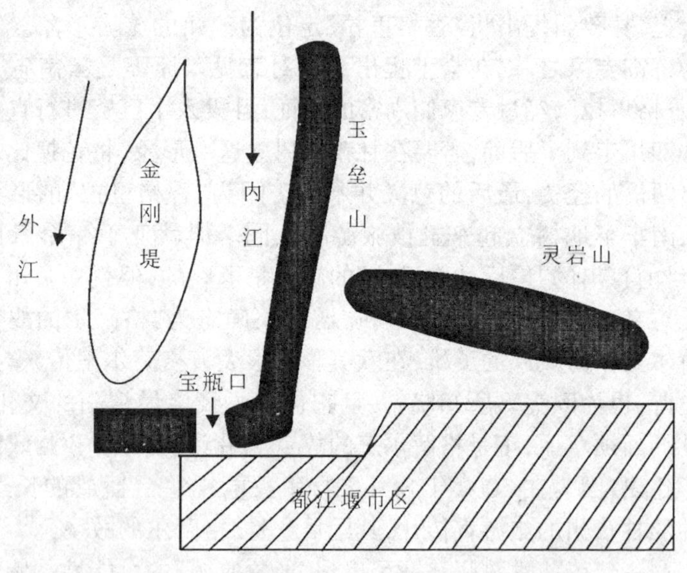

图 1－4　都江堰与灵岩山的关系示意图

都江堰是我们已熟知的国家级风景名胜区，已被评为“世界文化遗产”。都江堰左岸就是玉垒山，玉垒山公园以前也是都江堰的一个部分，但几乎无外地游客去游览。玉垒山除了森林植被良好外，还有唐朝的玉垒关、松茂古道（古代成都通往阿坝州的军事要道和商道）、城隍庙（省级文物）。与玉垒山相邻的是灵岩山，老成阿公路将它们隔开，一路之隔，灵岩山脚下就是都江堰城区。灵岩山有如下几个资源特点：其一，生态环境良好，山上是成片的香楠、松树原始森林，黑压压一片，达上千亩之多；其二，佛道合一，清代所建的佛教寺院和道观保存完好，古老的银杏树和紫荆树使寺院、道观庭院森森，近来又被新加坡一个团体视为“黄老先师”圣迹所止，每年还前来朝觐。从它的资源条件和区位条件来看，应是发展旅游的好地方。于是，在20世纪80年代末，四川省文化厅下属一家公司投资5 000万元开发灵岩山，其规划创意在灵岩山光大佛教，建寺院和塑108尊形态各异的观音像（仿全国各地的著名观音像）。投资下去后，到目前血本无归。

问题出在哪里？问题就出在灵岩山（灵岩寺）与都江堰仅一路之隔，作为历史文化的观光旅游地，处于都江堰的“形象遮蔽”之内，尽管佛道合一，道教又处于不远处的青城山的“形象遮蔽”内，灵岩山却非佛教名山。看起来这里是旅游胜地，每年要接待430万左右的海内外游客，他们就住在灵岩山脚下，虽是咫尺之遥，可游客极少登临灵岩山。实际上，在笔者主持《都江堰市旅游发展总体规划》时，课题组曾进行过市场调查，游客在时间分配上，在都江堰旅游的时间大多在30分钟—60分钟左右，多数团队游客只上安澜索桥体验惊险和观看岷江的湍急，甚至来不及游历整个都江堰；部分散客和小团队游览1小时左右，就赶紧上路直奔九寨沟。在时间、费用上没有考虑上灵岩山，就是上青城山的时间也很紧，一般上下山两小时左右。

显然，开发灵岩山必须给灵岩山重新定位形象，使它在形象上不受都江堰的遮蔽、替代，使它吸引的市场群与都江堰也不一样。因此，灵岩山必须重新导入形象工程。在笔者主持的《四川省都江堰旅游发展总体规划》中，将玉垒山一分为二，松茂古道、玉垒关等高品质的资源划入了都江堰游道环线之内，玉垒山公园的主体和灵岩山划入“公共产品休闲区”，于是灵岩山的形象和产品被定位在休闲度假上。由于其良好的生态环境、文化氛围与现代都市文明保持着若即若离的关系，只需 10 分钟，下山就可体验现代文明，上山就可感受原始野味。我们将灵岩山山前地带划定为休闲度假产品供应区，使山、水、生态、文化、现代文明得到有机的融和。于是，灵岩山的产品定位和形象定位就全是新的，有了一个新的发展方向，在市场方面可以共享都江堰游客，同时更多地以成都市及其周边城市的休闲度假游客作为目标市场。

以上讲述的是景区之间由于形象遮蔽产生了投资陷阱，必须为被遮蔽者塑造新的旅游形象的理论，并以案例作了分析。

与上述理论有关的案例还有如图1－3所示的离九寨沟 30 多公里的大陆乡神仙池，这是一个更大的投资陷阱。在四川省拍卖十大景区经营权时，神仙池是其中之一，且投资达 20 多个亿。神仙池资源与九寨沟相似，明显处于九寨沟、黄龙的形象遮蔽之中，并且九寨沟、黄龙区位条件本来就不好，游客选择去九寨、黄龙通常是他们的形象、品牌效应使然，正因如此，都江堰成了观光游客的过境地。看起来每年有 100 万游客进九寨沟，但由于时间、费用的考虑，观光游客几乎不会将资源雷同的神仙池考虑在游程内，那个地方也不适宜休闲度假。如果开发纯粹意义上的生态旅游或专项旅游，由于其资源的雷同性，吸引力会大打折扣。

第三种情形是旅游资源并不具有相似性，但由于处于同一区域，也会受到形象鲜明、品牌效应大的景区的形象遮蔽。如图1－3所示，由于青城山－都江堰、九寨沟、黄龙的形象遮蔽，诸如汶川、茂县、松潘、平武等地都会成为游客的过境地，不会成为旅游目的地，甚至于青城山－都江堰也成了观光旅客的过境地，旅客停留时间很短。像茂县的松坪沟－叠溪海子省级风景名胜区、地震遗址，游客只是在路旁停留下来远远眺望大小海子，而震中遗址和另外七个海子还在里面，游客是不会进去的。平武县的王朗国家级自然保护区由于不在“九环线”路旁，游客更不能前去，平武报恩寺就在县城，也只好成为游客的短暂停留之所了。所以通观“九环线”，虽旅游资源富集，且世界级品牌众多，但从旅游者的旅游规律来看，有的世界级品牌的景区也会成为过境地，这倒不是形象遮蔽的原因，而是受景区的分布和游客行为规律决定的。更何况一般级别的旅游景区了。

所以在这种情况下，被遮蔽的其他景区一定要对自己景区的旅游产品特色和旅游地形象重新定位，方为上策。

（四）旅游市场定位

旅游市场定位就是确定风景区、旅游区的目标市场群，对客源市场进行细分，以便进行针对性营销，并开发出适应目标市场需求的旅游产品。

旅游市场定位对旅游地形象定位的影响主要在于旅游市场定位决定了旅游地产品特色的定位，产品特色定位在某种程度上会影响甚至改变旅游地形象定位。这一切都是由市场的需求所决定的。这种情况在旅游地之间发生竞争时和老旅游地发展到一定阶段时，就表现得特别明显。

如前所述的灵岩山，之所以出现形象被遮蔽，归根结蒂是产品特色定位雷同，其观光旅游产品的定位在那种特殊环境下没有市场需求，因此解决症结的妙方还是得从产品特色定位入手。如果将其产品的特色定位适应市场需求转变为休闲、度假产品，则其形象定位就应在休闲、度假上做文章，给市场一个崭新的形象。又如松坪沟－叠溪海子，有 9 个大小不等的地震堰塞湖，如果单就其 9 个海子而言，也是非常有吸引力的；但由于它地处“九环线”上，与九寨沟的水一比较,则相差太远。所以,如果松坪沟-叠溪海子的产品特色仍定位在"水"上做"水"的文章,必无吸引力。如果将旅游产品特色定位在地震遗址和展示羌族文化(因中国还无一个景区集中展示羌族文化),则开发科考、科普和羌民族风情产品就算是另辟蹊径了。那么,其旅游形象就该有所改变。

至于老旅游地旅游产品特色定位和旅游形象定位的转化和改变,以后将作专章论述。

综上所述,旅游地形象定位和支撑要素可用图1-5表示如下:

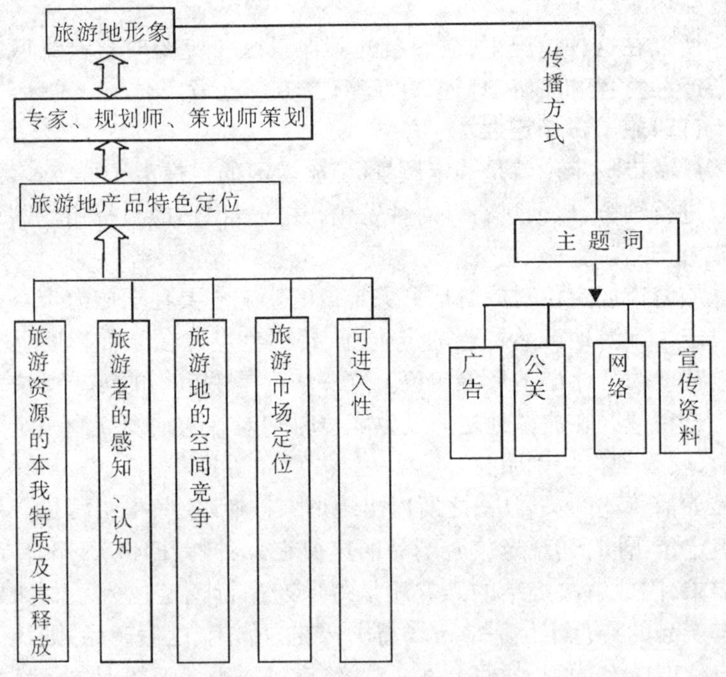

图1-5 旅游地形象定位关系图

如图 1－5 所示，旅游资源的本我特质及其释放、旅游者的感知和认知、旅游地的空间竞争、旅游市场定位、可进入性这五大要素是旅游地形象定位的基础（可进入性的影响在旅游产品规划一章单独阐述），即支撑要素。它们是通过直接决定旅游地产品特色定位来确立旅游地的发展方向和旅游地的产品特色的。然后通过专家、旅游规划师、旅游策划师的努力，一方面帮助旅游地明确自己的特色定位，一方面在旅游地特色定位清晰后又对旅游地的形象进行提升、抽象，以完成旅游地形象定位的全过程。我们明显地看到，专家学者、旅游规划师、旅游策划师在这项工作中的重要作用。但他们的工作也要广泛征求各方意见，并争取各方积极参与，对市场进行深入调研和分析，对五大支撑要素进行全面剖析。形象确立后，为便于形象的传播，还要为旅游地设计形象宣传的主题词（宣传口号）。主题词的宣传是为了强化形象，旅游地的形象又通过广告、公关、网络、宣传册等促销方式和手段影响消费者（这些内容笔者将在市场营销的章节中论述）。

四、旅游产品、旅游品牌、旅游形象

旅游地形象定位与旅游地产品特色定位是两个既相联系又相区别的范畴。旅游地产品特色定位决定了旅游地产品开发的方向和重点，旅游地形象是对旅游地产品特色的象征表达。形象是比产品更高一层的范畴。但实际上，我们常常将形象、产品、品牌这些概念混为一谈，至今我们在一些政府文件或规划文本中还能看到这种混淆。

旅游产品的内涵和外延都相当广泛，目前旅游界已达成了共识，凡是能销售给旅游者供旅游者消费、享用的产品，通通可称为旅游产品，这包含了旅游线路，供享用的设施、服务，已开发的供观赏、参与的旅游资源等。

一个旅游地、旅游企业提供给游客的产品不止一种，而是一个成系统的产品组合,这种组合意在满足不同的细分目标市场的需要。在这众多的产品中,只有一个、两个或者几个产品是它们的著名产品,对市场具有广泛的号召力,这几个产品就被称为品牌产品。这也是旅游地、旅游企业的拳头产品,或叫精品。品牌产品是管理学的概念,拳头产品、精品都是俗称。在品牌产品中,特别具有垄断性、惟一性、排他性的产品,可称为“绝品”。

以四川省为例,它有 70 余个风景区,其中 4 个世界自然、文化遗产,9 个国家级风景名胜区,10 个 4A 级旅游区。若将这些景区都视为旅游产品的话,有以下著名产品:

●九寨沟;

●黄龙;

●卧龙 - 四姑娘山大熊猫生态旅游区;

●青城山 - 都江堰;

●峨眉山 - 乐山;

●三星堆;

●海螺沟;

●泸沽湖;

●蜀南竹海;

●武侯祠 - 杜甫草堂。

从理论上来说,在以上著名产品中,4 个世界级遗产、三星堆、卧龙 - 四姑娘山这 6 个产品应是四川省的品牌产品。6 个品牌中的绝品,即能在整个中国作为绝品推出的,就是大熊猫了(卧龙 - 四姑娘山)。三星堆若有更大规模的考古发现,也可升为“绝品”之列。

产品也好,品牌也罢,都是指具象的旅游产品。它们与形象在范畴上是不同的。旅游地的形象是旅游地的象征,是指在对产品、品牌的提炼、升华、抽象之后而又形象、直白地表达出来,代表着一个旅游地、旅游企业的理念和奋斗目标。旅游地形象是通过以下的管理系统实现的(如图 1－6)：

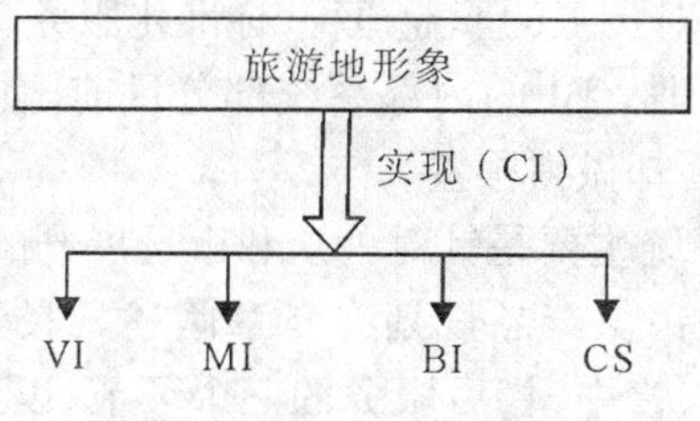

图 1－6　旅游地形象的实现

旅游地形象的实现是通过 CI(Corporate Identity)管理系统进行的。CI 系统包括 VI(Visual Identity),MI(Mind Identity),BI(Behaviour Identity)和 CS(Custom Satisfaction)构成。

VI,即视觉识别,包含了名称、标志、标准字、标准色、吉祥物、宣传标语、口号和其他各种外包装等。它能够形象、直观地产生视觉冲击力,以区别其他旅游地的视觉形象。

MI,即理念识别,是一个旅游地(企业)的价值取向、整体精神或地域(企业)文化的本质。它是旅游地形象的核心所在。所以旅游地形象定位必须上升到理念层面,要抓住地域文化、精神的本质,并且通常用一句理念式话语来表达。如我在前面阐述中提到的四川省的"熊猫家园,古蜀王国",成都市的"天府之都,休闲乐土",甘孜州的"格萨尔的故乡"的形象定位就是如此。

BI,即行为识别,它包括一个旅游地(企业)的内部系统和外部系统对 MI 的具体实现。内部系统包括旅游地环境、员工教育、员工行为规范化。旅游地环境指旅游地的生态、文化环境,环境治理状况,旅游地的管理能力、管理风格等。员工教育是对从业人员进行理论、政策、法规、管理、服务意识、经营理念、规章制度等方面的教育培训,它可以从整体上提高旅游地管理人员和服务人员的素质、服务意识和对政策、决策的领会能力,避免或减少因对政策、决策的误解或领会不当、理解不深而在经营过程中造成的损失。员工行为规范化是对员工的职业道德、标准化服务、个性化服务等方面进行系统化培训。BI的内部系统部分目前国内在饭店业做得较好,但在风景区却做得很差。

BI的外部系统主要是针对公众和市场展开的,它包括产品规划、服务活动、促销。产品规划有专章阐述。服务活动指旅游地(或企业)在售前、售中、售后服务的三个环节,以此获得游客对旅游地(企业)的好感。促销如广告、公关活动等是展示旅游地形象的重要手段,后面有专章论述。

CS即顾客满意,是在"顾客就是上帝",以顾客为中心的时代提出的管理标准,即旅游地、旅游企业的一切行为必须以最大限度地满足顾客的需求,为顾客提供满意服务为宗旨,顾客(游客)满意是实现和维护旅游地形象的根本。

因此,旅游地形象是旅游地的理念和文化精神,是旅游地的象征。它的实现方式是一个庞大的管理系统,旅游产品和旅游品牌只是实现旅游地形象的一个方式。

当然,从管理学意义上看,旅游地形象毕竟与一般的企业形象有所不同,它是一种区域形象。区域形象更重区域文化精神、区域文化特质,或者说,区域文化特质作为区域形象理念比企业文化理念之于企业形象更加直观、更为具象一些。这就为有的旅游产品、旅游品牌的形象上升为旅游地形象提供了可能性。换言之,有的有区域代表意义的旅游品牌就可能成为旅游地的形象,从而使产品或品牌与旅游地形象合而为一。比如,大熊猫之于世界,是一个品牌产品,由于它具有区域象征意义,就被上升为区域形象。川菜和成都小吃是典型的旅游产品,由于它们在中国菜系中的重要地位,并且更因它们的背后寓含着富裕、闲适的文化环境,也可能被提升为区域形象。正是因为有时产品形象可能成为旅游地形象,就使得人们经常将二者混淆,认为它们无甚差别,这就可能导致较大的失误。

五、旅游地形象定位与旅游地产品特色定位

我们先举几个实例,以此来分析旅游地形象定位与旅游地产品特色定位之间的关系。所举例子均是四川省编制的比较优秀的规划。

(1)四川省阿坝藏族羌族自治州的旅游形象(主题)被定位为:

●中国西部世界自然与历史文化遗产观光旅游目的地;

●中国自然与生态观光、探险、度假旅游目的地;

●大熊猫故乡观光旅游目的地,羌族－藏族历史文化与民俗风情观光旅游目的地。

(2)攀枝花市旅游形象定位为:

●中国西部阳光度假旅游目的地;

(3)眉山市旅游形象定位;

●三苏文化旅游与瓦屋山生态旅游目的地。

(4)甘孜藏族自治州泸定县旅游形象定位为:

●高山生态、冰川与温泉观光度假旅游目的地。

(5)万源市旅游形象定位为:

●大巴山自然生态、革命历史文化旅游目的地;

●大巴山绿色旅游商品生产基地。

以上例证有一个共同的特点:在阐述旅游地形象定位时,实际上都是指的旅游地的产品特色定位,即某一旅游地在本规划期内将发展为观光型(自然、历史文化)或度假型或专项型(探险、登山等)或生态型旅游目的地。实质上这些描述的是旅游地旅游产品开发的战略方向和重点,是旅游产品特色定位,而非形象定位。这一表述方法明显地受到世界旅游组织编制的《四川省旅游发展总体规划》的影响。该规划将四川省的旅游主题形象定位为“中国自然生态旅游胜地”,也是将旅游地产品特色定位视为旅游形象定

位。这一思路对中国旅游规划界的影响是十分深远的。也正因四川省旅游总体规划未上升到形象定位,未演绎出旅游形象的象征意义,所以该规划确立的四川省旅游形象的宣传口号主要是围绕旅游产品做文章,兹摘录如下:

●中国四川——大熊猫的故乡;

●四川,中国的自然美;

●四川,中国的自然瑰宝;

●四川,中国大自然探秘;

●四川,中国的自然奇观。

第一句口号算得上是四川旅游形象定位,作形象口号稍显直白。其他四句口号则太一般。所以至今四川省并未完全用这些口号。

笔者在 2000 年 4 月至 2001 年 1 月主持《四川省南部县旅游发展总体规划》时曾作出了尝试,将形象定位和旅游地产品特色定位区分开来。

南部县是川东北地区贫困县,旅游资源并不丰富,但对川东北地区如阆中古城、三国文化、将帅故里、老革命根据地这些以观光型为主的旅游资源而言,其三个相连的水库(湖泊)对这个干旱区具有填补和完善产品结构的意义。因而南部县旅游产品的主要市场也是川东北区域市场,它对这个贫困县发展地方经济具有重要意义。

南部县的升钟湖为省级风景名胜区,是西南地区最大的人工灌溉湖。这一大型水利枢纽工程,有 9 个溢洪道,为中国之最,总库容量达 13.39 亿立方米,可控灌南充、广安两市七县约 13.86 万公顷农田。其水域宽广,水面约 5.3 万公顷,湖面最宽处为 3 000 余米,最深约 80 米,主航道净长 83 公里。湖岸曲折美丽,半岛、岛屿、湖弯众多,湖岸层峦叠翠,绵延几百公里。湖水湛蓝,清澈可饮,为省内湖水生态最佳者。夏季凉爽,湿度适中。下游的调节水库八尔滩湖风光秀丽，湖叉湖弯多，湖岸线优美，一年四季水位恒定，几无变湖带，湖岸构成漫滩、台地、丘峦三层景观带，湖岸灌丛、竹林、乔木高低错落，景观层次丰富多彩，生态环境良好，20 多种鸟类栖息于此。红岩子湖为新建在嘉陵江中游的水电站，位于县城郊，两岸山峦起伏，连绵不绝，湖水航道长 30 多公里，将阆中、南部两个城市连为一体。当然，南部县还有唐代立佛——禹迹山大佛等景点，但相比之下，特色不甚明显。

因此，南部县三个人工湖在南部县境内好像连成一串的晶莹珍珠，构成川东北干旱区的水的世界。于是，我们将南部县的旅游形象定位为“清爽水世界”，产品特色定位为“川东北度假旅游、会议旅游目的地”。“清”象征着南部县水的生态环境优良、宜人，“爽”象征这个水世界能够给游客带来愉悦。产品特色定位在度假旅游、会议旅游，这恰好是川东北市场所需求的旅游地，并完善了川东北地区观光产品的结构。但这并非意味着不发展观光旅游，只不过观光旅游非该地区的特色所在。

为此，我们设计的形象宣传口号为：

- 四川南部县——清爽水世界；
- 升钟湖，千岛一湖，水上乐园。

其实，笔者在 1999 年主持《成都市洛带镇旅游总体规划》时，已对此作了初步尝试，实践证明获得了很大的成功。

洛带镇位于成都市东郊 18 公里龙泉山脉与成都平原的交接处。该镇的特色是在清代康熙、雍正、乾隆年间移民填四川时，从广东梅州（原嘉应州）、闽西和赣南客家人（Hakka）原乡地迁入大量客家人，在沿龙泉山脉一带（成都人称东山）形成客家人聚居区。以洛带镇为中心的客家人至今保留从幼儿到老人说客家语的传统，被称为客家人的“方言岛”。在这里，客家民俗及建筑等保留完好。洛带古镇尚保存有一街七巷子的古镇格局，客家人会馆南华宫、万寿宫及湖广会馆、川北会馆、燃灯寺古迹保存较好。同时这里是龙泉花果山省级风景名胜区的重要组成部分,是“中国水蜜桃之乡”,四季果香不断,八时花香不绝。

四川现有的230万左右的客家人是客家人第4次移民的产物。如今国内的广东省、福建省、江西省、海南省、四川省是五大客家人聚居省。在海外分布的客家人占香港地区630万人口的一半。澳门地区人口中也有一部分客家人,台湾地区人口的1/4是客家人,东南亚、美国等国家和地区也有较大数量的分布。客家人向南洋,港、澳、台地区和美国等地移民后,完成了向海洋文明的跨越。原乡地粤、闽、赣及海南也已经或正在走向现代化。惟独向内陆四川迁徙的客家人,因深居四川盆地,保留了内陆农业文明和客家传统文化的范本,使已走向现代化的海外、沿海客家人能在此寻觅到自己久已失去的记忆。

洛带镇是整个中国五大客家人聚居省份中区位条件最好、离大城市最近的地区,在川内尽管也有其他客家人聚居区,但文化保留形态和区位条件却无法与洛带镇相比。特别是成都市向东发展战略的实施,洛带镇将成为成都市郊的客家重镇,保护客家人社区已迫在眉睫。

因此,我在编制规划时,经详细比较研究,将洛带镇的旅游形象定位为“中国西部客家第一镇”。形象宣传口号是“世界的洛带,永远的客家”,从而将一个小小洛带镇的品位一下提高了许多。经过“火龙节”、“水龙节”的实施,它已得到公众、媒体、省市领导、客家人原乡地、港澳台媒体的关注,洛带镇将成为四川独特的旅游吸引地,成为四川省、成都市对外招商引资的一张名片。洛带镇的形象在实施一年多后已牢固地树立起来。

通过以上几个实例的分析,我们明确了旅游地形象定位与旅游地产品特色定位不是一回事,它们的差别很大,在规划与策划中不能将两者混淆起来。如果规划、策划仅停留在产品特色定位这一层面上,实际上旅游地形象就树立不起来,在形象竞争中会处于劣势。或者概括、提炼的形象缺乏感染力，又缺乏实在内容的支撑，空洞无物，即便是形象树立起来了，也照样缺乏竞争力。所以，旅游地形象定位是在旅游地产品特色定位基础上进行的，是以产品特色定位为支撑。

也就是说，旅游地形象决非空中楼阁，空洞的形象定位是不行的。为了避免形象定位的空泛，有一个很好的方法就是“反推”，即反过来看这个形象定位有无实际的旅游产品在作支撑，这些旅游产品特色与形象是否一致。图 1－5 已经提示了这样一种关系。

有的旅游地形象看起来空泛，但实际上却有大量的有特色的旅游产品在支撑着它。如巴黎形象为“花都”，它的艺术、服饰、浪漫的都市文化是其重要的表现内容。泰国形象定位为“远东旅游天堂”，它的美丽的海滨度假地、东方佛国支撑着它的定位。德国迁都后的柏林定位为“新欧洲之都”，阐明了在欧洲和全球新的政治格局下，柏林将重振过去的哲学、艺术、经济、金融之都的决心。如果形象定位缺乏“反推”的检验，这个形象定位就是不完善的。旅游地形象定位的“反推”，遵循着图 1－7 的逻辑顺序：

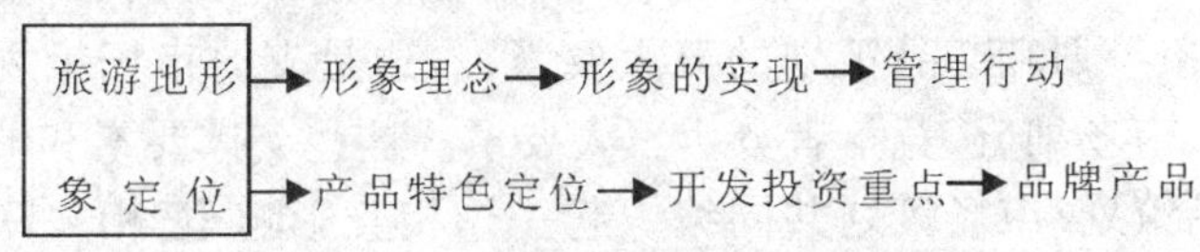

图 1－7　旅游地形象定位的“反推”

这一“反推”顺序图，充分说明了旅游地形象在定位后能够通过同时进行的两个系统加以实现。形象定位后形成了形象理念，这一理念必须要有一个完整的 VI，MI，BI，CS 系统去实现它，并进而演化为这一系统的具体的管理行动，包括形象宣传和促销。另一方面，在形象定位后，也就明确了旅游地的产品特色定位。产品特色定位一旦清晰，旅游地的开发方向和投资重点也就一目了然。于是通过项目开发和产品开发,通过市场培育,就必将为市场供应既体现形象又满足市场需求的品牌产品和其他产品,最终完成旅游地形象定位对旅游产品的回归。

六、旅游地形象的市场调查

为便于承上启下的叙述,先看图1-8。

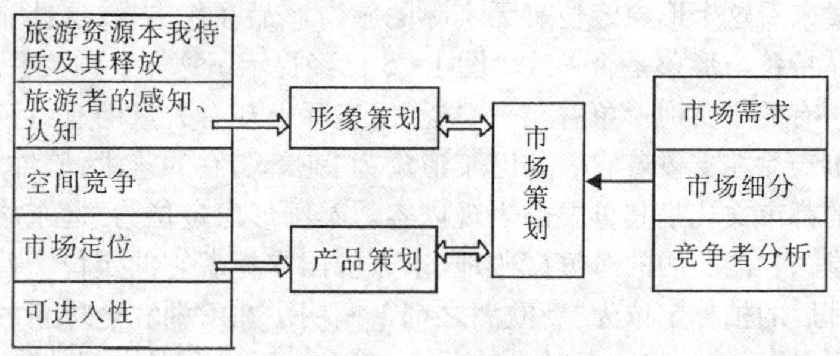

图1-8 形象、产品、市场策划关系图

这个关系图以形象策划、产品策划、市场策划为核心,左边是支撑形象策划和产品策划的五大要素,右边是支撑市场策划的市场需求、市场细分、竞争者分析三大要素。这些支撑要素和形象策划、产品策划、市场策划共同编织起一个相互影响、互相关联的网络系统,谁也离不开谁。形象、产品、市场三个核心,仅分析其中一个不够,还必须对另外两个加以分析,否则就不全面。我们在这里用图1-8表明了它们之间的关系,具体论述时分成了三章。

比如,我们在对旅游地形象进行市场调查时,就要调查旅游者的感知、认知,同时也要考虑游客的市场需求和不同游客群体(市场细分)的特征。因此,每一个问题都可能涉及综合性的因素。

市场调查可采取非随机抽样和随机抽样法进行调查。在市场调查前首先要根据调查的目的设计好调查问卷,问卷设计要简单明了，站在受调查者角度来设计问卷内容是非常重要的。既然是形象调查，问卷的设计就得让受调查者在不假思索或稍假思索便能清楚地理解所问内容并很快明确地答复。一次成功的问卷调查，问卷内容的设计有一半的功劳。

确定调查目标和明确调查对象也很重要，当然这在问卷设计时就应当明确。

然后是对调查员进行集中培训，培养调查员的职业素质。由于现在来自各方面的市场调查越来越多，公众对这类事态度冷漠，不支持不配合者甚众。因此，一方面要培养调查员友好、和蔼的态度和执着的精神；另一方面又要让调查员对那些“应付了事”的受调查者进行耐心细致的询问，使调查的内容更加真实可靠。因而，调查员在调查中要有随机应变的素质和业务判断能力，能在众多的人中找到乐于接受调查的人。

旅游地形象调查在问卷设计中涉及以下几个方面的内容：

1. 知晓度调查

知晓度，或旅游地的知名度是指旅游者（包括潜在旅游者）对旅游目的地识别、记忆的状况（李蕾蕾，1999年）。

(1)你听说过××城市(风景区)吗?

●听说过　　●没听说过

如果要进一步了解某旅游地主要风景区的知晓度，可如此设计问卷：

(2)你听说过××城市哪些风景名胜区?

●×××山　●×××寺院　●×××溶洞　●×××温泉

或者换个问法：

(3)关于××市，你一下会想起什么?

2. 美誉度调查

美誉度是指受调查者中赞誉旅游地的人数的比率。一个旅游地只有知晓度是往往不够的，它必须在游客心中有美誉度，才能成为有吸引力的旅游地。

(1)你对×××风景区的综合评价是

●很好 ●好 ●一般(过得去) ●不好 ●很差

(2)在××市的风景区中,你认为很不错的有:

●××公园 ●××山 ●××博物馆 ●××寺院

●××温泉

此外,还可以调查旅游服务的各个环节的美誉度。

(3)××市最值得称道的是

●服务质量 ●优美的环境 ●交通方便 ●物价便宜

3.形象度调查

形象度调查是调查有可能成为旅游地形象的所有因素在旅游者心中的感知、认知状况。所谓形象度,则是旅游者确认的形象人数与受调查人总数的比率。通过形象度的调查,可以了解旅游地在游客心中的影响究竟有多大。

如你认为最能代表××市旅游形象的是:

●摩天大楼 ●优美的海滨风光 ●购物环境 ●餐饮

●娱乐丰富多彩

4.满意度调查

满意度调查意在调查游客去了旅游地旅游后,对旅游地提供的各类产品的满意程度。一般满意度可分为七级:很不满意、不满意、不太满意、过得去、较满意、满意、很满意。

(1)你对××风景区的服务质量

●很不满意 ●不满意 ●不太满意 ●过得去 ●较满意

●满意 ●很满意

(2)你对××风景区的价格

●很不满意 ●不满意 ●不太满意 ●过得去 ●较满意

●满意 ●很满意

其他如对接待设施、交通、距离、景观特色等方面的满意度调查依照(1),(2)而行。

(3)对回头率的调查,也是满意度的参考指标。

$$回头率=\frac{重游人数}{旅游总人数}\times 100\%$$

或者对游客重游旅游地的原因的调查,也可判断对旅游地的满意度。如你愿意再去旅游的原因是:

●风景优美　●交通方便　●花费较少　●服务质量好

●环境好、气候宜人

5. 旅游地形象信息来源渠道调查

旅游者在未去旅游地旅游前,通过各种媒介(媒体、口碑等)已对旅游地形成印象,有学者称为“本底感知形象”(李蕾蕾,1999年)。这是调查旅游地知晓度的基础。同时,最关键的是,对日后旅游地的促销行为中选择什么样的媒介具有十分重要的意义。

其问卷设计内容如下:

(1)你从什么渠道知道了××风景区?

●亲友介绍　●电视　●报刊　●广播　●书籍

●旅行社推荐　●户外广告　●网络

(2)可能影响你作出前往××风景区旅游的因素有:

●亲友介绍　●电视　●报刊　●广播　●书籍

●旅行社推荐　●户外广告　●网络　●孩子要求

七、旅游地形象的市场调查的评价

问卷调查完毕后,要对问卷结果进行分析,首先要淘汰不合格问卷,即回答不合要求,或回答不清晰的问卷不在统计之列。然后进行分门别类的统计,再根据要求按照计算公式进行计算分析。

1. 知晓度评价公式

$$知晓度(KNM)=\frac{知晓人数}{调查总人数}\times 100\%$$

2. 美誉度评价公式

$$美誉度=\frac{称赞旅游地的人数}{知晓旅游地人数}\times 100\%$$

3. 形象度评价公式

$$形象度(ISM)=\frac{旅游者确认的形象人数}{受调查总人数}\times 100\%$$

4. 满意度评价公式

$$满意度(CSM)=\frac{对某项满意的人数}{受调查总人数}\times 100\%$$

案例：四川省江油市旅游形象问卷调查分析报告摘要

背景介绍

江油市距成都市130公里，有成绵（成都—绵阳）高速公路相通，地处"九环线"和剑门蜀道交汇处。现有李白故里、窦团山、乾元山等著名风景区。2000年4月，我们接受江油市人民政府委托，承担了《四川省江油市旅游营销策划》的课题研究。该课题主持人为王挺之、杨振之，总策划人是杨振之。本案例收录部分执笔人为廖培。

前　言

为获取江油市旅游产品品牌在主要客源市场的整体形象以及消费、需求等信息，本课题组在江油市景区游客市场调查基础上，特组织了江油市主要旅游客源市场问卷调查，给江油市旅游营销策划打下了坚实的基础。此次问卷调查在江油市一级客源市场——江油、广元、绵阳、德阳、成都和主要的二级客源市场——重庆进行（成都市场市民调查发出问卷600份，学生市场调查发出问卷500份）。在六个城市进行如此大规模的随机抽样问卷调查，在四

川旅游界尚属首次,调查样本情况如下表(不含成都市部分):

地区 收支情况	江油	绵阳	德阳 广汉	广元	重庆	合计
发出问卷	300	300	300	300	300	1 500
收回问卷	258	216	228	277	295	1 274

此次调查采取整群分区随机问卷调查,在随机调查时,特别注意了选择受访对象的差别性,如年龄、职业、收入状况的差别,具有代表性。此次调查共分六个组,每个地区一组。总计调查时间 20 天,其中调查设计 3 天,文件制作 1 天,调查总培训 1 天,调查作业实施 6 天(除成都市外五个城市同时进行),统计处理(定性统计、定量统计编码、计算机处理、译码制表)5 天,结果分析(结果初析、征询专家意见、结果深析)4 天。

一、江油市旅游形象及现状分析

(一)CSM 分析(公式中分子、分母数字为相应的调查问卷数)

1. 因素分析

从调查问卷中第 23 项(您再去的原因)和第 24 项(您在江油最不满意的两项结合计算分析)。

(1) 产品质量

$$CSM=\left[\frac{1-\frac{8}{22+19+23+25+24+8}+\frac{(32+84)/2}{35+20+26+6+(32+8)/2}}{2}+\frac{200+\frac{152}{2}}{100+152+25}\right]+5$$

$$=(0.660+0.643+0.635+0.585+0.635)\div 5=0.633$$

从上面计算可知江油旅游产品质量 CSM 值为 0.633,说明江油旅游产品在它的主要客源市场消费者心目中满意度还是比较高的。

(2)价格(或花费)(以下计算原理相同)

$$CSM = 0.528 + 0.557 + 0.526 + 0.613 + 0.454 = 0.536$$

从江油旅游价格CSM综合值为0.536来看,江油旅游价格目前还过得去,但有两个数值值得注意:从重庆地区调查出的CSM值为0.613,而江油本地调查出的CSM值仅为0.454,这说明江油本地游客对江油旅游价格不太满意,觉得偏高,而重庆地区对江油旅游价格较满意。

(3)服务

$$CSM = (0.485 + 0.417 + 0.459 + 0.440 + 0.418) \div 5 = 0.444$$

从上面服务CSM值为0.444可知,江油旅游整体服务水平不高,在主要客源市场消费者心目中不太满意。

(4)交通

$$CSM = (0.419 + 0.459 + 0.497 + 0.437 + 0.5) \div 5 = 0.477$$

从上面交通CSM值为0.477接近中间值0.5可知,到江油旅游交通只能是"过得去"。

(5)接待设施

$$\begin{aligned} CSM &= (23/25 \times 0.491 + 25/29 \times 0.459 + 31/47 \times 0.497 + 9/10 \times 0.437) \\ &= (0.452 + 0.396 + 0.328 + 0.387 + 0.391) \div 5 \\ &= 0.391 \end{aligned}$$

从上面接待设施CSM值为0.391可知,江油旅游接待设施在游客心目中不太满意。

2.CSM现状分析(简单加权平均数)

$$CSM = (0.633 + 0.536 + 0.444 + 0.477 + 0.391) \div 5 = 0.496$$

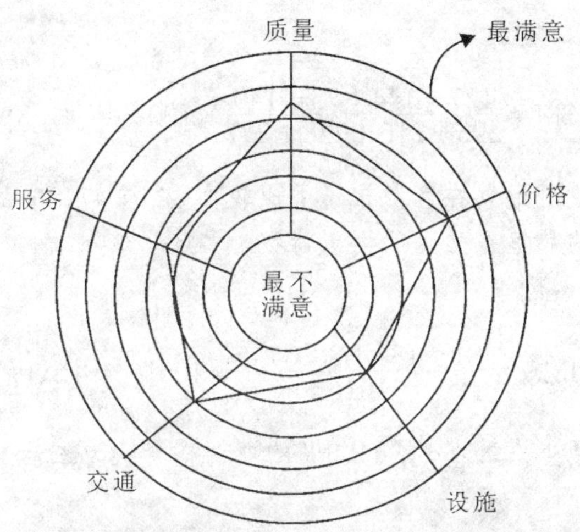

图1－9 江油市旅游“CSM”投射图

CSM级度分为七级：最不满意、不满意、不太满意、过得去、较满意、满意、最满意。

江油旅游产品目前就质量、服务、价格、交通，接待设施在游客心目中综合得分CSM值为0.496，处于“过得去”水平，但根据“20/80”定律，要想在市场上立于不败之地，CSM值必须达到0.8，即到达满意水平，但江油旅游CSM综合值仅为“过得去”水平，离满意水平还有很大差距。江油旅游必须在景区特色、服务、交通、接待设施整体上努力改进提高，否则将不会被市场接受，最终被市场淘汰也有可能。

二、旅游地ISM分析（形象度分析）

$$形象度(ISM)=\frac{旅游者确认的形象人数}{受调查总人数}\times 100\%$$

(1)李白故里

$$ISM=\frac{127+144+75+140}{295+216+228+277}\times 100\% = 47.8\%$$

李白故里形象在客源市场中比较突出，有47.8%的被调查者认为李白的故里是江油的突出特征。

(2)自然风景

$$IMS=\frac{81+136+88+145}{1016}\times 100\% =41.3\%$$

在被调查人群中，有41.3%的被调查者认为江油自然风景优美。

(3)长钢基地

$$IMS=\frac{67+44+69+25}{1016}\times 100\% =20.2\%$$

在整个被调查人群中，只有20.2%的被调查者知道长钢基地在江油，尤其在重庆地区其比重仅有8.5%。

总之，旅游客源市场对江油感知最突出的是李白故里，其次是自然风景优美，第三是长钢基地。

三、江油旅游产品的KNM分析(知晓度分析)

以太白故里——青莲镇、窦圌山、白龙宫、佛爷洞代表江油旅游产品整体在绵阳、德阳、广元、重庆的知晓度。

$$\begin{aligned} KNM &= \frac{\text{知晓人数}}{\text{目标市场调查人数}}\times 100\% \\ &= \Big[\frac{(138+160+92+109)\div 4}{277}+\frac{(80+167+80+104)\div 4}{228} \\ &\quad +\frac{(129+180+142+143)}{216}+\frac{(125+65+39+41)\div 4}{295}\Big]\div 4 \\ &= 46\% \end{aligned}$$

江油旅游产品在客源市场的知晓度加权平均值为46%,其中在绵阳的知晓度为69%,在重庆的知晓度最低为23%。从上可知,在主要客源市场中有过半人数不知道江油的旅游产品,尤其以重庆最为突出,仅有23%的人数知道江油旅游产品,所以应加强宣传推广。

四、ADM分析(吸引度分析)

以下从调查问卷中第13,21,22项综合分析所得:

$$ADM = (138/277 + 126/254 + 156/216 + 31/295) \div 4 \times 100\%$$
$$= 45\%$$

从以上分析得知,江油旅游综合吸引度仅为45%(在客源市场一般理想吸引度应达80%以上),基本无吸引力。但亦不能一概而论,如对绵阳地区客源市场来说,因其价格、距离等原因,对其吸引度较高,达到72%,而对重庆市场的吸引度仅为11%。

思考题:

1. 旅游地的几个基本特征是什么?
2. 如何进行旅游地的形象定位?
3. 怎样辨析旅游产品、旅游品牌、旅游形象?
4. 如何对旅游地形象进行市场调查和评价?
5. 旅游地之间的空间竞争是如何影响旅游地形象定位的?
6. 何为“形象遮蔽”和“形象叠加”,试举例分析。

第二章　旅游产品策划

旅游资源转化为旅游产品要经过一个较为漫长的过程。在这一过程中，要经历几个必不可少的环节，即规划（资源评价、旅游产品规划、形象策划等）—项目可行性论证—建设（基础设施和项目建设）—营销。特别是基础设施建设和项目建设的周期较长，在此之前还得涉及土地使用权转让、融资、招商等复杂的程序。从这一复杂过程可以看出，旅游资源转化为旅游产品不仅周期长、投资大，而且还要受其他条件如基础设施、区位条件的制约。旅游规划是旅游资源开发的关键的一步。

一、如何把握可开发为产品的资源要素

在旅游规划中，要善于敏锐地把握能转化为旅游产品的旅游资源要素，这既需要非凡的眼光和胆略，又需要长期的经验积累，特别需要对市场需求的准确了解。当然，对旅游资源的评价是所有这一切的基础。

旅游资源按是否能开发为旅游产品的标准，可分为可开发为产品的旅游资源，作为环境产品的旅游资源两大类。

可开发为产品的旅游资源，即是说旅游资源通过开发可直接转化为产品，如海滨的海滩，近海的海水，山中的温泉等。作为环境产品的旅游资源，是指这类旅游资源本身不能通过开发转化为旅游产品，但它是直接销售的旅游产品的背景因素，它的价值，比如作为生态环境的价值或作为历史、科学含量高的价值非常大，甚

至于超过了直接销售的旅游产品的价值。如温泉旅游产品,看起来游客购买的是温泉及其设施类旅游产品,但如果该温泉处于山形并不美丽的光秃秃的山下,和温泉处于雪山下的原始森林中(当然这里温泉本身的价值被忽略),哪一类温泉产品的价值大,我们一看便知。这雪山、这森林就成了环境产品。而且旅游产品的附加值就在环境产品上。正是在这个意义上,环境也成了产品,生态就成了效益,文物的历史价值就成了经济价值。

那么,如何把握可开发为旅游产品的旅游资源要素呢?以下分几个方面来阐述。

(一)发现、挖掘旅游资源的独特性

旅游规划的过程就是不断发现新资源,挖掘有价值、有特色的旅游资源的过程,旅游规划的最高价值就是“化腐朽为神奇”。在别人认为是腐朽的东西,你却发现了神奇之处,你的规划才有神来之笔,规划也才能传之后世。因此,我常常这样要求自己,编制一部规划,若没有新发现,一定不是一部好的规划。

要做到有新发现,基本的素质是要十分了解、熟识旅游资源,对旅游资源能够进行科学的、恰当的评价,并能判断它们在同类旅游资源中的地位、特色和价值,更重要的是,要能判断这些资源开发为旅游产品对市场的吸引力和市场的需求。这对规划者的素质要求很高,他一定要具有多学科知识的积淀,并能很快整合这些学科知识。

比如说,前述的洛带古镇,作为古镇,它算不了什么,无法给周庄、同里相比,在我们进场搞规划时,街上的三大会馆也有点破烂不堪。说实在的,当时真怀疑这个镇可以搞旅游业。但我们发现了客家文化,它使这个镇的一切破损的建筑有了客家文化背景(如语言、民俗、民居等)的依托,这就大大增加了它的可开发性。通过对客家文化的深入发掘,将“火龙节”、“水龙节”、“客家菜”、“客家婚俗”等变成了旅游产品。随之而来的是三大会馆修葺一新,街道但它关键在于整合出了一个巨大的平台。这个平台提供了一个旅铺成了青石板路,古镇面貌正在得到恢复。这些让人真正体会到了“化腐朽为神奇”的力量。

图2-1 修葺一新的洛带镇广东会馆

发现、挖掘旅游资源具有特色的内容,甚至提取它的一些符号,将其规划为有特色的、有吸引力的旅游产品,是旅游规划中很重要的工作。

在主持《四川省南部县旅游发展总体规划》时,我发现当地民居颇有特色,所有民居都有一个共同形状,即房屋的一个侧面的屋顶坡面从山墙一直向下延伸,这一造型打破了传统的对称结构,当地人称为“大拖铺”。这种打破常规的坡屋顶恰好具有非对称的美,是值得注意的一个建筑符号。在川北地区,类似的川北民居在各县皆有分布,但南部县保留得十分完整,且各类造型成系统。这一民居建筑风格与当地的丘陵地貌相配匹十分和谐。但当地人却视这种传统民居为落后的象征,富裕起来的乡民开始建起砖混结构的瓷砖墙面房。所以我们在规划中提出保护好南部县到主景区的民居走廊，这为当地政府接纳。另外，在规划度假山庄和景区大门时，巧妙地提取了“大拖铺”坡屋顶的建筑符号，达到了建筑设计创新的目的。

图2-2 南部县的“大拖铺”川北民居

(二)要善于对各类资源要素进行巧妙整合

整合各类旅游资源要素，使其形成一个全新的旅游产品，是旅游开发走向全面商品化的产物。这种整合具有较强的人工痕迹，但如果整合得好，充分地考虑到市场需求，也会取得很大的成功。

整合各类旅游资源要素，可分为两种情形：其一是几乎没有原赋旅游资源作依托，全靠对市场需求的把握，将各种相关的旅游资源按一定的主题组合在一起，构建一个巨大的旅游产品平台，再进行商业化运作。这种情形以人造的主题公园为代表，迪斯尼乐园和深圳世界之窗、锦绣中华是其典型。这类旅游资源的整合，实则是按主题对原赋旅游资源进行仿制，这种仿制本身并无多大价值，

图 2-3　设计的景区大门

图 2-4　升钟湖度假山庄一侧

游产品生产、经营、销售的大舞台，通过表演、观光、参与欢乐活动和现代科技的包装，让游客身临其境，感受现代商品化的旅游产品，与原始野味的旅游产品是两种不同的感受。此外，关键在于这类场所往往在大都市近郊，通过这个平台带动了旅游房地产的开发和主题酒店、主题商业、主题文化产业的建设，形成一个产业集群和主题社区。

反之，如果这种开发不能带来房地产业、商业、文化产业、酒店业的整体发展，不能以公司的现代企业管理方式进行经营管理，其生命周期就不会多长，注定要失败。中国在 20 世纪八九十年代建设主题公园的追随者们，已为此尝尽了苦果。

另外一种情形就是以某种原赋旅游资源为依托，根据市场需求，为了丰富产品结构，对其他类型的旅游资源进行有机整合。这类情形比起第一类情形最大的区别是以原赋旅游资源为基础，它本身就有生态环境、景观或人文环境作为依托，只要整合的其他类型的资源能与依托的原赋旅游资源浑然一体，并且在产品定位上进行过科学的论证，多半会取得成功。因而，这种整合实际上是原赋旅游资源与其他旅游资源叠加的模式。这一模式是否成功，关键看原赋旅游资源在其中所占的比重，以及整合进来的资源与原赋旅游资源组合后是否形成了新的有特色和有吸引力的旅游产品。

这一模式又可分为两类：

其一，是以自然风景区为依托的资源整合。当然，这种整合主要运用于游乐类的自然风景区，而且要与其资源特色相吻合，并且通过这种整合后使原赋旅游资源的特色得到了展现和较充分的发挥。一般说来，这一旅游产品策划和旅游资源的开发会取得成功(在排除其他不利因素的情况下)。

笔者在 2000 年主持《四川省江油市旅游营销策划》课题时，就采用了这种资源整合模式。

窦圌山风景区是剑门蜀道国家级风景区的一部分,20 世纪 80 年代末期曾有过年接待 200 多万人次的辉煌。该景区是一个以砾岩地貌为特色,人文、自然配合得相当好的一个景区,呈品字形三座垂直高耸的山峰成为景区的标志。但由于规模太小,仅 1 平方公里,长期开发投入不够,10 年来无甚变化,因而景区产品严重老化,至今年接待量仅 12 万人次。经过调查研究,将它在省内市场的形象定位为"运动休闲旅游胜地"。通过对该地地形、气候、风力考察,决定结合自然要素特点推出滑翔、攀岩等旅游产品,于是将体育旅游的资源整合到该风景区中,实现了旅游资源的叠加整合。以观光旅游为基础的运动休闲旅游,就成了景区的新亮点。

成都市的西岭雪山国家级风景区推出的西南地区最大的滑雪场,也是用了同样的原理和方法。

其二,以自然环境和资源为依托,整合其他资源,形成新的旅游产品。因为这种情形大多数未依托风景区,景观效果较差,生态环境也一般,实质上原赋资源所占比重并不大,因而风险系数也增大。这其实是另外形式的主题公园。如近几年来在全国兴起的野生动物园和正在兴起的高科技观光农业产业园区就属于此种类型。

野生动物园或者野生世界应具备以下要素,方能成功:(1)离大都市近,交通方便;(2)在方圆 300 公里~500 公里范围内无第二个竞争对手存在,即使有则先声夺人,善于营销管理者取胜;(3)选址应具有良好的生态环境,应有原始野生韵味;(4)能带动旅游房地产等产业的发展;(5)有强大的资本实力作后盾。否则,野生世界开发命运又是 20 世纪八九十年代人造主题公园追赶潮的命运翻版。

我国在深圳市建立起第一个野生动物园后,也开始了野生动物园的追赶潮。深圳野生动物园也是国外如新加坡、巴黎等野生动物园的翻版,它改变了动物园的理念,将肉食的凶猛动物和草食类动物放养或半放养在上千公顷大的园区内，动物在草地上、山坡上奔驰，而观看动物的人被“关”在“车笼”里。这种方式基本上实现了动物有控制地回到野生世界，在草食动物区，可部分实现人与动物的交流及和谐共处。在深圳之后，广东番禺、上海、北京、武汉、重庆、成都都纷纷建起野生动物园，但后继者经营状况不妙，也是情理之中的事。

比如成都野生世界，高水平的规划设计，庞大的投资计划和较强的融资能力，使其建设有较高的水准。最关键的问题是，在方圆300平方公里～500平方公里范围内，已有了重庆野生动物世界和碧峰峡这两家，在这一范围内，从市场规模看，只能容许一家野生世界生存下去，而碧峰峡相比之下又有资源环境优势和管理优势，作为后进者的成都野生世界就较困难。同时，成都野生世界的选址是浅丘良田，绿化本底很差，几乎无任何野生世界的感受，绿化的投入大及绿化的培育期长都会为它的成功经营制造很大的障碍。

由于这些项目本身所依托的资源环境差，在进行资源整合时无本底资源（原赋资源）的依托，因而这种整合的风险大增。

至于高科技农业产业园区，应该是农业资源、高新技术与旅游业的整合，这一整合具有明显的独特的资源优势，运作得好，容易成功。其理由有：

●生态观光农业是大都市城郊农业发展的一大趋势，是农业与旅游业的联姻，具有广阔的前景；

●高科技观光农业的科技含量比一般意义上的观光农业更高，具有垄断性；

●高科技观光农业能够给旅游者提供惊奇、兴奋和出其不意的旅游经历；

●倡导的真正意义上的绿色食品观念能带来观念的革命，使园区内观光、休闲、科普、绿色餐饮、蔬菜瓜果鲜卖（旅游商品）的产品体系能得到合理的组合；

●既能得到政策扶持，又有许多新的概念，便于营销，游客也容易接受。

但关键的问题是高科技农业产业园区一定要具备旅游功能；不具备旅游功能而搞旅游，就会导致失败。

综上所述，旅游产品的整合不是随意的，也不是简单的创意可以草率行事的，它必须遵循旅游业自身的规律。经验是宝贵的，教训也是惨痛的。盲目整合，盲目跟风要付出不可估量的代价。

(三)把握资源要素与产品要素间的逻辑联系

旅游产品的策划必须以旅游资源为基础，旅游资源的整合也不能太过分，应把握适度的原则，旅游产品的策划是旅游资源各要素在逻辑上的必然延伸。也即是说，策划好了的旅游产品与旅游资源之间有着内在的必然联系，这样的旅游产品才有生命力。

比如说踩钢丝，湖南衡山推出了这一产品，四川天台山也在推这一产品。其目的无非通过对这一产品的宣传促销增加对景区的关注效应，带来旅游收入的增长。而走钢丝，无非是突出惊险二字，当然山地景区大多数可用此办法。但该产品能否持续地走下去，却并非每个景区都能办得到的，因为它需要有这样的人力资源代代相传，而非只图一时之轰动效应。景区自身必须长期维持这一技术力量。反过来说，如果该产品不是自己景区的资源所自然生发出来的，则人力资源储备不够，只得到外地请人表演，这就决定了该产品不能长久。不能持续销售的旅游产品反过来就会影响景区的形象。

与衡山相反，四川江油市窦圌山的走钢丝就是从旅游资源自身生发出的旅游产品。在呈品字形的壁立千仞的山峰上，有窦真殿、东岳殿、鲁班殿三道观，唐宋明清以来，山上道士进香，都以走钢绳的形式从一个殿到另一个殿，也就是说钢绳成了连接三殿的惟一通道。钢绳就将险峻的自然景观和文化连为一体，具有丰富的内涵。同时走钢丝就成了历代道士的看家本领，使这一技术代代相传。因而在20世纪80年代中后期推出"中华一绝"走钢丝时，使这个旅游产品产生了很大的魅力。窦圌山走钢丝，就能恰如其分地展现出旅游资源自身的特质。

旅游产品的策划，除了全商业化的人造主题公园之外，一定要正确把握产品要素与资源要素之间的逻辑联系（即使主题公园也需要适当把握这种联系）。旅游产品实际上是对旅游资源特质的展示和表现，使旅游资源的内涵能够通过产品的展示和表现为游客所经历、感受、体验，转化为游客能观赏、参与、触摸的产品。特别是在风景名胜区的旅游产品策划时，更应该把握这一原则。

既然旅游产品是对旅游资源特质的展现，那么在挖掘旅游资源时，对旅游资源价值的评价就显得非常重要。旅游资源的评价是一项科学的评估工作，因而既不能将其价值评价过高，也不能评价过低。如果过高，则可能策划、开发出来的旅游产品缺乏生命力，导致孤芳自赏，难以获得市场认同；如果过低，则可能策划、开发出来的旅游产品不能展示出旅游资源的魅力，或者使本可以开发的旅游资源的价值被忽视而打入冷宫。

所以，旅游资源评价是旅游产品策划最基础的工作，它使旅游产品策划有规可循，有章可依。在中国目前旅游开发风起云涌之际，在旅游资源评价过程中，稍有不慎，就会将旅游资源的价值夸大。这一方面可能受当地政府、群众开发热情的感染，以及受当地人对本乡旅游资源评价的"自恋"情结的影响；另一方面，为了切实让当地资源得到开发而急功近利，缺乏冷静。一般情况下，专家学者在评价旅游资源时，基本上能做到公正、客观。但一些策划公司、管理公司、广告公司在介入旅游资源开发时，对资源的评价就可能或多或少地带着商业目的，致使将资源价值无限放大。

比如，对某市某地的旅游资源，笔者去编制旅游规划时，将其定位为配套旅游资源，其资源级别不高，喀斯特地质发育不充分，生态破坏后正在恢复,多为灌丛和次森林,关键是进入景区的道路由于地形原因无法改道,必须经过两个已濒临破产的国有大型企业的厂区,使可进入性受到限制。因而我们的意见是暂缓开发,作为资源保护起来,经过10年的封山育林后再言开发。

后来,一家策划公司为其作了如下策划:

●该旅游区的地貌航片图,如果倒过来看,形如一个小篆的"马"字;

●经调查,这里的小镇在古代是一养军马的所在,据传在三国时为守阴平道,马匹从这儿补给;

●因此,将该地开发为以马为主题的"野生世界",突出马文化。

策划完成后,一家公司愿出资5 000万元开发这个旅游区,但就在剪彩的这一天,队伍开进景区,却遇上了问题,致使投资商变得犹豫不决。

乍一看来,该案例的策划颇有新意,但实则有几个问题未很好解决:

●以马文化为主题的旅游区,在四川的汉人聚居区无吸引力。因为内蒙古、新疆、甘肃、青海、西藏甚至四川的藏区,都有资格开发马文化的主题产品,惟汉人聚居区难成气候。

●就对省内市场的吸引力而言,康定跑马山推出"跑马节",二郎山打通后从成都去只需5个小时,从成都去本案例的那个景区也要3个多小时。甘孜州理塘大草原有"赛马节",还有阿坝州的红原县,若尔盖县都有一望无际的草原和藏民族风情。该景区对一级市场也缺乏竞争优势。

●该旅游区缺乏以马为主题的用地。

●关键在于即使这儿在历史上曾作为军需补给地养马,它的历史地位也并不大,还不足以产生"马文化","马文化"并不是该旅游区的资源特质。

●对可进入性的忽视为该地的开发增加了风险。

所以,该策划对旅游开发的价值评估和旅游资源的评价欠妥,既缺乏综合评价,又将资源的价值无限夸大,没有抓住旅游区的特色。当然,这种策划在特殊的环境、特殊的条件下也可能获得成功,但在这儿不适宜。

旅游产品的策划看似简单,实质是一项十分艰巨的工作。它要求既要把握目标市场的需求,又要对旅游资源进行恰如其分的科学的评价,还得找准旅游产品展示的方式。它既需要创新,又需要才气,还需要多年的经验积累和多学科知识的交叉。我们之所以经常会误以为它很简单,那是因为它已经说出来了,一语破的。如果无人将它道破,那就不那么容易了。

(四)在科学与非科学之间

科学需要严密的理性体系,重证据、重推理、重逻辑。非科学重感性、重感受、重直观、重印象,它不需要严密的理论体系来支撑。当然,非科学决不等于伪科学,伪科学在本质上是反科学原理和科学精神的。

旅游学是科学,这一交叉边缘学科是以经济学、管理学、地理学、历史学、社会学等各个学科的科学体系来支撑的。旅游者的旅游行为也有规律可循,也具有科学性,如旅游者的出行必须遵从距离、时间、成本等因素来考虑他的行为抉择。但旅游活动,或者说贯穿这一活动过程的旅游产品,因为它指向的是旅游者的经历和感受,显然就允许非科学的因素存在。倘若我们去掉了旅游活动中的非科学的因素,我们立即会感到旅游的索然无味,剩下的所谓科学的东西可能就是教化的条款。

所以,旅游是界于科学与非科学之间的活动和经历。

1. 旅游产品策划中的非科学因素

因为旅游是向旅游者出售旅游经历,因而旅游产品的生动性、趣味性对旅游经历来说就显得十分重要。既然旅游者购买的是旅游经历，旅游者就特别注意在旅游过程中的感受、体验、印象和得到的欢乐，以及旅游所唤起的对其他情感的体验。获得这一类的心理感受不需要太多的实证，哪怕是科普类旅游产品，也应寓教于乐。

正是基于这样的认识，才为旅游产品策划融入非科学的因素提供了广阔的空间。比如导游词的撰写和导游的讲解，就需要营造出特殊的气氛和场景，而这更是有赖于艺术加工。又如四川中岩风景名胜区，是苏东坡第一任夫人王弗的老家所在地，苏东坡和王弗曾多次游历该山，言之凿凿，确为信史，据此可进行旅游产品的艺术加工。如某池名为“唤鱼池”，东坡先生与王弗曾在此拍手唤鱼，还可刻上东坡手书“唤鱼池”三字；某处为苏东坡的读书楼，东坡游览山景歇息时，经常在此读书。这些内容史无记载，却是对信史的合理延伸。这样的旅游产品策划是非科学的，但却有科学依据，并使产品更生动、更有趣，更合乎人性。

旅游产品的非科学因素主要是以科学为依据的。如果没有科学的因素作为凭据和背景，非科学因素可能会失去它的存在价值。即使不以科学为依据，或者说其依据的素材不能证实是科学的，也要以一定的区域文化背景为依据，如历史传说、民间传说等。尽管这些素材无法提供科学的明证，但透过这些传说可能会发现某些历史的或文化的讯息。这些素材的代代传承本身就意味着它们的合理性，有其文化生存的土壤。对于这些非科学的资源，当然也能开发为旅游产品。

在人文旅游产品策划中，所依据的非科学因素更多一些。自然类旅游产品策划，则更讲究科学依据。尽管如此，有的旅游产品也不能完全靠量化数据和实证材料来规划开发，否则也就过于呆板无趣。如我们发现中国有那么多的“天下第一泉”、“天下第一山”这样的产品，当然这些可能是文人墨客一时兴之所致的产物，但我们对这些称呼也就不再去太认真进行科学的实证工作了。

2. 旅游产品策划中的科学因素

旅游产品策划要依据科学研究的成果，是不言而喻的。我们在进行旅游资源调查与评价时，实际上就是对旅游资源进行科学研究。这其中需要大量的统计材料，如珍稀植物和动物的种类、数量，有多少个漏斗，其中最大的漏斗深度有多深，直径有多长，有无地下森林、地下河流等奇观。然后在全世界、全国和本区域周边地区的同类资源中进行比较，以确定其价值。如果没有这些基础的工作，旅游形象定位、产品特色定位无从谈起，旅游产品策划也就无所凭藉。

旅游产品策划在依据科学研究成果时，可分为两类：一是借用他人的研究成果，一是自己去调查研究。

就借用他人研究成果而言，他人的成果也并非全都是天下的定论和公理。也就是说，所借用的成果有可能是研究者的一家之言，甚至争议还很大，但最要紧的是，这些争议都是有科学依据的。至于我们在旅游产品策划时，采用谁家的理论和观点，规划师、策划师就应抱实用主义的态度，同时要把握以下几个原则：

●看谁的观点最具有代表性和认同度；

●与自己的判断和研究接近；

●看谁的观点最容易转化为旅游产品，并且这一产品对市场有吸引力，有独特性；

●转化后的旅游产品最方便营销和推广。

会不会有人认为这太实用主义，实在没办法，因为旅游学是应用学科，不考虑市场需求是不行的。

四川龙门山国家级地质公园，在彭州市和什邡市交界处有一个白鹿山景区，该地区分布着众多的飞来石、飞来峰，北京大学的一些地质学家认为，这是第四纪冰川时从青藏高原的大冰盖遗留下来的冰川漂砾，在甘孜州理塘县、稻城县交界处现存有大冰帽遗迹——海子山。这说明青藏高原是一个大冰盖，冰川消融后，沿拉萨—昌都—康定—彭州一线漂移,白鹿山的飞来峰就是从青藏高原推移过来的。而另一派地质学家则认为,这绝非冰川漂砾,而是“推覆构造”。两种观点相左很大,在旅游产品策划时,究竟采用哪一种观点,会产生两种不同的开发方向。笔者认为,采用前一种观点可能气势更大,题材更多,影响也更大。

在旅游规划时,课题组自己去调查研究也是非常重要的工作。如果能借用前人的研究成果得出自己的科学结论,则创新更大,贡献也更大。

比如,李白有一首脍炙人口的诗歌——《峨眉山月歌》:“峨眉山月半轮秋,影入平羌江水流。夜发清溪向三峡。思君不见下渝州。”这平羌江究竟指何处,显然在峨眉山附近。注释此首诗歌的版本甚多,都以平羌江即“青衣江”为答案,所谓青衣江,则是流经雅安,在乐山汇入岷江者。但青衣江在雅安,李白离川时,不可能舍近求远从雅安上船,这无任何证据。这首诗短短四句就有五处地名,若不将地名搞清楚,对李白的出川路线也难以理清。

笔者在为中岩风景名胜区编制规划时,对此诗中的地名进行了认真调查研究。

首先,平羌江又名青衣江,但不是今天的青衣江,而是指从眉州(今眉山市)到嘉州(今乐山市)这段岷江干流。因中岩景区的岷江对岸,在岷江与思蒙河交界处的沙洲上,有一个叫“瑞草桥”的村庄,那儿是苏东坡第一任夫人王弗,第二任夫人王润之的娘家。东坡经常在此游玩,黄庭坚也曾从今天宜宾市溯江来看东坡(在中岩有黄庭坚真迹),陆游和杨升庵等诗人也曾来此缅怀过东坡。在《东坡文集》中有几首写中岩的诗句,如“慈姥岩前人唤渡,青衣江畔人争扶”,写的就是王弗老家的这段岷江干流。陆游也曾写到“瑞草桥边水乱流,青衣渡口山如画”。这就更加清楚了。瑞草桥,至今称呼犹存,青衣江,当地人至今仍如此称呼。

那么,清溪又是指哪一条河呢?清溪指的是今眉山市青神县境内的岷江，即从今青神县城以南至中岩（慈姥岩）到平羌三峡一线。清溪是言这段岷江清澈见底，因而又俗称玻璃江，取江水如玻璃一样透明之意，玻璃江的称呼在苏轼的文章诗词里多处见到。

至于平羌江，也是从中岩到今平羌三峡这段岷江的俗称，因此现中岩景区还有平羌三峡。

何谓平羌呢？传说这一带也曾是羌人所居地，羌人顺岷江而南下居于此，这与"青神"县一词的来历颇有关系。传言羌人蜀王杜宇曾在此穿青衣（青衣羌人）率民务农。明代曹学佺在其《蜀中名胜记》中写到："蜀江（岷江）至此，始有峡之称"，故曰平羌三峡。

于是，李白诗中平羌江、清溪、三峡都是指一处地名，即岷江中岩至平羌三峡一段。李白乘坐的船从中岩出发的时候，夜色已降临（从成都出发顺江而下到中岩正好一天路程），在去平羌三峡（肯定不会是长江三峡，是先到三峡后到渝州）的路上，能清晰地看见峨眉山上悬挂着的半轮秋月，江水映入急流翻滚的平羌江，带着李白一路下到渝州（重庆）。

笔者在中岩风景区现场踏勘时，夜晚多次在江边领略到李白诗中的诗情画意。坐在江边，无论白天夜晚，峨眉山的大峨、二峨、三峨山峰清晰可见（杨振之，《中国后花园》，四川人民出版社，1999年）。

这样的调查研究，既把《峨眉山月歌》的写作时间、地点及地理勾沉出来了，同时更重要的是增加了中岩风景名胜区的文化底蕴，有利于增添产品特色，旅游产品开发才更有独到之处。

通过以上分析，我们知道，科学研究对于旅游产品开发是何等的重要。如果没有它作为支撑，旅游产品开发就是空中楼阁。旅游产品开发也不能忽视非科学因素的重要作用，只是要运用得当，运用得巧，才能增添旅游产品的生命活力。

二、旅游产品的特色定位

我们在第一章旅游地形象定位时,实际上已从框架上论述了旅游产品的特色定位问题。因为二者是如此的密不可分,以至于旅游地形象定位一旦离开了旅游产品的特色定位,形象定位就无从谈起。图 2-5 是旅游产品特色定位系统图,通过它我们可进一步明白影响产品特色定位的因素及其相互关系。

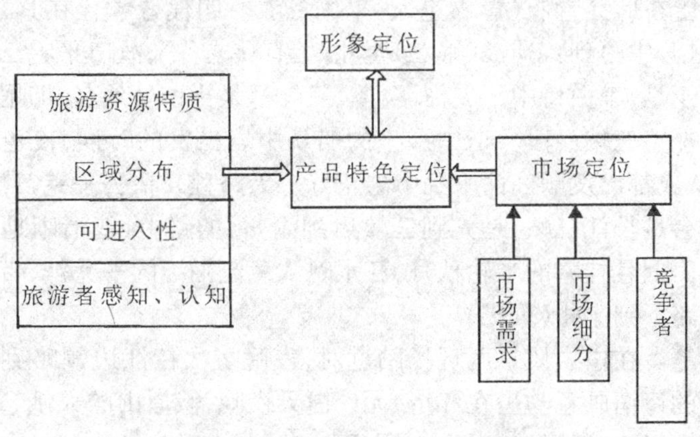

图 2-5　旅游产品特色定位系统图

在该系统图中,有的要素在第一章已作了论述,就不再重复。有的虽已作论述,但为了说明图中的关系,我们从产品特色定位的不同角度加以强化。至于"市场定位"这部分,在旅游营销一章中将作详细阐述。

(一)旅游资源特质与产品特色定位

1. 旅游资源的品质和特色是旅游产品特色定位的基础

旅游产品特色定位的重要方法就是如何凸现旅游资源自身的特色。也就是说,在产品特色定位中,旅游资源的基础特色十分重要,特别是对于那些具有垄断性的旅游资源的特色,或者是有竞争优势的旅游资源的特色,更要注意旅游产品特色如何承袭和彰显旅游资源的特色。如峨眉天下秀,青城天下幽,华山天下险,这一“秀”、一“幽”、一“险”乃是它们的资源特色,在旅游产品特色定位时,应使这些特色更加彰显。

2. 在旅游产品特色定位时,要兼顾各种因素

在旅游产品特色定位时,如果只注重旅游资源特色自身,不兼顾其他要素,容易出现旅游资源开发中的“自恋情结”,必然导致产品的特色定位不准确。

3. 旅游资源的特色并不一定等于旅游产品的特色

旅游资源的特色是资源自身的存在形态,它的特色并非一定会得到市场的认同。作为供方,旅游产品特色定位更多地要考虑市场定位,对需方的需求不能熟视无睹。除了第一种情况,即旅游资源特色具有垄断性或竞争优势之外,旅游产品特色定位必须根据市场需求、旅游资源的区域分布(空间竞争)和可进入性等各个要素进行综合考虑。于是,旅游产品特色定位的结果可能与旅游资源最显著的特色不同,当然,这一定位必须仍以旅游资源为基础,只不过产品定位所依据的资源特色不是通常人们认为的最显著的特色而已。如前述都江堰灵岩山的定位就是如此。

(二)旅游资源区域分布与产品特色定位

在第一章讲述旅游地形象定位时,我们提出了旅游资源的区域分布所引起的空间竞争,这一空间竞争的客观存在导致了旅游地之间的形象竞争。由于这种区域分布导致了在某一区域内形成了“形象遮蔽”或“形象叠加”两种可能。“形象遮蔽”和“形象叠加”是本书提出的两个新概念。实际上,如何解决形象遮蔽或产生形象叠加效果,还是要从旅游产品特色定位做起。

旅游资源的区域分布对旅游产品的特色定位产生着重大影响,它甚至于会让旅游地抛弃旅游资源自身的原有主要特色而另辟蹊径。

按照旅游资源区域分布的阴影区理论,几个类型相同的旅游产品处于同一区域内,相互之间存在着产品的可替代性,其中特色差一些的旅游产品居于特色明显的旅游产品的阴影区内,特色差的产品就应放弃自己原有的特色而重新进行产品的特色定位。如山东省的曲阜是孔子的故乡,有著名的被评为世界文化遗产的"三孔"(孔府、孔庙、孔林)旅游资源。孔子是儒家哲学创始人,被封为"圣人",其历史地位无与伦比。而在曲阜南23公里的邹城,是"亚圣"孟子的故乡,居于峄山旁,泗水之滨,这里与"三孔"一样也有"三孟"资源。按阴影区理论,"三孟"处于"三孔"的阴影区内,致使"三孟"旅游产品难以推向市场。后来在峄山和孟母上做文章,重新定位,才打开了市场局面(王衍用,1997年)。

(三)可进入性与旅游产品特色定位

1. 可进入性

可进入性指从客源地到达旅游目的地的距离、交通条件、费用、时间等因素的总和。它包括下列因素:

(1)便捷性:游客消耗时间短,费用较低。

(2)区位条件:旅游目的地离其所依托的中心城市距离较短,交通方便。

(3)安全性:整个行程有安全感,并有安全防范措施。

(4)舒适性:服务周到,设备优良。

(5)基础设施:公路、机场、码头、铁路、海港、路况、车况等。

2. 可进入性对旅游产品特色定位的影响

(1)不同的产品类型对可进入性的需求不同,游客的要求也不一样。一般说来,观光型旅游产品与度假型旅游产品相比,前者对可进入性的要求没有后者的要求高,专项旅游产品对可进入性的要求则更低(杨振之,1997年)。旅游者在选择产品类型作为购买对象时,已在心理上对不同产品类型的可进入性产生了需求差异,并对不同产品类型存在的可进入性的差异产生了需求认同。

游客一旦选择观光型旅游产品作为购买对象,在他的所有需求中,自然风光的独特、美丽,人文资源的奇异成为他的第一需求,尽管可进入性、服务等仍然重要,但游客跋山涉水历尽艰险后所获得的是超值的美的享受,也会感到心满意足。对于观光游客来说,他的心理期盼首先是风光、美景。反过来,如果目的地的风光不如他所期盼的好,游客就会失望。

度假游客对度假型旅游产品的需求是不一样的。度假游客对产品的第一需求是便捷、舒适,旅游设施优良,服务质量高,度假环境好;相反,对风景的需求并不太大。所以,度假游客对可进入性的要求是很高的。让游客长途奔劳到一个偏远的风光旖旎的地方去度假,几乎是难以想象的。

与之相反,选择专项旅游的游客,对可进入性的需求就不高。所谓专项旅游产品主要指徒步、登山、探险、自驾车、攀岩、科考等旅游产品。游客对这类产品的第一需求重在原始体验,重在体能、意志对环境的挑战,其次对风光、景致的需求也很重要,但一定是原自然生态和原文化环境的。至于服务质量、住宿条件、舒适的环境等则不是他们的需求,在帐篷里露营、野炊等反倒成了他们追求的愉快的旅途体验。

(2)可进入性影响着产品的特色定位。掌握了不同游客类型对不同产品的心理需求,明白了不同类型的产品对可进入性的要求,反过来,在旅游地产品特色定位时,可进入性就成了需要认真考虑的因素。

可进入性不同,旅游地产品特色定位就会不一样,当然,这并非说明可进入性对产品特色定位是决定性因素。旅游产品特色定位同样需要加以综合考虑。如果在其他因素一定的情况下,可进入性对产品定位的影响就显得十分重要了。对可进入性不好的旅游产品,不能定位为度假旅游产品。比如说九寨沟及其附近的风景区,即使飞机场开通后,也不能开发度假产品。这一方面是由于九寨沟这类风景区，观光旅游都要适当控制，度假旅游则更不适宜；另一方面，它的区位条件和可进入性的其他方面都不适合开发度假旅游。相反，对可进入性好的旅游地，如果环境、气候都好，就可以考虑开发度假产品，特别是在大都市周边地带。

我们还要注意到，有的旅游地从其资源级别、特色来看，可以进行综合开发。也就是说，产品的开发往往不是单一的，而是观光、度假、休闲、旅游产品都可以进行深度、广度的组合，许多风景区进行产品综合开发的资源条件和资源基础是很好的。在这种情况下，产品的综合开发是一步到位还是分步实施，除了资金等因素之外，可进入性的影响就很大。

比如四川省贡嘎山国家级风景名胜区的海螺沟冰川，是世界上罕见的低海拔、低纬度现代冰川，资源组合很有优势：雪山、冰川、温泉、原始森林、高山杜鹃等资源的级别都很高。从旅游产品组合来看，可开发观光、温泉度假、科考、探险等旅游产品。以前受险峻的二郎山所困，观光旅游、度假旅游都无法开展，前去旅游的也多半是科考、探险、登山等游客，专项旅游产品是主流。二郎山隧道打通后，以前需几个小时翻越的险峻的二郎山，而今变成了仅需几分钟即可穿越的坦途，使海螺沟的可进入性大大提高了。于是观光旅游迅猛发展，2000 年全年仅接待 4 万多人次，2001 年元月到“五一”节就接待 4 万多人次。以森林温泉为主题的度假旅游也开始起步，度假旅游产品自然而然就成了产品组合的一部分。

所以，产品的特色定位和产品的开发进程与可进入性有直接的关系。

旅游者的感知、认知在第一章已详细论述，这里不再重复。市场定位对产品特色定位的作用在市场营销一章将作专门论述。

三、旅游产品体系

麦德里克和密德尔敦认为(1973 年)：“就旅游者而言，旅游产品就是他从离家到回家这段时间的完整经历”,因此,“旅游产品应看做是三个主要因素的混合物,即景点、目的地设施和可进入性”。

实际上,旅游产品是非常宽泛的概念体系,对旅游经营者来说,销售的是旅游经历;对游客来说,购买的也是旅游经历,因而,旅游过程就成了产品。旅游产品体系按其要素组合和按其性质会有不同的分类,兹分而述之。

(一)按要素组合分类

旅游产品可分为以下几大要素(参考维克多·密德尔敦,1999年),它们可使我们认识到作为旅游经历的旅游产品的基本涵义。

(1)目的地景观与环境;

(2)目的地设施和服务;

(3)目的地的可进入性;

(4)目的地形象;

(5)提供给顾客的价格。

1. 目的地景观与环境。目的地景观与环境是旅游产品要素的基础。它包括以下因素:

(1)自然景观。自然旅游资源及其本我特质的释放,是自然旅游资源表征或特色的展示,展示给旅游者的是能够构成景观(景致)的资源体,如峰丛、沙滩、冰川、雪山等。

(2)人文景观。它是人文旅游资源转化为旅游产品的部分内容,如寺院建筑、历史建筑遗迹,现代建筑如滑雪场、高尔夫球场、保龄球馆、足球场、工厂、主题建筑物等。

(3)文化吸引物。它包括历史人物故事、历史事件发生地、艺术、民俗、民族风情、节庆活动等。

(4)社区吸引物。它为社区居民的生产方式、生活方式、交往方式,如劳动工具、生活工具、语言、婚姻习俗、宗教仪式等。

(5)社区环境。它主要为生态环境如森林覆盖率、空气纯净度、气温舒适度、湿度大小、林相与季相、水体环境等。

2. 目的地设施与服务

目的地设施与服务是游客在目的地购买的软产品和硬产品的总和,它们包括:

(1)住宿设施:酒店、青年旅馆、度假村、度假别墅、度假公寓,露营地等。

(2)餐饮设施及服务:各类餐厅、酒吧、咖啡屋、茶楼及其提供的相应服务。

(3)交通设施:游道、公路、索道、缆车、滑道、出租车、大巴、自行车、滑竿等。

(4)娱乐设施及服务:歌舞厅、卡拉 OK 厅、桑拿、博彩馆、跑马场、斗牛场等。

(5)体育健身设施:滑雪设施、高尔夫俱乐部、滑翔设施、攀岩设施、健身房、美容美发厅等。

(6)购物设施:旅游商品商店、免税商店、手工艺品制作点、露营用品商店等。

(7)商务设施:传真、文件打印设备、会议室、商务谈判室等。

(8)安全卫生设施及服务:旅游警察或保安服务、贵重物品寄存服务、高档卫生间、垃圾清除设施等。

(9)其他便民设施:问讯处、残疾人通道、医疗点、急救室等。

3. 目的地的可进入性

前已论述。

4. 目的地形象

前已论述。

5. 提供给顾客的价格

这个价格是旅游者一离开家门到达目的地旅游,再回到家中的整个旅游经历过程中产生的所有费用的总和。它包含了吃、住、行、游、购、娱的所有支出。这是旅游者考虑旅行成本的重要方面,旅游者所希望的是价廉物美和物超所值。

(二)按产品性质分类

旅游产品按性质不同分为观光、度假、专项旅游产品三个主要类型。

1. 观光旅游产品

观光旅游产品是供旅游者观赏、游览和参与体验的旅游产品，是供旅游者购买的自然风光、文化内涵的展示品和民俗风情体验等方面的旅游经历。它是旅游产品的初级产品，但一直都是基础产品，不会因为旅游向高级阶段的发展而使观光产品失去市场的购买力。从游客的消费情况看，游客购买观光产品的一般规律是求新、求异、猎奇，但逗留时间较短，消费水平不高，发自内心自愿的回头客不多。不过，观光市场的游客的基数很大。

观光产品有以下基本内容：

(1)自然风光观光：山地风光、湖泊风光、草原风光、沙漠戈壁风光、农业观光等。

(2)人文观光产品：工业观光、主题公园观光、历史遗迹观光、民族风情观光、民俗文化观光、园林及建筑观光等。

显然，这里可分为若干亚类，并且随着旅游业越来越向商业化方向发展，作为人文观光产品的类型越来越丰富，许多新类型产品将层出不穷。

2. 度假旅游产品

度假旅游产品是供给游客在一定时间内度假消费的旅游产品。度假游客在一地停留的时间较观光旅游更长，游客在单位时间内的货币消费量更大，游客对环境、设施、服务质量的要求更高。此外，娱乐、健身、疗养等产品的开发是度假旅游产品的重要内容。

度假旅游是比观光旅游更高的一种旅游形式。随着经济的发展和人们可支配收入的大大提高，对度假旅游产品的需求越来越大。特别是中国政府目前正在制定公民带薪休假和奖励旅游的制度，将大规模推进中国的度假旅游。但目前中国国内供给的旅游产品明显老化，旅游产品体系存在着结构上的不合理，度假旅游产品的布局、规模、类型等方面都存在着很大的问题，已不能满足人们的需求。所以国家旅游局在2000年制定的《中国旅游业"十五"规划和2015年远景规划》中，明显地将丰富度假旅游产品体系作为重要任务。度假产品类型以原有的海滨型度假地为主，开始向内地湖泊、山地度假类型推进。在区域布局上，原来以东部、南部沿海为主，目前开始向中部、西部展开，使广大的中西部城镇居民今后能就近购买到满意的度假旅游产品。

度假旅游产品可分为以下类型：

(1)城郊型度假产品。分布在大都市周边，为都市居民提供节假日休闲度假的产品，主要依托乡村的环境，为游客提供较高档设施和服务及高尔夫、保龄球等健身旅游产品，度假村、度假山庄等属于此种类型。它主要面向的是都市居民的1日~2日时段的短期度假产品。这类度假产品规模较小，功能尚不完善，但数量众多，能基本满足刚启动的度假旅游市场对初级度假产品的需求。

(2)高山雪原型度假产品。它以滑雪场为基础，并供给登山、攀岩、跳伞、徒步、日光浴、森林浴等旅游产品。如瑞士阿尔卑斯则马特，年接待国际游客100万以上。我国哈尔滨市也有优质滑雪场。

(3)海滨海岛型度假产品。它以海滨浴场为基础，并供给海水浴、沙浴、阳光浴、冲浪、潜水、海洋科考等旅游产品。如夏威夷，年接待国际游客700万以上，其他如加勒比海沿岸、地中海地区都是著名的海滨度假地。我国的海南岛具有这方面得天独厚的条件。

(4)温泉疗养型度假产品。它以供给温矿泉浴疗场为主，主要分布在山地。如日本的温泉，我国福州的温泉和四川西部、云南西北部的温泉都很有名。

(5)内陆湖泊山水型度假产品。它以供给水上活动、山地旅游为主，如游泳、跳水、划艇、湖滨散步、水上运动如牵引伞等，登山、骑马、徒步等旅游产品。俄罗斯的贝加尔湖,年接待国际游客 50 万人次以上。我国的淡水湖大多有开发度假旅游产品的条件。

(6)山川田园型度假产品。它以乡村田园风光为依托,可开展民俗风情、民间节庆、乡间散步、骑马、网球、高尔夫球、农家生活体验等度假旅游活动。法国莱茵河畔蓬皮杜度假村,年接待国际游客 100 万人次以上。这类度假产品在中国也有所发展,但不够深入,规模也不大。如在国内已有一定知名度的成都市都(江堰)—温(温江)—郫(郫县)国家级生态观光农业示范区和龙泉花果山风景区就有条件。但目前只是农家乐的档次。

以上是度假旅游产品的六大类型。目前这些类型的旅游产品在国内还不成体系,产品组合还不完善,区域分布不合理,规模也较小。因此,今后几年中国在度假旅游产品的开发上,应着力完善产品结构,努力培育各种类型的度假旅游产品体系,以满足不同需求的度假游客的需要。

3. 专项旅游产品

专项旅游产品是以供给专门化、主题化、特种性的产品为目的的旅游产品。游客购买该项产品是带着特定目的的。随着目标市场的细分越来越专门化,该类产品的外延将不断增大。而游客对专项旅游产品的需求量也越来越大。专项旅游产品的大规模开发,是旅游业走向中高级阶段的标志。

我国旅游业特别是国内旅游业,从总体上来看,尚处于初级阶段。但在旅游业发达的区域和大都市,旅游业发展已经向中高级阶段迈进,因而这些地区游客对专项旅游产品的需求也在不断增长。但目前我国专项旅游产品体系未形成,比之于度假旅游产品,结构更加不合理,区域分布明显失衡。因而国家旅游局在“十五”规划中将专项旅游产品的开发作为重点,这说明已经发现了在这方面存在的问题。

专项旅游产品的类型丰富多彩。其中如会议旅游、商务旅游、购物旅游等,既可划入专项旅游产品类,也可独立为一种类别。不过,鉴于它们都是带着特定目的的专门化旅游产品,为方便起见,仍将其划入专项旅游产品类。

(1)体育运动休闲类旅游产品。该类产品指普及类型的体育运动与休闲旅游的结合,是体育运动与旅游的联姻,如足球观赏、网球比赛、卡丁车培训和比赛等。在北京申办奥运会成功后,在未来的七八年内,此类旅游产品必将得到蓬勃的发展。

(2)特种旅游产品。它是以自驾车、攀岩、滑翔、徒步、登山、漂流、科考、探险等为目的的旅游产品。该类旅游产品是专项旅游产品发展的后劲所在。特别是我国西部地区,开发该类型产品的资源条件优越,市场吸引力大。如穿越戈壁、沙漠之旅,西藏、青海、成都至川西和西藏等地的自驾车之旅等,市场前景广阔。特别是此类产品受香港、日本、欧美青年人所喜爱,赚取外汇的能力很强。在走向 2008 年北京奥运会的历程中,该类产品潜力大。

(3)节庆旅游产品。节庆旅游产品严格地讲是一种专门化的观光产品。但因其越来越专门化,目的性越来越强,并且成为旅游地塑造形象的重要手段,故划入专项旅游产品之中。节庆旅游产品目前发展势头较好,只是节庆产品发展的数量太多,精品太少,已有过于泛滥之嫌。因而今后几年应着力整顿节庆产品,应有大手笔的策划和尽量摆脱政府办节庆活动的模式,让公司、企业介入节庆活动的组织和管理,增加商业化和文化品位。企业与政府一道将节庆产品作为地方旅游业的形象工程来开发。

(4)会议、会展旅游产品。这是专项旅游产品中以都市为依托发展的旅游产品,也是都市旅游的重要内容,它对经济的拉动力很强。

(5)生态旅游产品,如高科技观光农业、生态农业产品,与科普、科考相结合,其生命力也很旺盛。

四、旅游产品组合

旅游产品组合指旅游产品结构是否有市场竞争力,旅游产品体系在广度和深度上是否能最大限度地满足不同目标群体的市场需求。也就是说,旅游产品组合是指根据市场需要而供给的适销对路的旅游产品体系。随着市场需求的变化,旅游产品组合也应当随时进行调整,而不能因循守旧,一成不变,否则旅游产品就缺乏竞争力。

(一)旅游产品结构

旅游产品结构包涵以下两方面的内容:

1. 旅游产品的内部布局是否合理

旅游产品的内部布局指旅游产品在其形体结构上是否形成了品牌产品(拳头产品)、重要产品和配套产品的布局。品牌产品是旅游地的导向性产品,对市场具有引导作用,是竞争力强的旅游产品,它能够展现和强化旅游地的形象。重要产品是整个产品布局体系的支撑、是旅游地的主力产品。配套产品不具备强大的市场吸引力,也很难吸引大中尺度的游客,但它可以丰富产品结构,满足小尺度客源市场和低消费市场群体的需要。

如果旅游地没有形成这一产品结构的布局,则其旅游产品就缺乏号召力。在这种情况下,就应根据市场需要对旅游产品结构进行调整,以培育或推出自己的产品体系。

旅游产品的结构模式如图 2-6 所示。

旅游产品的这一锥形形体框架具有重要意义,它不但引进了品牌战略,而且使产品形成梯级体系,能够满足不同游客的需要。这样的产品结构体系一旦形成,旅游地在市场上就会有相当的竞争力。

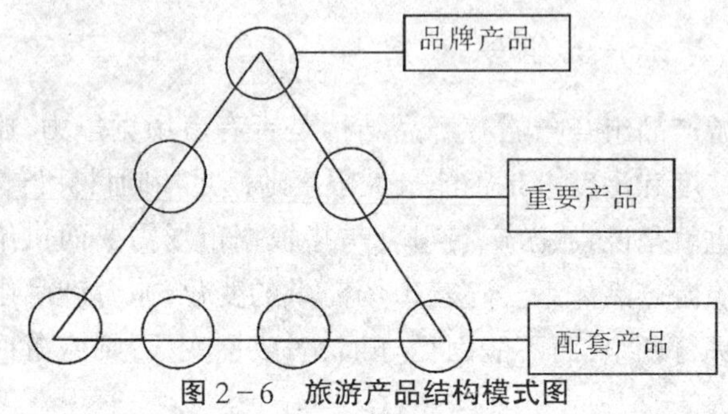

图 2-6 旅游产品结构模式图

2. 在其结构框架内产品是否形成体系

旅游地在其结构框架内,每一梯阶的产品要形成体系,其中包括:

(1)多品牌和品牌的扩展(延伸)。旅游地应实施多品牌和品牌延伸决策。多品牌决策指旅游地决定同时经营两种或两种以上互相竞争的品牌,目的是为了在市场上形成多品牌齐头并进的合力,对市场形成强大的攻势。在推出多品牌后,尽管内部品牌间存在相互竞争,但多个品牌的市场销售总额却大于只经营一个品牌的销售额。更重要的是能对其他旅游地竞争者形成巨大的威慑力,从而增强竞争能力。

在旅游地品牌战略中,多品牌战略是非常重要的。一方面它有利于扩大市场占有率,另一方面可增强对旅游市场的吸引度。因为旅游市场对旅游品牌天然地缺乏长期的忠诚度,所以推出多个品牌是十分必要的。一贯忠诚于某一品牌而不去考虑其他品牌的消费者是很少的,大多数消费者都是品牌转换者(罗锐韧,1997),旅游消费者对旅游品牌的转换频率更快。所以,四川省先期向市场推出了九寨沟、卧龙-大熊猫和三星堆三大品牌。当然,在一段时间后,要根据市场需求适当作出调整。

品牌扩展决策是旅游地利用其成功品牌的声誉,推出改良产品或新产品,使品牌产品获得更大的效益。这是对品牌产品的延伸。如一个著名的风景名胜区作为品牌产品,以观光为主,在其外围又发现了温泉资源,温泉度假就成了该品牌产品的延伸。

(2)形式多样的重要产品和配套产品。既然品牌产品可以推出多个,那么重要产品和配套产品更应该多样化。重要产品尽管不如品牌产品有吸引力和号召力,但它仍是品牌产品的支撑。如果没有重要产品作支撑,则品牌产品就成了"孤军奋战",市场占有率也很难上去,因为旅游地难以形成旅游产品的集群。如四川省除了三大品牌产品外,实际上还确立了六大重要产品,即峨眉山、乐山、都江堰、青城山、三苏祠、李白故里。在这六大重要产品中,有的产品对市场的占有率明显高于品牌产品。

配套产品更应该多样化,其针对的目标市场群体应分得更细。配套产品往往要能满足不同的目标客源市场的需要。

(二)旅游产品组合的宽度、长度、深度与关联性

旅游产品组合的宽度,是指一个旅游地有多少旅游产品大类;旅游产品组合的长度是指一个旅游地的产品组合中所包含的产品项目的总数。用旅游地的旅游产品大类数除总长度,就可求得一个产品大类的平均长度。所谓旅游产品组合的深度,是指旅游产品大类中每种产品有多少花色品种规格。用品牌数除各种品牌的花色品种规格总数,即可求得一个旅游地的产品组合的平均深度。

旅游产品组合的关联性,指一个旅游地的各个产品大类在最终使用、生产条件、分销渠道等方面的密切相关度。

从理论与实践两方面来看,旅游产品组合的宽度、广度、深度和关联性在营销战略上具有重要意义。其一,旅游地增加产品组合的宽度,即增加产品大类,扩大经营范围,实行多方位经营,可以充分发挥旅游地的特长,提高经营效益;其二,旅游地增加产品组合的长度和深度,即增加产品项目,增加产品的花色式样规格,可以满足广大消费者的不同需要,以吸引更多游客;其三,旅游地增加产品组合的关联性,即让各个产品大类在最终使用、生产条件、分销渠道等各方面密切关

联,可以提高旅游地在地区、行业的声誉。

案例1、案例2分别是四川省江油市、南部县的旅游产品组合,两个案例各有特色。案例1重点对江油市旅游产品结构和产品组合体系进行重新定位和调整;案例2是尚未开发的旅游地,根据其资源特色和市场需求对当地旅游产品体系进行了全面规划。两个案例分别出自《四川省江油市旅游营销策划》和《四川省南部县旅游发展总体规划》(时间均为2000年,课题组组长为王挺之、杨振之,技术负责人为杨振之)。

案例1:四川省江油市旅游产品组合(执笔人:李柏槐)

一、背景

江油市是李白故里,李白在那里生活到25岁"仗剑去国"东出三峡,度过了他的青年期,留下了大量遗迹和脍炙人口的诗篇,但李白故里开发粗糙。在本策划完成后,李白故里被确定为品牌产品,开始了较大规模的开发。整个江油市的旅游产品不成体系,点多分散,各自为政,难以形成旅游巨舰。窦圌山产品老化,需重新定位。各地开发都在启动,但无真正的品牌产品,重要产品也很弱小。

二、江油市旅游产品结构

根据市场调查和对江油市一、二级市场的需求分析,确定江油市旅游产品结构如下:

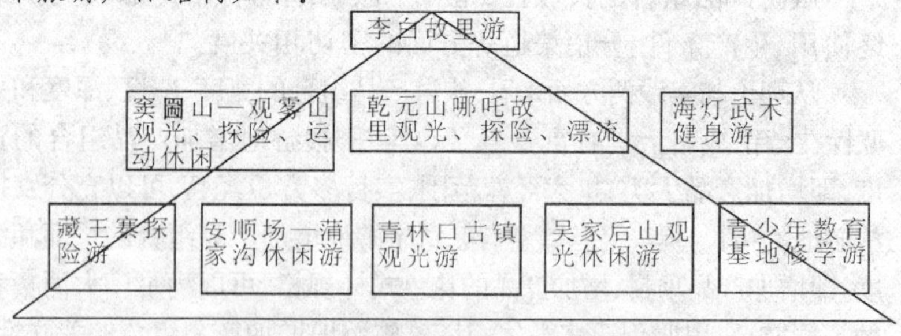

图2-7 江油市旅游产品结构图

第一梯阶为品牌产品，即“李白故里游”。它对海内外市场都有强大吸引力，且具有垄断性、惟一性和排他性。

第二梯阶为重要产品，突出了观光、运动、休闲、健身的主题，使江油市产品从纯粹的观光型向观光、休闲、运动健身型转化，并在后面设计了每类产品的体系。

第三梯阶为配套产品，也以观光、休闲为主，主要吸引小尺度的本地及其周边游客。

三、江油市旅游产品组合

从下表中可知，江油市旅游产品组合的宽度有五大类旅游产品，它的长度有46项旅游产品，因此每一个产品大类的平均长度为：46÷5=9.2，这说明旅游产品比较丰富。

表2-1 江油市旅游产品组合特征

	产品组合的广度				
	文化观光	自然观光	运动休闲	专项旅游	节庆活动
产品组合的深度	窦圌山 云岩寺 普贤寺 极乐堂 金光洞哪吒神话之旅 青林口古镇 太白纪念馆 太白公园 李白故里 海灯武馆	窦圌山 佛爷洞 白龙宫 观雾山 藏王寨 吴家后山 安顺场-蒲家沟 乾元山	铁索飞渡 滑翔 动力伞 飞镖 攀岩 溜绳 武术表演 牵引伞 热气球 蹦蹦球 塔伞 三角翼吊车 蹦极 射箭场	盘江五峡漂流 白龙宫漂流 佛爷洞漂流 观雾山登山 乾元山探险 藏王寨探险 涪江六峡漂流 青少年教育修学基地	窦圌山： 攀岩节 滑翔节 武术比赛 乾元山： 龙舟节 李白故里： 李白国际文化旅游节 李白诗酒会

就产品组合的深度而言，每一类产品又规划了产品的深度，如窦圌山，产品深度为17，一般的产品项目深度都在3以上。而这些产品组合的关联性又很大，许多产品是滚动开发的，分销渠道和

促销方法的关联都很强。

这个表的意义显然不是这些产品的简单罗列，而是代表了市场的需求，对营销有指导意义，对产品开发也有指导意义。

案例2：四川省南部县旅游产品组合（执笔人：胡海霞）

一、旅游产品结构规划

南部县旅游产品结构如图2-8所示：

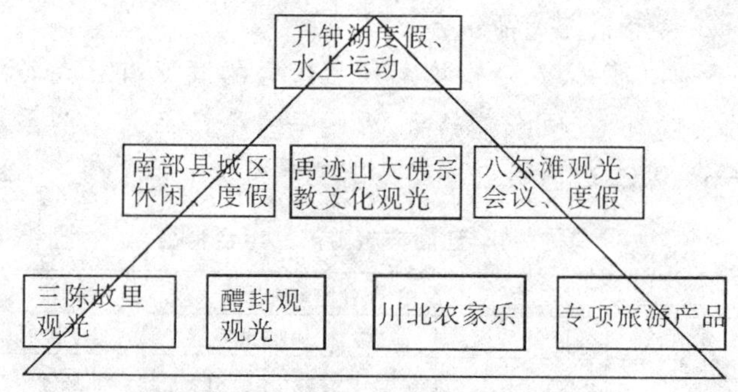

图2-8 南部县旅游产品结构示意图

如图所示，升钟湖度假旅游及水上运动产品是南部县旅游的品牌产品，也是南部县应大力发展的重点旅游产品，位于整个产品体系结构的最顶端。它主要依托大坝和李家坝、苟家坝一带形成两个度假旅游区，并在该区域开展各种水上运动。第二个层次是对南部县旅游产品结构的丰富和完善。南部县城区的休闲度假旅游产品主要依托红岩子湖旅游区和县城众多的宾馆饭店，开展休闲、娱乐、水上活动、观光、度假旅游活动。禹迹山宗教文化观光旅游产品主要依托禹迹山大佛、禹迹山石窟、白莲教古寨，开展大佛朝拜、宗教活动、石窟探险、古寨观光等旅游活动。八尔滩观光会议度假旅游产品主要依托柑橘岛、鸟岛开展观鸟、休闲、水上活动和会议度假。第三个层次是配套旅游产品。

如此，南部县旅游产品结构既有一定深度，也有一定广度，如表2－2所示。

表2－2　南部县旅游产品组合特征

	产品组合的广度			
	休闲度假旅游	宗教文化旅游	生态观光旅游	会议商务旅游
产品组合的深度	皮划艇 摩托艇 花样滑水 沙滩排球 沙滩足球 升钟花样滑水节 水上游乐世界 游泳马拉松及创吉尼斯世界纪录挑战赛 露营 登山健行 农家乐 渔家乐	禹迹山大佛朝拜 禹迹山石窟探险 醴封观 三陈故里 观音山石刻 傩戏大赛 皮影戏 民俗艺术活动 禹迹山庙会	八尔滩西瓜节 观鸟 观鱼 水利枢纽工程 水电站 田园风光 川北民居 八尔滩自然生态 升钟湖	商务会议 商贸会展 行业会议 单位集会

二、旅游产品项目规划

1. 规划原则和目标

旅游产品项目规划应依据“以市场为导向，以资源为依托”的原则，着重解决以下问题：

(1)要充分发挥升钟湖的水体和环境资源的优势，高起点、高水平地开发升钟湖度假旅游产品、会议旅游产品和水上运动项目。

(2)禹迹山大佛作为四川最大石刻立佛的名气还要大力宣扬；宗教氛围需进一步营造；利用白莲教在禹迹山一带活动的遗迹，重现白莲教山寨、营盘；进一步发掘大禹在禹迹山一带活动的传说并展示其遗迹。

(3)进一步培育八尔滩的生态环境，以其优良的小环境吸引周边地区的客人。

(4)利用红岩子湖比邻城区的优势，开发一批高档次的休闲游乐项目。

(5)升钟湖、八尔滩和红岩子的旅游项目开发，应各有侧重、各具特色，避免低水平的重复建设和相互争夺客源。

2. 升钟湖度假及水上运动项目开发

(1)升钟湖度假中心。在大坝区域附近，建设中低档度假公寓及别墅区，配备游泳池、网球场、空中花园和休闲公园等设施。在景区的核心位置——寒铺岭、李家坝、芶家坝一带的缓坡、台地上，建设升钟湖度假中心，以中高档别墅群为主，配备游泳池、网球场、露营地、沙滩排球场、天然散步慢跑道、自行车道、野餐区、购物中心和游艇码头等度假设施和娱乐设施。

(2)升钟湖会议中心。在度假中心，建设一个现代化的会议中心，配备一个大型会议室、若干中小型会议室、多媒体会议室、商务洽谈室及相应的会议设备。

(3)升钟湖水上运动训练基地。升钟湖环境幽静，远离尘嚣，是水上运动队进行封闭式训练的理想场所。在太子岛、凤凰岛和芶家坝岛之间的水域开辟水上运动场，在寒铺岭度假别墅东面的阶地上修建运动员、教练员公寓。以一流的环境、一流的服务和一流的设施吸引各省市皮划艇队、摩托艇队、花样滑水队、游泳队、跳水队到此训练并建立基地。

(4)升钟湖游泳马拉松及创吉尼斯世界纪录挑战赛。升钟湖面呈树枝状，大坝上游河长 170 公里，可以开展游泳马拉松比赛。以大坝为起点，时间选在每年的 7 月份。借全民健身运动，吸引广大群众积极参与。邀请省、市新闻媒体进行全程和全方位报道。挑战赛可每年举办一次，规模和级别可逐步扩大。

(5)升钟湖花样滑水节。花样滑水具有较强的观赏性和参与性，对身处内陆地区的观众具有较强的吸引力。升钟湖风景区应先建立花样滑水俱乐部,此后可以邀请国内各省、市的花样滑水队到此进行表演比赛,每年举办一届,时间选在10月1日前一周。邀请国内各大新闻媒体进行全程、全方位报道。

(6)升钟民俗艺术表演。在寒铺岭度假中心规划一供表演的露天的民俗艺术中心,作为民俗艺术表演的场所,定期进行白天和夜间民俗艺术表演。

①傩戏大赛。流行于升钟、大坪一带的傩戏(又称"傩傩"),是民间演唱形式,演员头戴面具,身背"秤杆",手拿戳子盘儿作打击乐器,走村串户,见啥唱啥,自编自演,生动活泼。据专家考证,"傩傩"这种艺术是戏曲发展史上的"活化石",很有研究价值。在民俗艺术中心,举行傩戏大赛,组织各地群众参与,同时举办地方戏曲学术讨论会,邀请国内外地方戏研究专家到会。

②灯剧表演。灯剧是升钟、大坪、柳树一带的地方戏,源于民间庆坛,它以灯套戏,以戏串灯,别具特色。

③皮影戏。南部县皮影戏已有数百年历史,民国年间,全县约有50多个皮影戏班。解放后,有皮影戏班6个,以马王乡观音山村皮影戏班最有名。班主唱腔优美,技艺灵活,表演生动细腻,曾到德国演出,深受好评。

④龙灯表演。龙灯有彩龙、火龙、摆龙等,象征吉祥,流传于城乡各地。

⑤狮灯表演。舞技分地台、平台、高台。民国时期,火峰乡人舞狮技艺高超,能在20张重叠桌上表演惊险动作。

⑥地灯表演。地灯有舞、有灯、有戏,道具别致,语言风趣。

⑦剪纸表演,纸扎表演。组织民间艺人在艺术中心进行剪纸表演、纸扎表演及其作品展览。既有观赏性,也可吸引游人参与,其作品还可作为旅游纪念品出售。纸扎烟火架可在夜间燃放助兴。

⑧书画摄影展。广泛收集南部历史上著名画家以及民间艺人

的书画、摄影作品，如张善子（张大千兄）、徐耘刍、席德进、董建、戴季宗、李正元等，兴办展览。

⑨渔家乐。渔家乐即住渔家、吃鱼宴、撒网捕鱼，体验渔家生活。太子岛、寒铺岭一带农户即可开展渔家乐活动。

3．禹迹山宗教文化观光项目开发

（1）“禹迹山大佛重现金身”开光仪式。大佛寺建筑拆除后，邀请高僧举行“禹迹山大佛重现金身”开光仪式，吸引信男善女到此烧香拜佛，并提高大佛的知名度。

（2）白莲古寨游乐场。修缮东南西北四个寨门，寨门上重建木质阁楼，插上白莲教旗帜。在山顶平台设置一个演练场，开展射箭、跑马和古代军事演练的表演和参与活动。

（3）禹迹庙会。在每年农历六月初六大禹诞辰之日举行庙会活动，以纪念大禹当年在此治水之功绩。在庙会期间可以举行纪念大禹的各种活动，如禹迹庙重建落成仪式、禹迹亭落成仪式，禹迹庙朝拜等。还可以集中展示南部县的民俗活动，如傩戏、皮影戏、灯戏等等。

4．八尔滩生态观光旅游与会议度假旅游项目开发

（1）鸟语林。在鸟岛上放置若干鸟巢，定期投放鸟食，吸引鸟类栖息，建立天然鸟语林。

（2）会议度假中心。在庙子山、桑树湾修建会议度假中心，以优质服务和优美环境吸引南部县及周边各县市的政府会议、行业会议、单位集会在此举行。

（3）农家乐。利用雍家湾、王家嘴、大堰坝、杨家嘴一带的川北农舍，开展川北农家乐。以原汁原味的川北民居、川北小吃，价廉物美的农家菜吸引南部县城及周边各县市的游客，占领周末短程旅游市场。

（4）八尔滩西瓜节。每年在西瓜成熟的季节举行西瓜节，开展“西瓜大又甜”评选、吃西瓜大比拼、农副产品展销会等活动。

5. 红岩子休闲游乐旅游项目开发

(1)水世界游乐中心。修建游泳场、戏水场，引进各种水上游乐设施，如激流冲浪、旋转滑水道等等。

(2)城市休闲广场。以绿地为主，配以城市雕塑、座椅、音乐喷泉，给县城居民和游客提供一个健身、休闲和集会的场所。

(3)春节灯会。每年春节举办一次灯会。灯会期间可举行焰火晚会、文艺演出、川北小吃荟萃等各种休闲娱乐活动。

(4)国庆花会。每年国庆节举办一次花会。花会期间可举办商品交易会、文艺演出、经贸洽谈会、川北小吃展等各种商贸活动。

三、旅游线路规划

1. 度假旅游线路

(1)升钟湖度假旅游与会议旅游。

2 日～3 日游：成都—绵阳—南部—升钟。

(2)八尔滩度假旅游。

1 日～2 日游：南充—南部—八尔滩。

2. 观光旅游线路。

(1)禹迹山—升钟湖—八尔滩观光旅游(2 日～3 日)。

3. 区域旅游线路

(1)川东北小环线。成都—绵阳—梓潼—阆中—南部—南充—遂宁—成都：历史文化观光与度假旅游线。

(2)川东北大环线。成都—乐至—遂宁—南充—广安—南部—仪陇—巴中—南江—广元—剑阁—绵阳—成都：革命老区与将帅故里旅游线。

思考题：

1. 在整合各类旅游资源要素进行产品策划时忌讳的是什么？

2. 如何进行旅游产品特色定位？

3. 什么是可进入性？它对产品特色定位将产生什么影响？

4. 度假旅游产品和专项旅游产品有哪几种类型?

5. 试分析旅游产品结构。

6. 试论述旅游产品组合的宽度、长度、深度与关联系。

第三章　旅游项目开发的可行性论证

旅游项目开发的可行性论证，是旅游项目投资之前的可行性分析。项目大小视具体情况而定，大可到一个风景区、度假区投资开发的可行性论证，小可到一个度假山庄、停车场或索道的可行性分析。这些论证是投资者在投资前的重要参考依据，又是商业银行是否决定贷款或政府部门是否决定立项支持的重要依据。由此看来，项目的可行性论证对投资者或当地政府来说，是多么重要的文件。

项目开发的可行性论证的基本内容、方法与旅游营销策划的内容相似，只是侧重点有所不同。为节约篇幅，凡与旅游营销内容相同者在此略写。

旅游项目开发的可行性论证的基本内容可分为三个主要部分：内部因素分析、外部因素分析、财务分析。现分而述之。

一、内部因素分析

在内部因素分析之前，应该有一个 SWOT 分析，鉴于在旅游营销一章中将作专节论述，故此从略。内部因素分析主要对内部的各种资源进行评价。

1. 资源评价

资源评价是对旅游开发项目的旅游资源和投资者的企业资源如市场营销资源、有形资源、财力资源、管理资源各个方面进行评价，以分析自身所占有的资源状况及其潜质。

(1)旅游资源评价。旅游资源评价包括了从旅游资源调查到鉴定,再到评价的一系列技术性强的工作。主要是评价项目所在的旅游资源所具备的历史、文化价值、艺术观赏价值和科学价值。

此外,还要对旅游资源的开发价值,特别是该项目的开发价值进行评估,要评价当地的经济条件、区位条件、可进入性、政策扶持力度、建设难易程度等,对项目的开发条件作出基本的评估。

旅游资源的评价和旅游资源开发价值的评价,已有专章进行论述。评价方法在此从略。

(2)市场营销资源。市场营销资源包含了企业或旅游地市场营销的人力资源是否具有优势、营销技能如何、分销的渠道、网络怎么样。特别是人力资源的储备,在该项评价中占了相当地位。

(3)有形资源。有形资源指企业或旅游地的生产能力和技术水平。这两方面是许多其他行业的企业要投资旅游项目的关键因素。如投资旅游项目的企业以前是从事石油工业的企业,则在饭店生产、销售及服务方面会十分陌生,这决定了它必须以重金聘用本行业的职业经理来进行管理。生产能力、技术水平包含有形设备、劳动技能、技术能力、原材料供给、产品开发等各个方面。

许多企业都有进入旅游业的愿望,但考虑到在生产、销售、服务的各个环节上,自己没有这些方面的优势,如果介入,则成本太高,因而就难以进入这一产业。

(4)财务资源。它指准备投资该旅游项目的企业或旅游地(风景区),是否有足够的资金投入到该项目中,它所拥有的资金总额有多大,其中准备投入到该项目的资金占多大比例;或者投资者在资本市场上的融资能力如何。假若这两方面都没有优势,则投资者的财务资源有限,资金投入的障碍很大,就没有条件投资该项目。

(5)管理资源。它指投资者的企业高层管理者人数、年龄、学历(学科背景)、技能和实践经验,以及这些管理者的认识、理念等。这实际上是对企业的高层管理人士进行评估,因为这些因素决定了一个企业的决策能力、应变能力和把握市场机会的能力。

表 3-1 提供了一个投资企业的资源评价模式，通过对这些资源的评价因子进行定量的评估，可以清楚地知道投资企业投资该项目的投资机会和投资能力。

表 3-1　投资企业资源评价模式

资源的评价因子	评价等级				
	非常好 5 分	好 4 分	一般 3 分	差 2 分	非常差 1 分
旅游资源					
1. 历史文化					
2. 艺术观赏					
3. 科学价值					
开发条件					
1. 区位条件					
2. 可进入性					
3. 经济条件					
4. 政策力度					
5. 开发难易度					
市场营销能力					
1. 营销人力资源					
2. 营销技能					
3. 分销渠道					
生产能力					
1. 有形设备					
2. 劳动技能					
3. 服务水平					
4. 技术能力					
5. 产品开发能力					
资金能力					
1. 固定资本需求					
2. 营运资本需求					
3. 投资收益					

续表 3－1

资源的评价因子	评价等级				
	非常好 5 分	好 4 分	一般 3 分	差 2 分	非常差 1 分
旅游资源					
4. 财务分析					
管理能力					
1. 管理者人数					
2. 经验					
总体评价					

资料来源：此表部分参照美国罗伯特 E·史蒂文斯、菲利普 K·舍伍德和 J·保罗·邓恩著《市场投资分析》，引用时作了较大修改。

通过对每一项受评价的资源进行打分评级，既可对投资企业投资该项目的可行性及潜力进行总体评价，也可大致分析清楚每一项资源所具备的能力及其优势、缺陷。这样就可以对投资企业的投资策略进行总结评价。

如投资企业的生产能力在劳动技能上、在产品开发方面都差，但在有形设备方面能力强，针对这种情况，如果要投资该项目，则必须聘用劳动技能的高能手若干，增加产品的研究和开发能力。如企业无生产经验，则要高薪聘用有经验的管理人员。

2. 目标的确定

以上资源的评价有利于投资者确定项目的目标。目标的确定是根据投资企业的内部因素，并参照外部因素来综合制定的。它包含定性目标和定量目标两方面的内容。在实现的阶段上，还包括近期、中期、远期的目标计划。在定性方面，如果该项目的目标是建成该地区的一个高档的度假饭店，则其市场定位在中高档消费市场，该项目就不能参与低消费市场的竞争，哪怕低消费市场可能机会大，吸引力大，投资者必须按自己的目标做好产品开发和市场营销工作，尽量吸引高消费市场。在定量分析方面，则要对自己的经济目标进行量化。

二、外部因素分析

外部因素主要包括了市场需求和竞争者两个方面的内容。

1. 市场需求分析

市场需求分析是确定该项目是否值得投资的基础。

(1)客源市场细分。市场需求分析需要掌握市场细分的标准和方法,并知道如何调查市场和如何进行市场细分的工作。这些内容在“旅游营销”一章中将作详细介绍,此处不再赘述。

(2)对现有市场潜力的评估。对现有市场潜力的评估是假设在自己确定的目标客源市场都来发生消费行为的情况下,销售收入有多大。这种评估只是可能存在的市场规模的预测,当然,市场的实际规模显然要小一些。

我们可以选用诸如目标客源市场的人口数或收入数量等市场因素进行评估。比如,其旅游项目的目标细分市场被确定为当地城市及其周边地区 7 岁～18 岁的中小学生人群,该细分市场的人数为 80 万人,平均每人的消费金额为 30 元人民币,则潜在销售收入为 80×30＝2 400 万元。

这一方法的使用有两个前提:其一是目标市场确定,并知道其市场规模;其二是对每个人的消费能力和可能的平均消费水平作了详细的市场调研。

另外还可用回归分析统计方法来分析市场潜力。这一方法在许多市场营销的教材中都作了详细介绍,这里不作重点介绍。回归方法的分析是建立在复杂的数学分析基础上的,其结论之一是建立市场因素与销售之间的关系等式。若涉及一个以上的市场因素,则需使用多重回归分析方法。

2. 竞争分析

竞争分析是在该项目投资开发后对市场上存在着的潜在竞争者进行分析。因为这些竞争者在旅游产品的组合上,在目标客源市场的细分和定位上与该项目相同或相近,相互间存在着分割客源市场的可能性。因此,在决定项目投资之前,对市场上的潜在竞争者的市场策略、营销能力、促销方法、销售渠道、产品价格及其弱点进行分析研究,是十分必要的。

(1)对行业内竞争面的分析。对行业内竞争面的分析应把握如下的内容:

- 行业内的竞争者数量,有竞争能力的企业或旅游地数量;
- 各竞争者的市场占有率分别是多少;
- 主要竞争者的分销渠道,市场网络;
- 进入市场的难易程度;
- 满足未来需求的能力如何;
- 对消费者人口特点变化趋势的预测能力;
- 处理突发事件和把握短期机遇的能力;
- 顺应经济发展以及预测其对行业影响的能力;
- 预测政府政策法规变化的能力;
- 对供应、成本、竞争、技术、成长等情况的预测能力和适应能力(罗伯特 E·史蒂文斯等,2000 年,刘秀云译)。

(2)竞争者行为分析。竞争者行为分析是了解竞争者的重要手段,更重要的是,通过这种分析可以将自己与竞争者在各个方面进行深入细致的比较,以明白自己的优势和弱势,并能反观自己的方向、策略、目标是否正确,以便快速地作出自我调整。因此,对竞争者进行细致的分析是市场竞争取胜的法宝。

对竞争者行为进行分析主要集中在对竞争者的营销组合要素进行分析。在进行分析研究前,要组织专门力量通过各种方式对竞争者的这些要素进行调查,掌握准确的信息和材料。在实践中,还要对竞争者行为的各种变化作出迅速而准确的反应,以确定应对之策。

表 3－2 为本项目与竞争者在营销组合上的比较和评价。较

好为 3、较差为 2、相等为 1、得不出结果为 0。经过本表的评价,可以明显看到该项目的优势及与竞争对手的差距,以帮助自己制定好竞争策略。

表 3-2　投资项目与竞争者营销组合评价

营销组合	本项目竞争者			
	较好 3 分	较差 2 分	相等 1 分	得不出结果 0 分
产品				
1. 产品组合度				
2. 服务质量				
3. 产品吸引度				
4. 产品满意度				
渠道				
1. 直销渠道能力				
2. 分销网络系统				
3. 对销售渠道的投入				
价格				
1. 可比价格水平				
2. 游客对定价的评价				
3. 价格的不同档次水平				
4. 价格政策一贯性				
5. 信用政策及执行情况				
促销				
1. 促销能力				
2. 促销工作的数量和质量				
3. 促销工作的一贯性				

(3)本项目的优势和产品定位。除了上述对竞争者的营销组合进行评价外,还应评价竞争者在资源、技术、生产能力、资金实力等方面的优势和劣势。只有这样,才能全面明了自己的优势和劣势,为制定竞争策略打下坚实的基础。

在此基础上,分析该项目在资源、生产、技术、市场、管理等方面的优势对,如产品的研究开发能力、资金投入能力、生产能力、管理能力、营销能力等方面的优势。

(4)对自己的产品进行定位。针对目标客源市场的需求来确定自己的产品组合(已有专章论述)。

三、财务因素分析

1. 成本分析

成本的分类标准不少,但成本的构成通常包括项目的投资成本、项目的经营成本(包括固定资产折旧)两大部分。

(1)投资成本总结。投资成本总结主要指项目的投资、投产所产生的成本,包括以下三个方面的成本要素:

● 固定投资,如土地、房屋、房屋附属装置、绿化等;

● 制造成本,如直接材料成本、直接人工成本、制造间接费用;

● 投产费用(开工成本),如培训费、加班费、咨询费、律师费等。

表 3-3 为项目成本总结的具体的成本估算表,通过该表即能估算出投资成本。

表 3-3 项目成本总结

类 别	具体内容	月成本	年成本
固定投资	土地		
	施工成本(包括绿化)		
	建筑造价		
	保安系统		
	防火系统		
	家具		
	房屋附属物		
	生产设备		

续表 3－3

类　别	具体内容	月成本	年成本
	办公设备		
	其他投资		
制造成本	直接材料费		
	直接人工费		
	维护费		
	制造(生产)间接费		
	设施		
	质量控制		
	办公费		
	租　　金		
	电话费		
	折　　旧		
	税　　费		
	监督费		
	工具室		
	杂项开支		
开工成本	财务费用		
	咨询费		
	培训费		
	延误费		
	差旅费		
	律师费		
	专利费		
	其他开工费		

资料来源:参照美国罗伯特 E·史蒂文斯等《市场投资分析》,2000 年,刘秀云译。

以上成本的预算标准既要依靠国家标准、行业标准,还要依据行业经验以及当地的成本价格。如土地使用权转让费,不同地区、不同口岸的土地价格不同,不同用地性质的土地价格也不一样,这必须依据当地标准。建筑造价既要依靠国家标准,还要依据当地造价。建筑物所用材料不同,造价差异也很大。砖混结构和框架结构的造价,现代建筑和仿古建筑的造价也明显不一样。再如,在绿化上树种的选择、树径的大小等方面不同,绿化造价差距也会很大。相同树径的黄桷树和女贞树市面价格差距很大;同样大小的桂花树,金桂价格明显高于银桂;同样是银杏树,前二年价格昂贵,而今市价就低了很多。所有这些,在成本核算上都要根据实际情况来决定。

(2)经营成本分析。经营成本指在项目经营过程中可能产生的成本。它包括以下内容:

- 营运资金要求;
- 临时经费;
- 管理费用;
- 工资;
- 保险费;
- 办公用品;
- 固定资产折旧;
- 其他成本。

经营成本中有的属于固定成本,有的则需用行业经验值。如管理费用按收入的10%预算,宾馆类项目固定资产的使用年限为20年,固定资产的折旧率取5%。住宿、餐饮成本根据市场价格及同行业经营水平估算,取相应收入的35%。

2. 盈利能力分析

(1)投资利润率。投资利润率是投资者每年能收回多少投资,获得多少净利润。

投资利润率用以下公式求得:

$$投资利润率=\frac{年利润总额}{投资总额}$$

投资利润率还可以用销售毛利率乘以投资周转率获得：

年利润总额除以销售额等于销售毛利率

$$毛利率=\frac{年利润总额}{销售总额}$$

销售额除以投资额等于资产周转率

$$资产周转率=\frac{销售额}{投资额}$$

于是，投资利润率等于资产周转率乘以销售毛利率

投资利润率=(年利润总额/销售额)×(销售额/投资额)

(2)回收期的计算。回收期是对投资在多长时间内能获得补偿的预测。回收期计算方法简便易行，便于理解，被广泛使用。但缺点是未考虑货币的利息因素，未考虑到不确定性为项目带来的风险等。

回收期=净投资额/年净现金流入

(3)投资收益的计算。

投资收益=年净现金流入/净投资支出

投资收益率计算的缺点，是未考虑项目期限的长短因素。

(4)平均投资收益的计算。

平均投资收益=年净现金流入/平均净投资支出

(5)现值指数计算法。项目的投资价值还应考虑将现在的现金流出与将来的现金流入进行权衡，对投资价值的判断才更科学。现值指数有时指折现的收入-成本比。

现值指数法=未来现金流入现值/净投资支出现值

现值指数越高，项目越好。任何现值指数大于1的项目，都超

过了最低标准,可以进行投资。

案例:“新旅游”网站(www.newtourist)可行性论证报告

该项目由笔者主持可行性论证。可行性论证完毕后立即付诸实施,使该网站成为2001年中国国内旅游交易会专用网站,中国旅游论坛专用网站。为旅交会的成功召开立下了汗马功劳。当时,全国各省、市、区预定展位通过网上进行,网上信息发布、广告发布等迅速快捷,在未投入专门的营销费的情况下,在旅游业界有了较大的知晓度。该项目在实施的时候,正处于IT业的全球低潮期,投资分析认定该项目三年内不会赢利。目前投资者对投资IT业的信心不足,旅交会后有所萎缩,但可行性报告的论证在初始阶段得到了较好的实施(以下所引为报告的部分内容的摘要。执笔人:杨振之、胡海霞、黄学军、刘禄山)。

一、旅游电子商务迅猛发展的现状和原因分析

1. 全球旅游电子商务迅猛发展

在国外,已有越来越多的游客利用网络制定自己的旅游计划,网络已经成为他们选择旅行社和旅游景点的新工具。据美国旅游业协会的一项调查,通过Internet制定旅游计划的旅游者人数从1997年的1 170万人剧增到了1998年的3 380万人。在电子商务领域,最有前途的两个行业是证券和旅游,其中旅游在20个行业中排名居首。

越来越多的旅游企业也开始利用网络进行商务活动。据CNN公布的数据,1999年度全球电子商务突破1 400亿美元,其中旅游电子商务销售额突破270亿美元,占全球电子商务销售总额的20%以上。这一数字在2000年突破了630亿美元,全球约有17万余家旅游企业在网上开展综合、专业、特色的旅游服务,全球约8 500万人次享受过旅游网站的服务,全球旅游电子商务连续5年以350%以上的速度发展。另据美国著名的CRG－research公司预测，在2000年，全球电子商务销售额将突破4 200亿美元，其中旅游电子商务销售额将突破630亿美元，占全球电子商务的销售额24%以上；全球约有30万家旅游网络企业在网上开展旅游服务；将有2亿人次享受旅游网站的服务。该公司还表明这些预测指标仅以目前的数据推算，在高速发展的网络时代，所有的数据都是保守的。

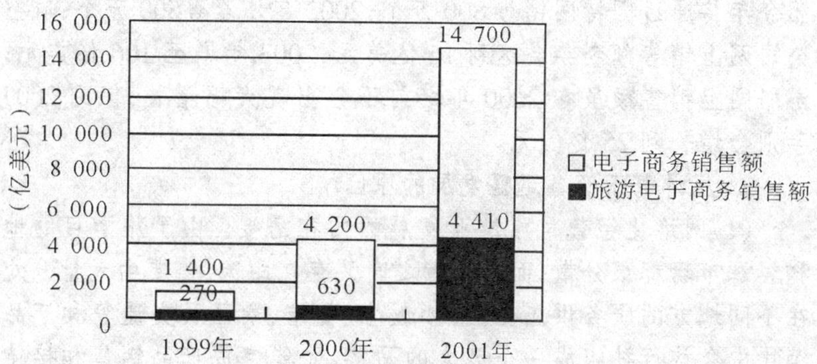

图3-1　全球电子商务和旅游电子商务销售额现状与预测

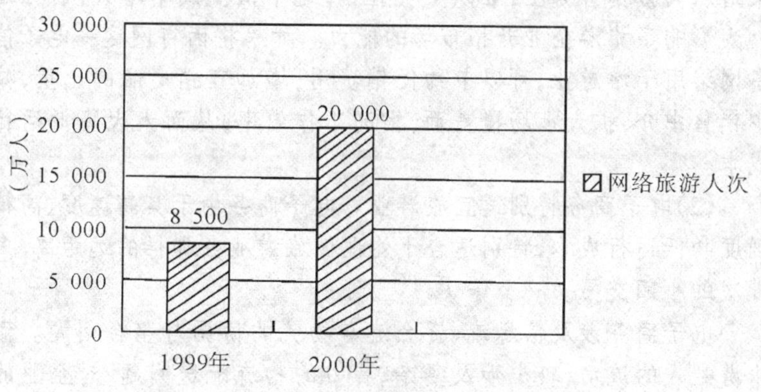

图3-2　全球上网获取旅游服务人次数

另据德国FORESTER咨询公司调查,因特网网上旅游预订额在今后五年里将增长10倍左右。到2003年,因特网网上旅游预订系统将会从旅行商手中夺取12%的市场份额,成为旅行商不容忽视的竞争对手。

该公司预测,从全球因特网网上销售情况来看,休闲旅游网上销售额今年将达到30亿美元,2003年增至290亿美元;度假旅游团今年将通过因特网销售800万个,2003年增至6 500万个;航空公司网上销售额今年会达到16亿美元,2003年增至106亿美元;游船网上销售额虽在2000年之前不会出现大幅增长,但到2003年则会增长到25亿美元。

2. 旅游电子商务迅猛发展的原因

(1)网络化经营是旅游业发展的内在需要。由于旅游目的地和客源市场都很分散,而且两者之间又存在距离,需要由大量分处在不同地方的服务供应企业,如饭店、餐馆、景区及交通等和产品销售中介旅行社组成一个庞大的网络,才能完成产品销售和接待任务,这是旅游运行成本很高的原因所在。传统的旅游市场销售渠道以间接销售为主,难以实现直销,这不仅使成本增大,而且还大大影响了旅游企业开拓市场的能力。如果将因特网这一电子信息网络用于旅游业,可以节约促销费用,增加直销产品的比重,减少销售中介,扩大市场覆盖面,提高工作效率,从而大大降低运行成本。

(2)电子商务特别适宜旅游业。电子商务由于其高速度、高精确度和低运行成本,特别适合于处理像旅游业务那样的远距离、多批次的小额交易。

电子商务涉及信息流、资金流与物流的协调与整合问题。而旅游是人的流动,较少涉及复杂、费力的物流配送问题,对企业的物流配送系统要求不高,资金也可以通过网上结算的方式直接付款,免去了消费者携款到旅行社办理各种手续的麻烦。旅游电子商务交易网的开展与推广，不仅可以使国内的旅游产品迅速走向世界，而且通过网上结算，解决旅游业支付结算期限长、拖欠严重的问题。

所以，电子商务更容易得到旅游业的认同，旅游业相比于其他行业更需要电子商务，电子商务更容易在旅游业中得到推广。

二、中国旅游电子商务市场分析

1. 旅游电子商务市场现状和存在的问题

(1) 市场的基本特点。目前中国的旅游网站总体上还处于一个旅游资讯发布、宣传、吸引网民的阶段，电子商务则处于一个刚刚起步的起始期，但发展前景看好。

旅游业作为已被公认的最适合于应用电子商务的行业之一，已成为众多商业网站重点角逐的战场。由于旅游业已开通或即将开通的网站在数量上居诸行业前列，这种现状导致了旅游网站之间的竞争比其他专业网站之间的竞争更加激烈。而各旅游网站在运作方式、目标市场、服务内容等方面的相似甚至雷同又使得相互间竞争达到了白热化的程度。

现在的旅游网站市场是一个春秋时代，春秋时代就是一片混战。进一步发展的结果就会不断地淘汰，进入一个战国时代，即一部分网站在市场上称雄，真正形成市场关注的焦点。网络发展的最终结果可能是一个大一统的时代，但是这种大一统不是传统的垂直体系的大一统，而是一种在市场上形成的类似联邦式的结构，从组织结构来说，也应该是扁平化的网络结构。也就是说，网站的市场组织结构与互联网自身的特点是契合的。

(2)国内三大旅游网站基本情况。中国目前有三家较大的旅游类网站。到 1999 年 10 月前一直维持着华夏旅游网和中国旅游资讯网结伴领跑的态势。携程网在 2000 年 3 月拿到了第二笔风险投资，从此开始加速发展的过程。4 个月以后它以月交易额 1 000万元的业绩成功地加入了第一集团军，形成三足鼎立的局面。表3－4对它们作一比较。

携程网把目标定位在商务旅行，收入主要来源为订房和订票业务，尤其是订房业务。每成交一笔，携程网大概能从中获得3%～5%的佣金。在开始的阶段结算较困难，但是随着交易量的扩大，网络的效应获得了合作方的承认，拿到的价格折扣也更理想。

表3－4　三大旅游网站比较

	华夏网	中国旅游资讯网	携程网
成立时间	1997年	1997年6月	1999年10月
经营模式	主要是B2B	旅游信息建设	商务旅游为主
收入来源	会员费＋交易佣金	订票	订房＋订票
优势所在	丰富的上游资源；价格优势	丰富的信息；资本支持	电子商务；客户服务
不足之处	B2B目前盈利可能性小	盈利模式不明确	与传统旅游业结合

中国旅游资讯网以资讯见长。现在其资讯达到4万网页，在三大旅游网站中无人可比。而华夏网也以其丰富的上游资源在业界奠定了自己的位置。华夏网内部人士称，其会员已有1 000多家。

华夏网主要做B2B，其收入来源于两大部分：会员费和交易佣金，另外将来还会开发旅行社内部管理软件。不过华夏网承认，“会员费还没有正式征收，坦率地说，大家还在摸索和建设中”。

中国旅游资讯网也正在以其雄厚的资讯为基础转向电子商务。副总裁楚斯鸣称目前在收入比例中最大的份额来自订票。中国旅游资讯网认为，仅就订票而言，自己在旅游网站中应该是最好的。每卖出一张机票，网站的收益大致在3%左右。随着与中华网合并的完成，所谓“背靠大树好乘凉”，有这样的门户网站做支撑，没有生存之忧，可以使其投入更多时间做业务，而中华网的每步扩张也会使其成员受益。

携程网对客户的重视给人印象深刻。它们建立了一套基于客户评价的员工考核体系,根据客户对每一次服务的打分决定员工的收益以及升迁。

倚仗着丰富的上游资源,华夏网把重点放在了价格上。华夏网公关部经理称,网民在华夏网预订房间可以享受到3～7折的优惠,这是一个富有吸引力的价格。目前,华夏网已有签约酒店100多家,分布在全国几乎所有的省会城市和旅游城市。

旅游网站目前收入的主要来源是订票、订房。针对的主要客源也是在外企或大型企业集团上班的白领阶层。然而这个线上的人群并不足以支撑一个网站,于是,大多数旅游网站便选择了线上线下同时进行的策略。对于正在迅速膨胀的中国旅游业,市场为旅游网站的发展留下了巨大的空间,剩下的问题将是谁能在竞争中获胜。

(3)旅游网络市场存在的问题。

①经营模式类同。旅游网站主营的电子商务业务有三大项:机票、酒店、旅行团的预订,每个旅游网站都有。当网站把自己看成旅行社的时候,发现所提供这些服务跟传统旅行社、酒店预订中心、机票销售公司相比没有太大的优势可言,因此必须提供一种更好的服务、更好的产品,或是寻求新的立足点与发展契机,或使销售额迅速地增大,才有可能获得赢利。在没有明确的更佳发展模式时,网站就迷失了方向,甚至在得到融资后“都不知道怎么花钱”。

②赢利前景不明。互联网企业赚来了眼球注意力,得到了成千上万的点击率,却没有看到相应的利润。在相当长的一段时间里,他们甚至都根本没有考虑过可以让投资者信服的商业模式,而商业模式中最重要的一点是“你靠什么赚钱”。

③网下服务的保证。作为一个互联网公司通常更偏向于重视信息流与资金流。在充分发挥互联网的优势时,也要非常好地结

合传统的一些营销模式,才能够为用户提供完整的解决方案。实际上大多数网络公司的网下服务得不到保证。

④支付手段和消费习惯的障碍。国外电子商务发展得好,与信用卡使用的普及和全国网络化是密不可分的。中国信用卡使用不普及,支付手段迟迟不被社会接受,对网上电子商务发展会起很大的阻碍作用。同时,中国人习惯于在网上消费的人并不多,消费者的个人信誉和商家的信誉在网上都没有建立起来。这一问题在全国范围内的解决大概要等到两年以后。

⑤缺乏旅游业内人士的操作和旅游主营业务的支撑。众多的旅游网站在规划时缺少对旅游行业的全面、深刻认识,没能找准切入点,内容上难以形成特色与卖点,往往照搬照抄国外网站的现成模式,成为美国、加拿大等网络业发达国家网站的中文版。由于缺乏旅游业内人士的操作和旅游主营业务的支撑,网站旅游信息更新缓慢,在线交易冷淡,无法吸引游客的注意力与兴趣。

⑥过度依赖资本运营。就现在来看,部分网站指望着先把网站建起来,然后再完善内容,形成市场焦点,最后上市,上市之后把钱套回来就行了。这主要是从资本运营的角度来看待网络公司,对网络公司的实质性发展关注得不够,但在这个过程中肯定只有少数人能站稳脚跟。经济学上恒定的规律是,靠单纯吸引投资只能获阶段性发展,通过良好的经营业绩实现市场价值才是网络企业最终的取胜之道。

2. 市场需求分析

在中国,随着政府电子化和企业电子化工作的开展,旅游电子商务的潜在市场量十分巨大。

(1)各级地方政府、旅游行政管理部门和旅游景区。网络是一种不同于传统媒体的媒体。传统媒体(电视、广播、报刊杂志等)能够做到的,如新闻、广告等,网络都可以做到;传统媒体所不能做到的,如及时的信息反馈、实时预定等,网络也可以做到。作为一种交互性动态媒体,网站将在旅游地和风景区形象宣传、大型系列旅游活动的策划推出方面发挥重大作用。网络营销不仅效果好,而且费用低廉,以往政府部门往往是组团到海外参加旅游交易会或博览会,一次营销费用至少达 30 万元~40 万元,在网上的营销活动,费用则低得多。而地方政府在网络技术、网络营销策划上不具备专业水准,必然希望能够依托某一家大型专业旅游网站能为他们提供专业化的网络营销服务。网络销售具有低成本的特点,地方政府、旅游行政管理部门和景区如果自己投入建立网站,在技术、资金、人力等方面的投入太大,可谓得不偿失。

(2)大量的中小旅游企业。我国现有 7 000 多家旅行社,5 000 多家涉外饭店,7 000 多个旅游景点,但其中只有极少一些企业已经成为因特网用户。截至 1999 年 4 月 5 日,我国大陆地区仅有 58 家国际旅行社在网上注册独立域名,涉外饭店注册域名的有 96 家,这个比例是相当低的。到 2001 年,我们通过各种搜索引擎的统计,旅游网站已达到 3 700 多家,但大多数是由网络公司、大型旅游企业、旅游行政管理部门和其他综合性网站(旅游版)创建的。大量的中小企业没有信息渠道,也没有巨额广告费,更没有技术和资金实力来建设和维护一个专门网站,旅游网站可以在这方面提供技术服务,为它们制作网页,发布信息,实时更新和维护,而旅游企业为此而花的费用也是相当小的。

(3)航空公司。我国航空公司的 CRS 系统(电脑预订系统),通过航空公司的售票窗口及各代理销售点设立的 15 000 多台预定机票的终端机,在国内机票销售中发挥着重要作用。它在国外和 Sabre, Amadeus 等国际 CRS 联网,通过它们销售我国的机票。目前我国还不允许国际 CRS 在我国境内正式营业,从而使民航的 CRS 在国内一直保持着垄断地位。我国进入世界贸易组织(WTO)后,这种垄断必然被打破。因此航空公司需要扩展销售渠道,网络售票是一种简便而经济的方式。虽然航空公司可以自己设立网站,就像有自己的售票窗口一样,但它仍然需要遍布各地的代理销售商。因此各航空公司也需要依靠一些有较高知名度的网站代理销售其机票,因为网络销售在预定的同时可以实现网上收付款,手续简便,对旅客更有吸引力,而且网络销售成本低于传统的销售门市部,航空公司还可以节约付给传统中间销售商或代理商的高额佣金(最低为9%)及GDS(全球分销系统)的费用(每次约5美元)。

(4)大型饭店。我国的一些大型涉外饭店或国际饭店集团成员往往通过三种方式实现客房预定。一是自行组建,即国际酒店集团自行组建旅游预定网络;二是借船出海,即加入国际知名预定网络;三是自办预定,即一些大型饭店自设网络,自行预定。其中自设网站是最为经济的做法,受到国内许多饭店企业的青睐。但饭店自设网站往往内容单一,点击率不高,预定量也不大,加上日常的维护费用,单位销售成本也不低,因此它们也希望有知名度较高的旅游网站能代理其客房销售。

(5)散客。近年来,散客在来访的海外旅游者中的比重正在迅速增长,北京、上海的散客比重已接近一半,有的城市已占来访者的大半。可以预测,散客必将进一步增加并将成为我国主要的海外旅游者客源。而旅游网站正是可以向他们提供包括旅游信息咨询、机票预定、车船票预定、客房预定、景点门票预定、线路设计、装备租赁等全方位、个性化服务的高效而便捷的工具。网络购买已经成为大多数国际旅游者的购买方式,仅在美国去年就有1 700万人通过上网确定旅游行程,比1998年增长140%之多,而且有大约92%的利用因特网来规划旅行和实现预订的美国成年人对于他们在此方面的经历感到很满意。因此,越来越多的具有网上消费习惯的海外旅游者也将是旅游网站的一个潜在用户群。目前,国内客源市场散客也正成为主体,网站为本国游客提供电子商务的交易额将成为网站收入的主要部分。

3. 旅游网站目标市场定位

旅游业被公认为是最适合应用电子商务的产业之一,由此导致旅游网站之间的竞争也十分激烈。如何使自己的旅游网站办出特色,在同行中脱颖而出,赢得客户的青睐呢?除了加强客户管理、真诚为客户服务外,旅游网站还应根据自身的实力、特点结合对旅游市场的分析,进行市场细分并从中选出自己的目标市场。

(1)我们可以将旅游网络市场从供需两方面划分为集团销售和散客购买。

表3-5 旅游网站市场细分

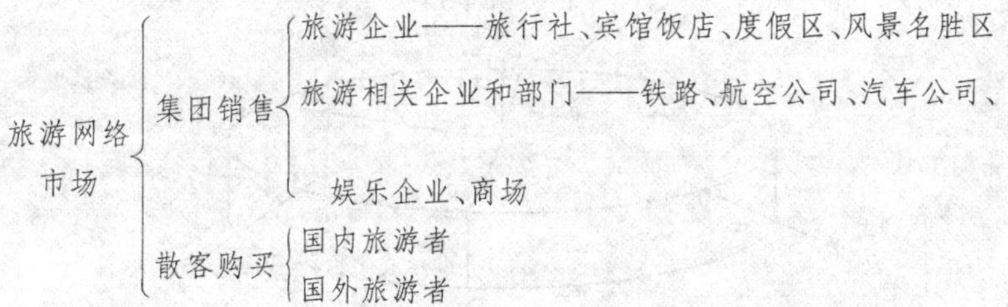

集团销售包括旅行社、宾馆饭店、航空公司、铁路公司、旅游车船公司、旅游商店、娱乐场所、旅游景区等通过旅游网站代理销售其产品和服务,组织策划大型或系列旅游产品推介活动。散客购买包括国内旅游者和海外旅游者通过旅游网站查询旅游信息,预定单项或组合旅游产品和服务。

(2)近期旅游网站的客户群可以锁定在以下两个群体:

①18岁~40岁的上网者。据CNNIC(中国互联网信息中心)2000年1月发布的统计报告,截至1999年12月31日,我国上网用户人数达890万,而目前国内上网用户已超过1 700万。其年龄构成、文化层次、行业分布分别如图3-3,图3-4,图3-5所示。

从年龄构成上看,18岁~40岁年龄段占91.5 %左右;从文

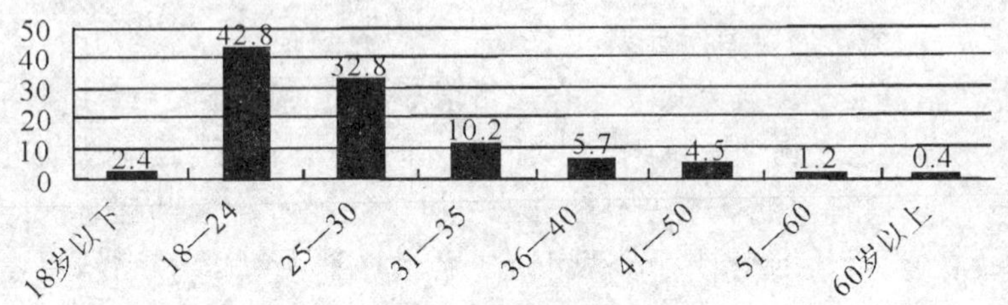

图 3-3 网络用户年龄构成图

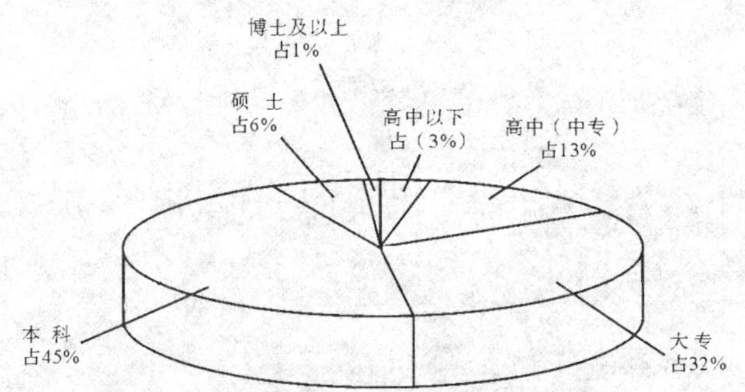

图 3-4 网络用户文化层次构成图

化层次上看，84%具有大专以上学历；从行业人员构成上看，主要是学校、计算机业、外资合资企业的人员，专业技术人员和白领、自由职业者，他们是高学历、具有独立性和探险精神、思维活跃敏捷的一个群体。虽然其中较大一部分是学生群体，但伴随着网络成长的学生一代更容易接受网上购物、网上旅游等新事物。2 年～3 年后，随着旅游网站的知名度的提升，网上支付手段的完善，当年的大学生已成长为具有较强购买力和较多闲暇时间的群体。抓住了现在的大学生群体，也就是抓住了未来的市场。国际旅游散客也将是旅游网站在近期应重点促销的市场之一，他们消费力强，对中国知之甚少，特别需要获取相关旅游信息及相应旅游服务。

②中小旅游企业。旅游网站的客户群应主要集中在中小旅游

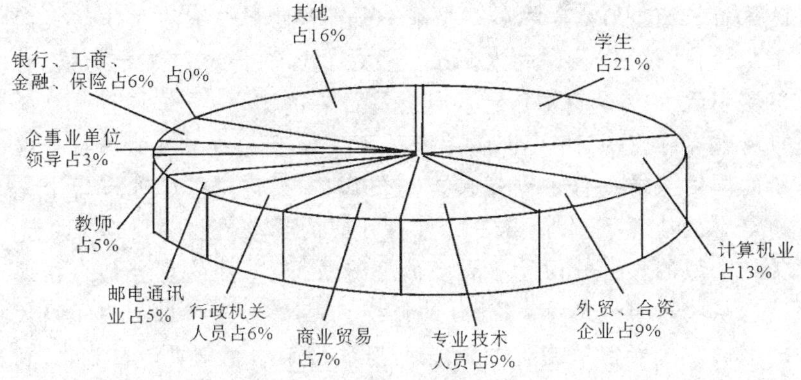

图 3-5 网络用户行业分布图

企业、各旅游景区和各地区政府及旅游行政主管部门,网站应为中小旅游企业、旅游景区提供 ASP 服务,为政府部门提供旅游宣传、促销服务。特别是中小旅游企业,自己无力建立和长期维护一个网站,而网络宣传可大大降低其促销成本,为它们提供 ASP 服务可谓前景无量。

4. 市场竞争分析

我国目前有 3000 多家旅游网站,大致可以分为三种类型:一种是以提供旅游信息服务为主的旅游咨询网站,如中华行知网(www.sotrip.com);一种是以提供旅游产品预定业务为主的旅游网站,如携程旅行网;还有一种是旅游企业采取鼠标加水泥的方式依托自己的网站做自己的旅游业务。

在 ICP 门户网站中,几乎所有的网站都不同程度地涉及了旅游的内容,如新浪网生活空间的旅游频道、搜狐和网易的旅游栏目,显示出旅游信息的巨大生命力和市场空间,但它仅仅作为其网站的一部分,没有能够充分体现旅游信息的全面性、权威性和实用性,只是对现有网站内容的补充;也由于专业性不强,缺乏行业优势,故而没有完全展现网上旅游的魅力。我国现有 7 000 家以上的旅行社,但90%是中小型企业,还在延续着传统的小作坊式的手工操作,效率低下,成本高昂。虽然我国的传统旅游市场很大,但其中近80%是商务旅行和自助旅游者的支出,传统旅行社总的市场占有率仅为5%~8%,一个国际同等水平的国家的旅行社组织的国内旅游也仅占到了其市场份额的20%。在这种市场未充分培育的情况下,如此众多的旅行社间的竞争显得异常激烈。尤其是小型的旅行社因没有太多的客流量,连基本的生存都存在问题。从收入组成来看,旅行社的订票、订房单项服务收入占了很大的比例。随着信息流通的加快,订房和订票的竞争更趋白热化,利润空间会有很大的压缩。中国加入WTO后,国外旅游服务公司将凭借成熟的电子商务经验长驱直入,全国现有的数千家大小旅行社将受到更加严重的冲击。

由于人们的旅游消费方式正在改变,以自订行程、自助价格为主要特征的旅游将会成为国人旅游的主导方式,传统旅游中那种赶时间、赶行程的旅游团已经不能满足人们个性化旅游的心理要求,因此传统旅行社对其余95%左右的市场份额显得一筹莫展,而新兴的旅游网站就成为了开拓潜在市场的一支新军。

相对于传统的旅游业来说,旅游电子商务不仅提高了业务透明度和工作效率,降低了边际成本,而且由于旅游产品具有个性化、信息化、时令化等特性,也非常适合网上销售;更何况旅游产品还具有无形性和不可贮藏的特点,其生产和销售的过程是在服务的过程中完成的,在电子商务的实现上不需要配送环节,这已卸掉了制约中国电子商务发展的两个主要障碍之一,只需考虑网上支付的问题。目前一些银行已提出解决方案并付诸应用。因此,发展旅游电子商务的条件正在成熟。传统旅游业除将面对固有的竞争对手外,还要面对国外旅游企业的挑战和旅游网站对原有市场份额的争夺。在严峻的形势面前,传统旅游企业纷纷走上传统业务与网络结合的道路。

新兴的"网络旅游公司"可以成为旅游行业的多面手。它首先改变了目前的旅游经营方式,可以将原来市场分散的利润点集中起来,同时效率会更高。具体而言,当旅游网站组织自己的线路产品的时候,此时网站的角色就是旅游批发商;当网站将自己组织的产品推向市场的时候,可以省去传统旅游必须经过的零售环节,直接与消费者见面,此时它又是一个具有绝对价格优势的零售商。

传统旅行社未能占领的市场份额正好是网络旅游最适宜的发展空间,其市场潜力非常巨大,网络旅游本身正以令人信服的数据表明,旅游业将是帮助电子商务摆脱徘徊不前的现状的突破口之一。

思考题:

1. 如何进行旅游项目开发可行性论证的内部因素分析?
2. 外部因素分析包括哪些内容?
3. 财务因素分析的基本方法有哪些?

第四章 旅游地节庆旅游的开发

一、节庆旅游的重要意义

所谓“节庆”，指有主题的节日庆典和公众集会。节庆旅游，是以节庆活动作为特殊的旅游吸引物而开展的旅游活动，是旅游地主题性强的旅游产品。

Falass 总结节庆的定义有 5 种（据邹统钎，1999 年）：

（1）一个神圣的或世俗的庆典，以特别的仪式为标志；

（2）为纪念某个名人或著名事件，或为庆祝某种重要产品丰收而举行的年度仪式；

（3）为纪念某个人的作品、工艺等类展览的文化事件；

（4）交易会；

（5）一般性的娱乐、聚会。

随着旅游业的深入发展，旅游地越来越需要节庆活动来支撑。以往旅游区、风景区不太注意节庆旅游，但由于竞争日趋激烈，各种节庆活动及文艺表演与日俱增。以前许多城市将节庆活动只作为“文化搭台，经贸唱戏”的一个手段，或以此来实现招商引资的目的。但近几年来，各地已开始将节庆活动作为专项旅游产品来开发、培育，甚至将它与地区形象、城市形象的塑造连成一体。因而，节庆旅游越来越重要。概而言之，它有以下几个重要意义：

1. 节庆活动可迅速塑造旅游地的形象

节庆活动作为特殊的旅游产品与其他旅游产品迥然不同的是，它能在较长时间内引起公众的关注，甚至可以在一段时间内成为公众注目的焦点。这会使旅游地的形象得以迅速提升。如“大连国际服装节”经过多年的举办,在公众心目中将“服装节”与大连的城市形象等同起来,使大连市在公众中的形象成为美丽、浪漫、精彩纷呈的象征。

同时,通过举办节庆旅游活动,可促使旅游地的环境不断改善,使旅游地在游客心中的形象不断提升。如城市绿化面积的增大,档次的提高,市政管理的加强,城市的形象标志逐步形成,景区的软、硬件环境得到改善等。

2. 节庆活动最终将塑造旅游地的精神,使旅游地具有文化使命感

节庆活动不仅会成为旅游地的特殊的吸引物,更重要的是,长此以往,它将成为旅游地的象征,成为当地居民的精神寄托,是当地居民的骄傲。同时,节庆活动使当地居民具有文化使命感,他们会自觉地保护、传承民族文化或地方文化以及民间工艺。从根本意义上看,节庆活动非但不会破坏当地的传统文化,反而使当地传统文化得以流传下去。

3. 节庆活动可增强竞争实力

由于节庆活动具有独特性,一般情况不会在一个区域内重复,它是民族文化或地域文化的合理延伸,因此多数节庆活动具有惟一性、排他性、垄断性。所以,旅游地通过节庆活动的营销,可以增强旅游地的形象,使自己的形象比其竞争对手更易被旅游者所识别,从而增强了竞争实力。

二、节庆旅游策划的基本原理

1. 节庆旅游活动策划要以当地的旅游资源为基础,要有自身的旅游资源优势和特色,切忌毫无根据地移花接木

2. 旅游资源的调查和评价是节庆活动策划的基础

旅游资源的开发当然包含了节庆旅游的开发,若要开发节庆

旅游，当地旅游资源应存在以下情形：

(1)已存在传统的节日庆典和公众集会，或为了某一事件，或为了某一名人，或者是宗教礼仪等。

(2)当地旅游资源足可加以发扬光大，以节庆活动出现，能使其得到更充分的展示。

(3)若将旅游资源开发为节庆旅游活动，更能展现旅游地的文化内涵和形象。

所以，我们注意到，现在众多的著名节庆旅游活动，如内蒙古的“那达慕大会”，四川凉山州彝族的“火把节”，山东潍坊的“国际风筝节”、傣族的“泼水节”等等，都有着深厚的资源基础和悠久的历史文化渊源。如果没有历史文化传统，没有旅游资源的土壤，节庆活动就成了无源之水，无本之木，节庆活动的生命力就不强。

现已在成都市和海外客家人中颇有知名度的洛带镇“客家火龙节”和“客家水龙节”，就是笔者在主持《成都市洛带镇旅游发展总体规划》时，在对当地旅游资源作了详细的调查和评价后开发的节庆旅游活动。在2000年春节实施首届“四川客家火龙节”前，又编制了详细的《首届四川客家火龙节策划方案》，并亲自组织实施，负责经营管理。

“火龙节”、“水龙节”是当地客家人的民俗，由江西赣南客家人传入，从清初开始就由一家刘氏家族垄断了火龙、水龙的表演，世代相传，号为“刘家龙”。火龙在腊月三十至正月十五举行，寓意消灾祈福，带来财运。在中国许多地方都有烧火龙的风俗，不过洛带客家人烧火龙不同于其他地方的是它有固定的仪式和仪礼的讲究，如烧火龙前有祭祖仪式，舞火龙后有将龙烧毁的仪式，舞龙的步法怪异。水龙则在七八月举行，以祈求雨水和丰收。两者参与性极强，老少皆宜。特别是“水龙”，无任何安全隐患，参与者每人一杆水枪，待舞龙者经过时，向舞龙者喷射而出。也可用水盆向舞龙者泼去，观看者还可相互泼水。其参与性、趣味性不亚于傣族泼水节。

图 4－1 洛带镇客家火龙节

图 4－2 洛带镇客家水龙节

笔者在参加《成都市旅游业"十五"计划和2015年发展规划纲要》撰写时，曾指出成都市缺少一个每年举行的城市节庆活动来展示成都市的城市形象，提出将以前每四年举行一次的"国际熊猫节"改为每年一次，增加文化展示内容，扩大规模，增强参与性。后来与开发碧峰峡的万贯集团总裁陈清华先生讨论时，又达成共识，成都应举办"国际熊猫狂欢节"，在"狂欢"和文化展示上做文章，同时改变由政府包办的体制，使之由公司参与运作，政府也可从财政负担、人力负担中解放出来。这一节庆活动既打了熊猫品牌，又将成都平原三星堆文化的展示融为一体，对成都市形象的提升将功莫大焉。

如前所述，现在许多景区、旅游区开始热衷于节庆活动的举办，不少的景区为了炒作景区的知名度而举办节庆活动，使节庆活动开发偏离了旅游资源的基础和特色。如环太湖特技飞行表演，广汉三星堆国际特飞节。特别是三星堆特飞节，就是一个不该举办的节庆活动。放着三星堆如此深厚博大的历史文化资源不闻不问，反而去生产一个与三星堆文化毫无关联的"特飞节"，其生命周期之短可想而知。

景区为炒作知名度而举办的节庆活动应得到控制和禁止，否则不仅对旅游资源会造成破坏，而且对市场营销不会有好的结果。

3. 节庆旅游活动的策划要紧扣旅游地形象，其目的是为了强化形象和充分展示文化内涵

如果开发的节庆旅游活动不是旅游地旅游资源的主流，其主题与旅游地形象相距较远，不能强化旅游地形象，也不能充分展示旅游地的文化内涵，则该节庆旅游活动也无开发的必要。

如笔者在主持《四川省都江堰市旅游发展总体规划》时，发现当地节日较多，但有的节日如"中华猕猴桃节"、"兰花节"等与都江堰市的旅游的形象相去甚远，在总体规划中将其取消，而将有着悠久历史传统的每年清明节前后在都江堰举行的放水节仪式规划为

“放水节”。尽管在此之前,当地举办过“放水节”,但不是一年一度的仪式,更未作为旅游吸引物在平常的节假日进行表演,没有作为旅游产品来开发。在规划中着重强调了“放水节”的日常表演和一年一度的节日盛会。“放水节”在春灌前举行,有祭李冰父子仪式、砍马槎仪式等,内容丰富。游客通过它既能了解都江堰千百年来的历史地位,排洪、灌溉的科学体系,又能理解治水文化的深刻内涵,并借此突出了都江堰的主题形象。

又如,在笔者主持的《四川省江油市旅游营销策划》中,将江油市在省内的旅游形象定位为“运动休闲胜地”,这有它坚实的旅游资源基础。在策划方案中,我们根据窦圌山的地形、气候、风向、风力和景区在这方面的实践积累,推出了“攀岩节”和“滑翔节”。在产品开发上,使其初步具备了面向不同目标人群的初级、中级训练场和高级比赛场地。两大节庆旅游产品的推出,可以说是紧扣了主题形象,为窦圌山形象战略的转变打下了基础。

图 4－3　窦圌山滑翔节

4．节庆旅游的嫁接移植要恰到好处

节庆旅游的嫁接移植有时仍是可行的，只不过要慎之又慎，要恰如其分。顾名思义，节庆旅游的嫁接移植是在本地没有该旅游资源或者此地的旅游资源与被移植的节庆旅游之间仅有一点联系，而且这种联系是无法实证的。这就使这种嫁接式的开发存在较大的风险。对节庆旅游进行嫁接移植，要把握以下几个基本原则：

(1)嫁接移植的节庆旅游产品能适应市场的需求，它本身有很大的吸引力，且一般游客难于去它的"原产地"旅游。

(2)要为嫁接移植的节庆旅游提供旅游资源的背景。最典型的就是主题公园。它的那些人造主题园尽管是仿制的旅游资源，但毕竟为节庆活动的移植提供了舞台。如深圳的民俗文化村，尽可能地在那里移植傣族"泼水节"、彝族"火把节"等。

(3)嫁接来的节庆旅游与本地资源有联系而又能突出本土的旅游形象。

5．策划的节庆旅游要有市场基础，符合游客的心理需求，要力求参与性、趣味性，有广泛的公众参与其间，并从中获得快乐

我们有的节庆活动是为少数的领导者和外地来宾设计的，甚至当地民众还没有参与节庆活动的资格，或者其参与受到了限制。这样的活动一定不是节庆旅游活动，更不是旅游产品。只要节庆活动有参与性、趣味性，节庆旅游就有广泛的群众基础。

6．节庆旅游的策划要因势利导，要学会借势、借机

节庆旅游的策划需要良好的外部环境和政策的扶持。反过来讲，节庆旅游的策划要善于利用形势，利用良好的外部环境，利用政策的支持。这样才能形成政府力量、企业力量、新闻媒体等各方面力量的整合，也才能组合好各方面的资源，形成"大势所趋"。若不善于利用"势"来策划节庆旅游，策划方案再好，也可能"孤掌难鸣"，策划也会胎死腹中。

我国西部地区现在就有这个“势”:一是西部大开发战略的实施;二是国家旅游局提出“西部大开发,旅游要先行”;三是加入WTO后,西部地区丰富的旅游资源将备受外资的关注。在这种大势下,在西部地区策划一些大规模的节庆旅游活动,条件基本成熟。

如2001年6月20日至25日在成都市举行的“2001年中国国内旅游交易会”,是四川省旅游局和成都市旅游局向国家旅游局争取三年才获准的。在此之前,2000年9至10月,笔者就对此次交易会进行了策划,当时按“博览会”来策划。借交易会在成都举行的“大势”,在当初“博览会”的策划方案中就提出在成都举办史无前例的“中国旅游论坛”,后来在四川大学旅游学院王挺之常务副院长组织大家讨论时,笔者又对“中国旅游论坛”进行了详细策划,并将策划方案直接组织实施(策划方案以案例分析形式附后)。回过头来看,若没有旅游交易会在成都市举行,“中国旅游论坛”成功举办的可能性较小。

三、节庆旅游策划的要素

节庆旅游策划的要素指节庆旅游策划应包含的主要内容。这些内容出现在策划方案里并不是闭门造车的结果,而是要经过反复商议和论证,使策划方案具有可操作性。

(1)节庆旅游活动的时间、地点和规模;

(2)主要参与者和来访者;

(3)节庆活动的主题、宗旨和目的;

(4)节庆旅游活动的组织者,包括主办单位、承办单位、协办单位和其他可能的赞助单位,以及组织机构如何建立,各自的职责和分工;

(5)主题活动日程、内容和配套活动的日程、内容;

(6)主题活动和配套活动的表现形式;

(7)节庆活动的各种行动计划,包括财务计划、消防及安全计划、接待计划、宣传促销计划、开幕式和新闻发布会计划、各主题和配套活动的日程安排等;

(8)市场分析,包括竞争者分析,预计接待人数,收入来源和收入预测等;

(9)政策面所需的支持及扶持力度。

总之,节庆旅游策划要使节庆活动有固定的活动展示场所和空间,有具体的活动项目,文化娱乐活动丰富多彩,旅游商品、民间工艺品的展示与观摩不可缺少。更重要的是,要使节庆旅游的主题与活动贯穿在整个旅游过程中,对食、住、行、游、购、娱六大要素须实施整体包装。

案例 1: 2001 年成都中国旅游国际博览会策划方案

笔者在 2000 年 9 月至 10 月间策划了 2001 年中国国内旅游交易会,当初以“博览会”的规模、档次来设计。策划方案中的主题、主要活动如中国旅游论坛、中国首届旅游纪念品设计大赛等都获得了实施。

一、名称

'2001 成都中国旅游国际博览会

二、主题

中国旅游:新世纪、新气象、新发展

三、主办单位

中国国家旅游局

四川省人民政府

四、承办单位

四川省旅游局

成都市人民政府(成都市旅游局)

五、协办单位(待定)

六、举办时间

2001年10月__日

七、指导思想和总体目标

1. 指导思想

(1)博览会要以邓小平理论为指导,抓住西部大开发的机遇,在国家旅游局和省、市人民政府的领导下,周密筹措,精心组织,调动和发挥各方面的积极性。

(2)充分展示改革开放以来我国旅游业所取得的伟大成绩,全面展示各省、市、自治区丰富的旅游资源、生态环境和风土人情,促进国内外旅游业的交流与合作,丰富人民群众的文化生活,推动中国旅游业向更高层次发展。

(3)该博览会是一次将国内外旅游风景区(点)、旅游度假地、旅行社、旅游饭店、旅游车船公司、旅游商品和酒店用品生产企业、交通运输部门等旅游同业汇聚一堂的世界盛会,是旅游行业销售网络内的大型的主题营销活动。

(4)由于旅游与人们的生活息息相关,举办本次博览会不应仅仅限于业内,而应该是有广泛群众基础的、大众参与的旅游盛会,使人人都来关心旅游,热爱自己的家园。

(5)向全世界展示新世纪的中国、四川和成都市的旅游形象,展示中国多姿多彩的旅游吸引物,让全世界都能体会到新世纪中国旅游的新气象、新发展。

2. 总体目标

(1)充分利用政府主导的职能和现代科技手段,高起点,大手笔,把博览会办成新世纪伊始规模最大、效果最好、档次最高、与国际惯例接轨的旅游盛会。

(2)通过此次博览会,进一步提高四川省、成都市在国际上的知名度和美誉度,树立成都市的形象和品牌,使成都市成为中国西部最适于世界跨国公司投资的城市，为经济大发展打下坚实的基础。

(3)向国际、国内推出大量新的旅游产品，推出大批国际旅游精品，丰富中国旅游的内涵。

(4)经济目标是以会养会，不增加政府财政负担。

八、组织原则

本次博览会要按照高档次、国际化、创一流的标准举办，各有关部门应在组委会统一领导下密切配合、互相支持、通力协作，做到决策体系与操作体系上下一致，统一协调，避免政出多头。

九、总体思路

1. 突出主题

本博览会的主题是“中国旅游:新世纪、新气象、新发展”。本届博览会的主题着重体现一个“新”字，展现新世纪中国旅游的新形象、新面貌和新的活力，丰富中国旅游产品的内涵，给游客以新的感受，表明中国旅游是新世纪世界旅游的生力军和新希望。

2. 体现特色

(1)全面导入CI:本次博览会将全面导入CI系统，使其形象鲜明，主题突出，特色明显(方案另拟)。

(2)充分运用现代高科技手段特别是网络技术提高展览档次。在展区的显要区域集中网络公司进行演示和展览，并全方位运用声、光、电技术突现主题、烘托气氛、展现大场景。

(3)围绕博览会展开一系列大众化的参与性强的活动，使旅游博览会成为人人都关注的博览会，既能吸引大众参与，又能全面展示地方文化特色。

(4)本届博览会在展区划分上，力图体现功能特色，既继承传统展览以行政地域组团为基础，又要打破行政地域界限，围绕博览会主题来凸现主题、体现特色。如可在特装展区集中展示中国的“世界遗产”和中国的热卖线路及富有特色的新线路，以推出中国的国际旅游精品,海外旅游展团也在特装展区集中展示。

(5)博览会在旅游经营商交易活动完成后,向广大市民和游客开放,各经营商、旅游地可进行博览会的特价预订,使博览会掀起散客预订的热潮。

(6)作为博览会的主办地,四川全省要以新的旅游形象展现在来宾面前,全省各地区都将导入CI系统工程,充分展示四川作为新世纪的世界自然生态旅游的目的地和长江上游文明中心的形象。

十、活动内容

1. 主题活动:'2001成都中国旅游国际博览会

●特邀世界旅游组织官员出席,特邀世界旅游组织编制《四川省旅游发展总体规划》的专家出席。

●特邀中国、四川主要客源国或地区的旅游媒体记者组成"博览会——四川风光、风情采访团"出席,与四川省的海外促销活动合为一体。

(1) '2001成都中国旅游国际博览会新闻发布会。

(2) 博览会开幕式。

时间:2001年10月__日上午9时正。

地点:成都国际会展中心广场

(3) 10月__日,博览会展览,业内人士参观和交易洽谈。

(4) 开幕前和展览期间,各省和国外展团在会展中心的新闻中心举行新闻发布会。

(5) 10月__日,社会公众参观博览会暨举行散客现场特价优惠预订活动。

(6) 政府招待酒会。

时间:2001年10月__日下午7:00。

地点:

(7) '2001成都中国旅游国际博览会总结表彰大会暨2002年

中国旅游国际博览会交旗仪式。

(8) '2001年10月__日,旅游经营商,海外媒体采访团在四川进行旅游线路和旅游资源考察、嘉宾旅游考察。

2. 配套活动

在博览会期间举行系列活动,既为了大造声势、渲染气氛,又要讲求实际效益和鼓励大众参与。

(1)中国旅游论坛。参加人员:世界旅游组织官员,国家领导人和国家旅游局官员,海外参展国、参展团官员,各省、市、自治区要员;国际著名旅游专家、国内知名旅游专家;国际参展企业总裁,国内大型旅游企业总裁等。

(2)旅游项目招商投资洽谈会。各省、市、自治区可预先给本届博览会组委会提供旅游招商项目,通过博览会引资,在展览期间进行招商项目的展示和洽谈,使招商引资特别是西部地区的招商引资成为本届博览会的重要内容和亮点。

(3)天府风光彩车大巡展。由四川旅游资源丰富的各地、市、州制作旅游风光彩车,以高策划、高起点和运用声、光、电技术充分展现各自地区的主题和特色,是各地旅游的形象工程,既能起到导游各州、市风景的作用,又能作为艺术品永久保存。做到统一策划、高档制作,最后集中到成都大巡展。

(4)"多彩的四川文化风情大型文艺晚会"。晚会宗旨:在中外来宾、旅游经营商面前展示四川独特、多彩、神秘的四川地域文化和民族风情。

节目范围:

①三星堆的祭神舞;

②川剧绝活表演;

③四川清音和扬琴;

④青城山道教音乐;

⑤藏、羌、彝等少数民族歌舞、服饰表演;

⑥泸沽湖的摩梭人歌舞——展现阿注婚婚俗；

⑦白马藏人的面具舞；

⑧李白、苏东坡诗词朗诵及演唱。

(5)天府奇观自贡灯会展。在博览会期间及之后，举行“天府奇观——自贡灯会展”，烘托节日气氛，宣传四川旅游品牌，展现四川文化的特色。

(6)四川省旅游商品展销会。在博览会期间展销四川旅游商品，旨在推出四川旅游商品精品，在国内外经营商面前展示四川旅游商品特色，使其成为四川的主要旅游吸引物之一。

①四川旅游商品展销。展销可分为工艺品、烟茶、乐器、滋补药品、中药材、酒、名小吃、服饰、土特产品等几大类。

②举行博览会“成都美食周”活动。

(7)中国首届旅游纪念品创新设计大赛。通过创新设计大赛，旨在推进中国旅游商品的包装设计、制作，外观设计和工艺设计，提高创新设计的能力和水平。

中国旅游商品“博览会指定商品”冠名评审。

十一、宣传工作

1. 媒体宣传和促销

(1)宣传广告词

①主题词：中国旅游：新世纪、新机遇、新发展。

②宣传口号：新世纪新中国——全新感受，不同凡响。

新世纪中国旅游——世界旅游的新希望。

西部大开发，旅游大发展。

四川——熊猫的故乡，好客的人民。

神奇的中国旅游，难忘的人生经历。

(2)在最流行的网站上设立专门的博览会信息窗口，对博览会进行跟踪和深入细致的宣传，也鼓励参展单位和团体上网进行宣传，或者设立专用网站宣传。

(3)博览会的新闻发布会在国务院举行,由国家旅游局主持发布,届时邀请国内外知名媒体的记者参加。

(4)组织中央、省、市主要电视台、报社、凤凰卫视等国内外各大媒体记者对博览会各配套活动的新闻发布会、说明会及博览会的进程进行及时报道,对会前、会中和会后进行全方位报道,对参加博览会的热点地区进行专题报道。

(5)通过组委会组织的海外媒体记者组成的“博览会——四川风光、风情采访团”,向国外进行报道。

(6)组织博览会促销团赴北京、上海、广州、深圳、香港和主要客源国或地区如日本、韩国、中国台湾地区等地进行主题宣传,通过这种活动增大影响力和增加展团数量,争取主要客源国和地区由政府组团参展。

(7)向全国征集博览会会徽、会标和吉祥物设计,由组委会组织专家评选。

(8)提前6个月,在机场、火车站、汽车站、交通要道等成都主要窗口设立’2001成都中国旅游国际博览会大型公益或商业广告。

2. 主要宣传品、纪念品

(1)制作邀请函　　份;

(2)制作招展书　　份;

(3)编辑会刊　　期;

(4)制作博览会门票　　套;

(5)制作博览会工作证　　份,嘉宾证　　份,布展证　　份,代表证　　份,请柬　　份;

(6)制作宣传张贴画　　份,其中供旅行社、宾馆饭店及其他公共场所使用的大幅彩色张贴画　　份,供成都公交车、出租车、铁路、航空等流动性较强的公共性交通工具使用的张贴画　　份;

(7)组委会纪念品(待定)。

十二、经费预算(略)

十三、资金筹措方案:招展、招商工作

博览会的启动资金采取前期政府少量投入和招商、广告相结合的形式,通过后期招展、招商工作的全面开展的深入,达到收支平衡或略有盈余。

1. 招展工作

(1)以发送邀请函和招展书为主,由招展部负责联系、落实。于2000年10月底以前将国际邀请函和招展书发送完毕,2000年底以前,将国内邀请函和招展书发送完毕。

(2)招展范围除国内外旅游风景区(点)、度假旅游地、施行社、旅游饭店、旅游车船公司、旅游商品和酒店用品生产企业等旅游同业外,还可以邀请携程网、华夏旅游网、中国旅游咨询网等几家有实力的旅游专业网站以及其他非旅游专业网站的旅游栏目,旅游饭店、旅行社管理和预订软件开发商,形象策划公司等,以政府名义邀请东亚、东南亚各国和四川省、成都市的境外友好城市旅游行政部门组团前来参展,委托几家自组团业绩较佳的国际旅行社代邀请欧洲、韩国、日本、东南亚地区等各国有实力的旅游企业。

(3)展区划分为特装展区、国际标准展区和普通展区,各展区展位价格不等,其中特装展区价格最高,非国际标准展区价格最低。按报名交费的先后顺序分配各地区和单位展位,款先到者优先选择展位,展位不预约。

2. 招商工作

招商工作是本届博览会的重要环节,它为博览会的举办成功提供经济保障。因此本届博览会要以市场经济规律为指导方针,引进商业运作机制,完成以会养会、略有盈余的目标。

(1)进入组委会,只限一家国内大型名牌企业;

(2)征选协办单位,限五家国内大型名牌企业;

(3)征选赞助单位,赞助单位数量限在10家以内;

(4)博览会会徽、会标、吉祥物专用权和使用权出售；

(5)工作人员、青年志愿者服装招标和冠名；

(6)开幕式、文艺演出等大型活动电视转播权转让；

(7)大型活动的冠名权、比赛的冠名权转让；

(8)博览会指定纪念品，指定用水，政府招待酒会指定用酒，博览会指定用车等；

(9)充分利用机场、火车站、汽车站、交通要道等成都主要窗口的“黄金口岸”，吸引商家承建'2001成都中国旅游国际博览会大型公益广告；

(10)在博览会期间，争取获得天府广场及周围建筑物外墙以及东西、南北干道两侧，成都国际会展中心的所有外墙和广场、开幕式主席台的广告经营许可权，吸引商家打出博览会相关广告；

(11)博览会的招展书、会刊、门票、宣传张贴画等宣传品中辟出部分广告位提供给商家作广告，博览会专题主页中辟出部分广告位提供给商家作广告；

(12)博览会的招商范围不局限于旅游行业内部和四川省、成都市辖区内，可广泛吸引其他行业和国内外有实力的商家，如航空、航运、铁路、互联网行业、制衣商、制酒商、饮料商等参加。

十四、方案实施步骤

(1)2000年9月中旬以前成都市旅游局代市政府提出总体方案，成立组委会及其执委会，报国家旅游局审批；

(2)2000年9月中旬抽调和招聘人员集中办公，9月底以前制定出详细实施方案；

(3)2000年9月底10月初，四川省、成都市布展方案基本落实；

(4)2000年10月15日以前国际、国内邀请函和招展书制作完毕；

(5)2000年10月底以前国际邀请函和招展书发送完毕；

(6)2000 年年底前,国内邀请函和招展书发送完毕;

(7)2001 年 6 月底前,国际国内招展、广告招商、大型活动等工作基本落实和确定,宣传工作全面展开,拟邀嘉宾基本落实;

(8)2001 年 8 月底会刊制作完毕。

十五、组织机构

为确保博览会的政府领导,成立'2001 成都中国旅游国际博览会组委会(名单附后),组委会下设执委会负责具体领导和协调。组委会、执委会下设一个办公室,分设策划部、宣传广告部、招展部、财务部、接待保卫部。组织机构图示如下:

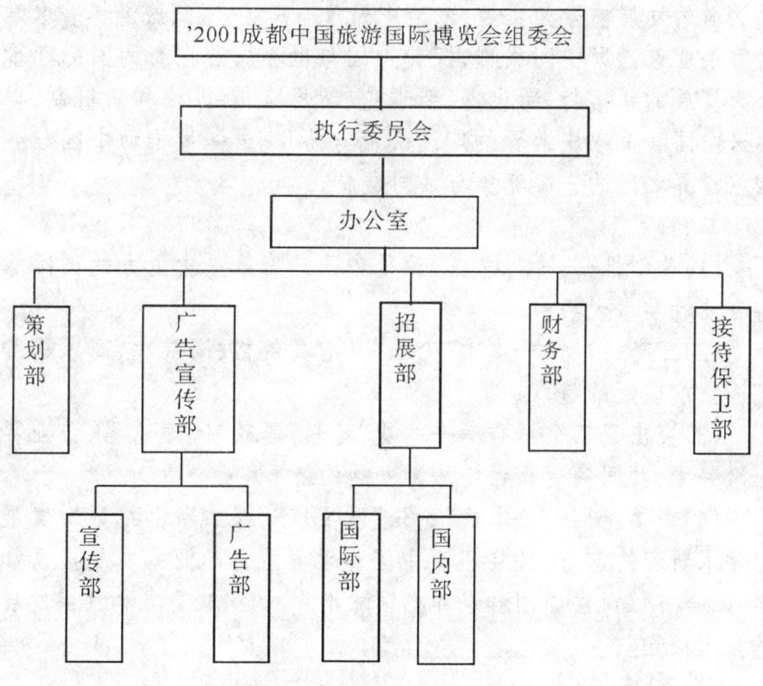

图 4-4　组委会组织机构图

案例2:中国旅游论坛总体方案

该方案由四川大学旅游学院教师集体制定,笔者对宣传、接待等进行了具体的策划和实施。

一、宗旨

"中国旅游论坛"是新世纪之初,在经济全球化和区域经济一体化加速发展的背景下,中华人民共和国国家旅游局和四川省人民政府主办的国际旅游学术盛会,是2001年在成都举办的"中国国内旅游交易会"的主要活动项目。大会以研讨21世纪中国与世界旅游的发展前景为主题,邀请中外政府高层官员、旅游界著名学者和企业家汇聚中国成都,探讨中国与世界旅游在新的国际环境下大发展的新格局、新机遇、新理论、新思路、新办法和新机制,以促进中国和全球旅游界的广泛交流与协作,进一步推动中国与各国旅游界之间的平等竞争与共同发展。

二、特点

(1)首创性——本次"论坛"是中国政府第一次主办的国际旅游专业性学术大会;

(2)三高一广——本次"论坛"具有高规格、高层次、高水平和范围空前广泛的特点;

(3)突出了三个结合——本次"论坛"是政府、理论界、企业界汇聚一堂,共同商讨新世纪旅游发展的新思路;

(4)多功能性——本次"论坛"既要广泛探索新世纪旅游发展与学术研究的前景,又要研讨中国和世界旅游产业的发展机遇和思路,全方位探索中国和世界各国旅游界的合作、交流和共谋发展的重大问题。

三、时间、地点

1. 时 间

2000年6月22日—24日

2. 地 点

主会场:中国·成都国际会议中心

四、主办承办单位

1. 主办单位

国家旅游局、四川省人民政府

2. 承办单位

成都市人民政府、四川省旅游局、四川大学旅游学院

五、论坛议题

(一)主题

新世纪旅游:开放·合作·发展

(二)分议题

1. 开放与发展

(1) 经济全球化与世界旅游;

(2) WTO与新世纪中国旅游;

(3) 区域旅游的合作;

(4) 电子商务与旅游业;

(5) 旅游消费与生活方式。

2. 政策与环境

(1) 旅游开发的投资环境;

(2) 旅游开发与社区环境;

(3) 国家公园管理;

(4) 旅游市场管理;

(5)旅游的可持续发展。

3. 西部大开发与旅游

(1) 西部旅游开发与民族问题;

(2) 西部旅游的一体化;

(3) 东西部旅游业的合作。

(三)宣传口号

(1) 全面开放、广泛合作、共谋发展!

(2) 抓住新世纪新机遇,把我国建成世界旅游强国!

(3) 西部大开发,旅游大发展!

(4) 新世纪:大旅游、大产业、大市场!

(5) 把握新格局,抓住新机遇,探索新思路,开创新局面!

六、组织机构

1."中国旅游论坛"的组委会与"中国国内旅游交易会"的组委会相同。在"中国国内旅游交易会组委会"下,成立"中国旅游论坛"筹委会

筹委会下设办公室、宣传广告组、理论秘书组、外联组、接待组等,负责"中国旅游论坛"的策划、组织、协调和联络等筹备工作。

2."中国旅游论坛"常设机构所在地

中国四川省成都市:四川大学。

主要活动

①主体活动:中国旅游论坛;

②配套活动:组织"中国旅游"大型新闻采访活动,中国国内旅游交易会及相关活动,省、市主管领导谈旅游,旅游企业、景区形象宣传活动,"全民旅游论坛"主题活动,专题公众演讲会。

七、邀请出席"中国旅游论坛"的人士

(1)总规模 200 人;

(2)邀请范围:邀请国家部委领导、各省(市、区)领导,以及著名旅游城市领导,邀请各国驻京大使及商务参赞、联合国驻华代表、中国主要出境(入境)旅游目的地(输出地)国家旅游观光局局长,邀请世界遗产评审委员会、世界旅游组织、亚太旅游组织专家、各国著名大学旅游理论专家,邀请国内著名理论家,邀请世界各国著名旅游企业、中国著名旅游企业。

(3)邀请媒体范围:邀请新华社、《人民日报》、《求是》杂志、中

央电视台、《经济日报》、《光明日报》、《中国日报》(英文版)、《中国经济时报》、《中国旅游报》、《旅游学刊》杂志等媒体,邀请美国、法国、德国、日本等国外知名新闻媒体,邀请各省、市媒体,邀请成都国际友好城市媒体。

八、实施步骤

1. 前期准备报批建立"中国旅游论坛"机构

设计"中国旅游论坛"VI标识系统,"中国旅游论坛"专用网站在线传播。

2. 宣传方案

(1)2月下旬在北京召开"中国旅游论坛"组委会联系会,同时在北京召开新闻发布会,组织"中国旅游论坛"大型新闻采访活动。

(2)在北京、上海、广州、大连、武汉、西安、成都、重庆、昆明等城市报纸和电视台做专题报道和专题节目。

(3)在交易会的专用网站作专题报道、追踪报道和深度报道。

(4)在中国国内旅游交易会所有宣传材料和宣传方式中进行"中国旅游论坛"的宣传。

(5)"中国旅游论坛"前夕,在成都举办记者招待会。

3. 日程安排

(1) 6月21日全天报道。

(2) 6月22日上午开幕式及全会。

(3) 6月22日下午专题会、圆桌会。

(4) 6月22日晚"旅游全民论坛",电视直播及在线直播。

(5) 6月23日上午专题圆桌会,下午全会及闭幕式。

(6) 在所有早餐、午餐和晚餐宴会上进行旅游企业和景区形象宣传活动。

九、政府支持

"中国旅游论坛"是政府主导的中国旅游界有史以来的最高学术峰会,新世纪的第一年在四川省成都市举办,意义不同凡响,它有利于树立四川旅游业的新形象和四川旅游业在中国、世界的地位。尤其是论坛的主题,在新世纪的第一年对上个世纪旅游业发展的经验进行总结,并展望新世纪旅游业,使中国与世界的旅游业更加开放、合作与发展。这对提高四川和成都市在国际上的知名度意义深远。因此,希望这次论坛得到四川省政府和成都市政府的大力支持。

(1)按国际惯例,以成都市市长的名义向邀请嘉宾发邀请函;

(2)对宣传工作给以大力支持,希望各主要媒体聚焦论坛活动,使论坛成为热点;

(3)对论坛给以各方面的政策支持;

(4)提供成都国际会议中心作为论坛主会场;

(5)政府各相关部门的积极配合;

(6)政府相关部门出面协调接待工作。

2001 年元月

案例 3:首届四川客家火龙节营销方案

该项目为 2000 年成都市"神州世纪游"主题活动之一,策划人:四川大学旅游学院杨振之。

一、主题和特色

1. 主题定位

"玩客家火龙,过世纪龙年!";

2. 宣传口号

"玩客家火龙,过世纪龙年";

"中国西部客家第一镇";

"世界的洛带,永远的客家"

"火龙"在成都及其周边地区并不是一个新鲜的词语,人们对如何烧火龙也略知一二。但客家火龙却是一个新鲜事物,且时逢

“世纪”大交替，并正遇“龙年”。所以打出这样的主题意义不同凡响。

二、市场调查与竞争者分析

1. 市场调查研究

从旅游市场的构成研究分析，目前成都市及其周边城市部分高收入者主要选择出国、出省旅游，大部分中等收入者主要选择成都周边景区，度假地或省内风景区进行中、小尺度的旅游，而多数低收入阶层则主要选择在成都近郊旅游。像“火龙节”这样的节庆活动，对中、低收入者皆有吸引力。从市场需求来看，成都市特别需要参与性、娱乐性、趣味性强的旅游产品，而目前省内能提供这类旅游产品的地方并不多。加之洛带镇距成都仅 18 公里，区位条件优越，花费少，节庆活动又有喜庆特点，对低消费群体特别有吸引力。

在市场细分中，另一消费群体不容忽略，即小孩和学生群体。因成都市内不能放烟花爆竹，过年时节，许多市民带着小孩到二环路以外放烟花燃爆竹。如果以“火龙节”名义吸引游客来烧火龙，既可满足燃放烟火的需求，且参与性更强，娱乐性更强，趣味性更强，对小孩和学生群体的吸引力特别大。

所以，通过市场调查分析，目标市场定位如下：

(1)成都市和龙泉驿区及成都市周边地区的中低消费群体；

(2)成都市的小孩和学生群体。

2. 竞争者分析

从“火龙节”的角度而言，在成都市周边地区同类产品的竞争者只有双流县黄龙溪古镇。黄龙溪也是省级风景名胜区，省级历史文化名镇，以保留了完好的明清古镇为特色，声誉较高，每年接待游客 100 万人次左右，离成都 40 多公里。但近几年来由于开发过滥，接待人数接连下滑。“火龙节”已举办了五年，有一定知名度，但档次不高，吸引力不大，与黄龙溪古镇的吸引度下降很有关系。而洛带的客家火龙节，有客家文化作为文化背景，可突出“客家”这一独特的内涵，客家火龙与客家文化紧密的联系及其构成的深厚的文化传统，又是黄龙溪火龙所无法比拟的。为了准确掌握竞争者情况，先后两次到黄龙溪进行实地调查。

首先，在春节前，派专门的市场营销人员到黄龙溪镇进行调查，调查的内容涉及黄龙溪火龙节的主办单位、场地的准备情况、烟花爆竹的制作和数量、质量，政府和社会资金的投入量，预计接待多少人次，往年的情况和接待人次，主会场的形象设计等各个方面。对调查反馈的信息加以分析，明确了自己的优势和不足，尤其是获得了黄龙溪的宣传促销能力、形象设计、烟花的安全性和观赏性等比洛带火龙节差得多的信息，使主办者、组委会信心十足，并及时弥补了自己的劣势。

其次，在黄龙溪火龙节开幕式当天(正月初一)，笔者作为主要经营管理者与洛带镇党委书记和镇长一道前往黄龙溪进行了实地调查，调查了前去黄龙溪的游客状况，火龙节的组织准备工作，并对门票设计制作、烟花销售价格和门票价格等进行了详细调查，使3天后开幕的“首届四川客家火龙节”准备更充分，并有针对性地对方案进行调整。

三、组织准备工作

客家火龙节主会场的组织准备工作是营销的基础，二者要密切配合，协调作战。为此，洛带镇政府专门成立组织准备工作筹备小组，对场地的布置、环境的整治、安全保卫措施、消防、卫生防疫、交通、接待等各个方面进行周密部署，做到万无一失。在火龙节举办期间，场内外要布置一百多个警力和两辆消防车，以确保火龙节的安全。由于火龙节在晚上举行，组委会组织专门的运输系统，夜晚回成都每10分钟一班，深夜运行，保证游客安全顺利回到成都。针对洛带镇住宿接待条件不好的情况，组委会联系离洛带镇仅5分钟~10分钟左右的龙泉驿区政府所在地的二星级饭店和其他酒店几家,在火龙节现场咨询、接待,并将住宿游客专车送往饭店。在宣传促销中明确向游客传递火龙节期间大巴深夜运行的信息。

场地形象设计则力求大气、宏伟。应专门请专业广告公司进行场地布置和形象包装。

在价格策略上根据游客消费能力采取了温和价格策略。门票定为20元一张,随票赠烟花一支,并不断根据游客需求的变化采取灵活的价格策略。

四、宣传促销

1. 公共关系

为了尽快树立“客家火龙节”的形象,提高洛带镇“中国客家第一镇”的知名度,争取社会公众的理解、支持与合作,从而激发和创造消费者需求,将通过各种传播方式进行公关。

(1)举行新闻发布会。在火龙节开幕前17天,组委会将在成都举行新闻发布会,诚邀《成都商报》、《成都晚报》、《华西都市报》、《蜀报》、《四川日报》、《商务早报》、《四川青年报》、《龙泉开发报》、四川电视台、成都电视台、成都经济电视台、四川有线电视台参加。

(2)迎火龙仪式和彩排仪式。在开幕前一周,在洛带镇举行迎接火龙仪式和彩排仪式,同时也将邀请多家新闻媒体进行深度报道。对迎火龙的过程、仪式及彩排盛况,促使多家新闻媒体进行追踪报道。

(3)进行新闻报道。在火龙节举行前20天内,多家新闻媒体以火龙节为核心进行深入的追踪,诸如对刘家龙是怎么一回事,火龙的特色,客家人的风俗,洛带镇客家方言岛,客家人的民居建筑,广东会馆和江西会馆等多种题材进行深度挖掘。

2. 人员促销,散发宣传单

在“火龙节”举行前5天,即春节前2天,进行大规模的人员促销活动。考虑到春节前几天人们除准备年货之外也在考虑春节到何处去游玩,此时,我们将组织一批由大学生、高中生组成的善于推销的促销队伍。为此,我们将专门设计精美的有保存价值的且主题鲜明的“火龙节”宣传单,预计印刷6万份。其中计划4万份在成都散发,2万份在龙泉驿区散发。在成都,将促销员分成若干个组,每个组若干人,划定散发范围,主要集中在成都市的若干个商业中心和中低档小区及其附属商场。同时又有专门的人员对散发传单后的区域进行追踪调查。

3. 广告推销

4. 营业推广

首先,制定买一赠一的促销策略,即买一张门票赠送一支特制大烟花,并在宣传单上说明“凭此宣传单购票一张赠送一张门票”。让游客得到实惠,使市民在收到宣传单后不轻易扔掉,以保证促销效果。

其次,将对部分游客实行“无门槛”策略,将部分门票分送给游客,旨在吸引游客进场后进行多次消费,特别是消费烟花。

最后,当每晚“烧火龙”活动进行到一大半后,可视情况对门票进行打折销售,以吸引大量场外的观望者购票入场,增加门票销售量和烟花销售量。

思考题:

1. 何为节庆旅游?
2. 节庆旅游策划的基本原理是什么?
3. 试析节庆旅游策划的基本要素。

第五章　旅游商品开发

一、旅游商品的定义

旅游商品开发也是旅游资源开发中较为独立的一个内容，在旅游资源开发中占有重要的地位。

旅游商品指在旅游活动过程中，供应给旅游者由旅游者用货币购买的各种物品，它包括日用品（饮料、食品）、艺术品（书法、绘画等）、文物及其仿制品、手工艺品、装饰品、土特产（民族服饰、民族工艺品、地方特产等）、零星用品（地图、明信片、图书等）。由于这些商品出售给旅游者后，能够获得相当的经济收入，所以旅游商品也是旅游业的一大构成要素，成为旅游资源的重要组成部分。

在购物旅游中，对旅游商品的购买成为旅游的主题。在其他形式的旅游中，游客在游览和娱乐过程中，除了日用品的消费外，还会购买其他类的旅游商品，特别是带有地方特色的传统工艺品，作为旅游纪念，或馈赠亲友。据统计，世界旅游商品收入约占整个旅游业收入的40%以上，香港为60%，所以被誉为“购物天堂”。目前，我国旅游商品收入仅占旅游业收入的30%多一点，与发达国家旅游商品收入相比，还有相当大的差距。

二、旅游商品开发的基本原则

旅游商品作为旅游资源的一个组成部分，对旅游者也具有吸引力。这种吸引是旅游客体对旅游主体的吸引。以购物旅游为特色的城市，如香港、上海等，对旅游者具有特殊的吸引力，许多旅游者就是带着购物的目的去旅游的。因此,要使旅游商品对客源市场保持经久不衰的吸引力,就应当重视旅游商品的开发。旅游商品的开发应遵循以下几个原则:

1.创造出驰名国际的一流品牌

旅游商品仍是一种商品,商品的质量和品牌对于商品的信誉来说非常重要。再加上旅游商品带有纪念性质,品牌战略就显得格外重要。我国在开发旅游商品时,一定要有品牌战略和商标战略,多开发出一些有国际驰名商标和著名商标的商品;对于一些本来已驰名全世界的旅游商品要尽快在国际市场上申请商标注册,以保护我国旅游商品的商标专有权,保护自己的国际市场。所以,这一品牌战略要分两步走:第一步利用《中华人民共和国商标法》和《保护工业产权巴黎公约》保护已有驰名商品的专有权;第二步开发出新的国际驰名商标或国家著名商标品牌的旅游商品。

我国有很多旅游商品享有很高的国际声誉,是驰名国际的商品。我国被誉为“东方丝绸之国”,丝绸、绫罗、织锦、刺绣以历史悠久、图案秀丽、色彩典雅、做工精细、富有民族风味而闻名于世,而且各地还具有自己浓郁的地方特色。苏州、杭州、湖州以丝绸闻名;苏绣、粤绣、蜀绣、湘绣为四大名绣,在做工和技艺上各具特色。

景泰蓝是我国生产的最为闻名的特种工艺品。在明代就已发扬光大,瓷铜结合,绚丽多彩,是我国旅游商品的精品。我国也有“瓷器之国”的美誉,江西景德镇的瓷器,唐山瓷器,河南汝瓷、钧瓷,山东淄博瓷器,宜兴紫砂陶瓷,陕西礼泉、洛阳唐三彩等等,真是百花齐放,绚丽多姿。

笔、墨、纸、砚“文房四室”更是我国的国宝,在国外拥有大量的市场。各种书法、国画作品也是我国传统文化的代表,深受外国游客喜爱,另外,各种漆器、竹编艺术品等,也带有浓郁的民族风味,吸引着广大的游客。

然而,遗憾的是,由于长期以来我国缺乏品牌意识,这些商品很少有到国际上去申请商标注册。就是说,这些国之珍宝在国际市场上不享有专有权,得不到法律保护。这就为别国侵占我国商品市场,偷窃我国商品工艺大开方便之门。而且在别人生产的同类商品获得国际市场商标注册后,我国的旅游商品只好被请出国际市场,所以后果是不堪设想的。比如景泰蓝的工艺被日本学去后,日本国大量生产,成为与我国景泰蓝生产、制作和销售相抗衡的国家。如果我国还不申请国际市场商标注册,不申请国际驰名商标,被日本抢先注册后,我国景泰蓝旅游商品就有被请出国际市场的危险。日本在意大利等南欧市场抢先注册"章光 101"生发精商标致使我国失去大片市场的教训还让人记忆犹新,我们应不忘前车之鉴。日本、韩国生产的毛笔也抢走了我国大量的市场。在旅游商品交易会上,韩国人将毛笔做成大扫帚状悬挂于门口,招徕了大批客人,而我国的毛笔却没受到这种青睐。可见面对国际形势,我国旅游商品品牌战略应该付诸行动了。

另外,我国还有许多旅游商品极富开发潜力,特别是许多地方工艺、民族工艺和产品,比如苗族的蜡染,天津和新疆的地毯,各种木雕、根雕、石雕、玉雕,造型精美的青铜器等等,都有开发为国际一流品牌的潜力。所以,对于旅游商品,不能盲目开发,应有品牌战略,多开发出一些具有国际、国内、省内品牌的著名商品。

2. 开发旅游商品应把握民族性、地方性原则,应反映出一个国家民族文化的风格

民族性、地方性是旅游商品的生命力之所在。旅游商品一旦失去民族性和地方性这个"魂",就立即会沦为一般的商品;对旅游者来说,它的纪念意义和艺术品位就黯然失色。上面列出的那些旅游商品,如果不是体现了古老的中国传统文化和中华民族文化的特质,便不会畅销海内外,受到世界各地游客的喜爱。旅游商品的民族性和地方性,表明了这一商品的惟一性和无可替代的地方特色,这就是旅游商品的价值。

3. 开发的旅游商品要有纪念性和艺术性

纪念性和艺术性也是旅游商品区别于其他一般商品的特性。

一般说来,地方特产和民族工艺商品都具有纪念性和艺术性。但一些旅游商品,特别是某些复制品,本来应当复制得惟妙惟肖,工艺精细,质量优良,具有纪念价值和艺术品位。倘若粗制滥造,只求数量,就会败坏声誉。目前,我国在这方面存在的问题很严重。

4. 旅游商品应走向深度开发,做到多题材、多品种、多规格、多档次

有的地方旅游商品开发题材单一,表现形式呆板,品种、规格、档次不多,久而久之,就缺乏了市场吸引力。陕西临潼,主要卖色调单一、品种单一的复制兵马俑;佛教圣地,就卖复制的各种佛像;到了九寨沟,难买到真正的藏族工艺品。大量充斥的是外地运去的镀银、镀金首饰和装饰品。这样一种旅游商品结构,是缺乏市场竞争力的。

三、旅游商品开发的阻碍因素

1. 旅游商品开发缺少研、产、供、销的良好机制

我国旅游商品开发长期以来没有上规模、档次,已经是一个老大难的问题,各地方也非常重视,旅游商品的开发依然上不去。归根结底,中国旅游商品开发缺少一个良性的机制。

旅游商品生产企业大多小、散、弱、差,抗风险的能力不强,这些小的企业需要政府的特别扶持,而政府的扶持也没有真正得法。

单靠传统的手工作坊来生产旅游商品,显然不能适应现代旅游业的发展,它的生产能力受到了极大的限制。传统的手工艺可以用来作为提供给观光游客参观的表演项目。

旅游商品生产企业生产规模小,营销能力不强,没有形成大的市场网络,也没有形成集团化经营,市场竞争能力弱。政府应考虑

将各个分散的企业以一定的方式组合起来,共享资源和市场。旅游企业也应将大量的精力投放到老产品的工艺改进和设计、包装上面去,同时进行新产品的开发与研究,特别是新的工艺的研究。

旅游商品的设计、包装和工艺的改进是目前商品开发中的一个重大问题。所以,笔者在策划 2001 年国内旅游交易会的时候,策划了“首届中国旅游纪念品设计大赛”,国家旅游局认为是一个重要的事情,国家旅游局的有关人士亲自主持了这一次大赛。

由于旅游商品带有很强的地方文化色彩,民族文化的特色也十分鲜明,这对于设计者的要求很高。设计者除了自己的设计能力和创新能力之外,还应该对地方文化和民族文化有较深的研究。

2. 旅游商品生产企业缺乏资本的支持

由于目前旅游商品开发处于非良性的循环阶段,使得这些企业的发展举步维艰,这些企业的融资能力较差,投资者也难以将资本投入到旅游商品生产的企业中去。缺乏资本的支持,使这些企业难以扩大再生产,也不太可能投入资金去进行产品的宣传、营销,更不可能进行新产品的研发和新工艺的改进。

所以,对于一些老名牌的企业,或者规模较大、生产能力、市场营销能力强的企业,地方政府要给以特别的政策进行扶持,通过各种方式为其注入资本,或者为企业的融资提供好的条件。

3. 旅游商品市场的管理不力也是制约旅游商品发展的一个重要因素

旅游者目前对旅游商品的消费缺乏信心,主要是因为假冒伪劣商品太多,商品也是千篇一律,无法唤起旅游者的购买欲望。

同时,市场的管理也相当混乱,旅游商品的物价管理、旅游商品的定价都比较混乱。给游客的印象往往是,定价太高,总要经过比较艰难的几个回合的讨价还价才能成交。而且这里面受制于导游的因素也很大,使游客的购物很少是在心情舒畅中进行的。

4. 旅游商品销售的机制问题

旅游商品的销售机制也有很大的问题。在一个中心城市,应形成旅游商品购物的集中区,便于游客集中时间采购。同时也应该设立许多免税商店和免税商场,既要做到价廉物美,也要让游客买得放心。在风景区和城镇,也要形成这样的一种销售机制。在城市里,购物环境的营造也是相当重要的。这种环境应体现出地方文化色彩与民族色彩。

思考题:

1. 什么是旅游商品?
2. 目前我国旅游商品开发存在哪些主要问题?
3. 我国旅游商品开发的阻碍因素有哪些?

第六章 旅游地的市场营销

旅游地的市场营销是旅游地运用市场营销的科学体系以吸引、招徕旅游者前往旅游地旅游的策略和方法。

市场营销存在的前提是因为存在着市场竞争。从全球范围来看，尽管市场对旅游的需求不断增大，而新的旅游地在层出不穷地出现，供求关系依然较紧张。以中国为例，以下因素使中国旅游市场的需求在高速增长：

(1)公民可自由支配的收入大增，使其在20年后将成为世界上最大的客源输出国之一；

(2)40小时工作制和三个黄金周大假的施行，使国内旅游市场需求正旺；

(3)带薪休假制度和奖励旅游制度即将实施；

(4)城市群落正在形成，城市居民比例增大；

(5)私人小轿车拥有量持续增大。

尽管市场规模在日益扩大，然而市场竞争却更加激烈，主要原因是：

(1)新的旅游产品不断涌现；

(2)游客对旅游目的地的选择越来越追求“品牌”，旅游产品之间的品牌竞争已势在必行；

(3)老旅游地由于设施老化，服务质量下降，吸引力降低，特别是知名度不高的老旅游地更是步履维艰；

(4)中国旅游业已进入买方市场，再也不是20世纪80年代的卖方市场的局面。所以,旅游市场营销就显得越来越重要。

一、市场营销的 SWOT 分析

SWOT 分析即区域环境分析,区域的内部环境和外部环境对市场营销策略的制定具有重大影响,它从宏观、微观两方面将影响营销政策的制定。

SWOT 为英文 Strengths(优势),Weaknesses(劣势),Opportunities(机遇),Threats(威胁)的第一个字母的缩写。它指一个区域旅游业发展的内部优势和劣势,外部机遇和威胁。认清了区域环境的这些因素,是营销策划的前提。

(一)影响营销策略的区域环境因素

Jain 在 1985 年曾提出过"区域旅游环境的组成"图式,如图 6－1所示:

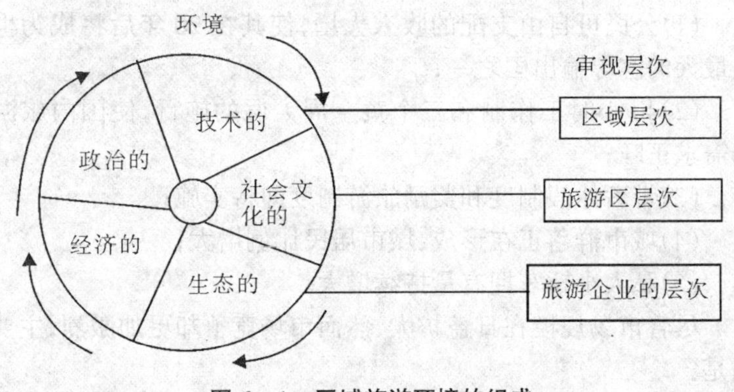

图 6－1 区域旅游环境的组成

资料来源:Jain,1985

该图式从旅游企业、旅游区和大区域的三个层次来审视旅游业发展的环境,主要是"外部环境",以此为据来制定营销策略。但对内部环境则缺乏分析。

我们应当从外部环境和内部环境两方面来审视旅游业发展的区域环境，以确定区域旅游业发展的内、外部条件。图6－2是笔者拟定的区域旅游环境内、外两大系统对制定营销策略的影响。

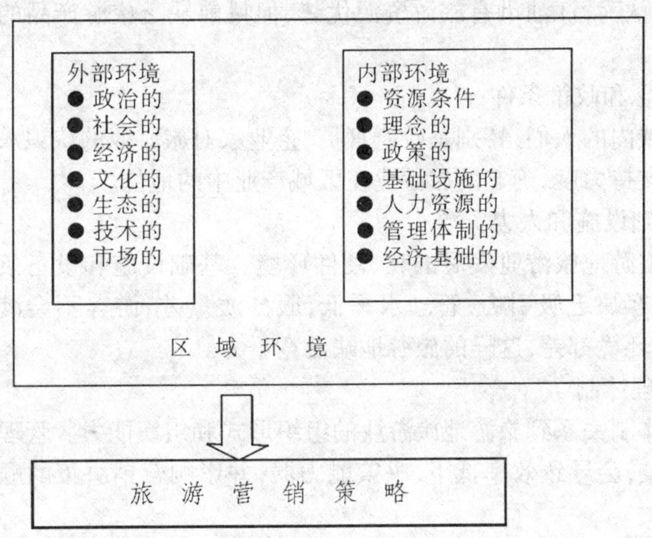

图6－2　区域环境对制定营销策略的影响

在区域环境的外部环境中，包含了政治、社会、经济、文化、生态、技术、市场等各方面的环境因素，它们构成了SWOT的外部机遇和外部威胁分析的内容。

而内部环境则包含了资源条件、理念的、政策的、基础设施的、人力资源的、管理体制的、经济基础的各大因素，它们构成了内部优劣势分析的重要内容。

(二)优势和劣势分析

1. 旅游资源条件

在内部的优势、劣势分析中，旅游资源条件是基础，主要分析旅游资源的特质是否具有区域的比较优势。并进而分析开发的旅游产品在区域比较中的优、劣势。需要注意的是,旅游资源的优势并不等于旅游产品的优势。比如,笔者主持的《四川省江油市旅游营销策划》认为,江油市有旅游资源优势,但目前缺乏旅游产品的优势。

2. 理念和政策条件

指区域内的人们,特别是政府官员、企业家对旅游业的认识水平和政策支持力度,确定的旅游业在区域产业中的地位。

3. 基础设施和人力资源

这是旅游地旅游业发展的软、硬件环境。基础设施和设备条件差,对游客缺乏吸引力,管理水平低,服务质量差,游客不会满意。软、硬环境都差,这样的旅游地缺乏竞争力。

4. 管理体制

管理体制关系到旅游地旅游业的组织形式和组织能力。管理体制不优良,会导致效率低下,决策能力弱,并影响营销决策的顺利实施。

5. 经济基础条件

区域内的经济基础决定了区域内需市场的大小、消费能力的大小,旅游地有良好的经济基础条件作支撑,投资力度有保障,旅游开发会形成良性循环。

(三)机遇和威胁分析

机遇和威胁指区域旅游环境的外部影响。

1. 政治和经济环境

政治环境是否稳定,国家、地区间的关系是否良好,政治制度和信仰是否构成影响,国际、国内经济环境,经济增长率及增长潜力,物价是否稳定,人们的消费趋向如何等。

2. 社会文化的因素

社会对当地旅游业的关注程度,社会的失业率、就业率,文化的认同度和差异性。

3. 生态的因素

大区域的生态环境，保护生态环境的力度，人们的生态观念等。

4. 技术的因素

技术革新和新技术运用对旅游业发展的影响。如 IT 业发展后的巨大影响等。

5. 市场因素

市场因素指市场环境、市场规范，竞争者状况等。

二、旅游市场营销组合

（一）旅游营销组合的概念

营销组合（Marketing mix）指“企业为达到在目标市场上所追求的销售水平而采用的可控性营销变量的组合”（Kotler，1984）。

同样，旅游目的地为了实现旅游地整体在市场上的销售利润，也要组织营销。其营销组合的四个变量不变，即产品（Product）、价格（Price）、渠道（Place）和促销（Promotion）。由于这四个变量的第一个字母都是 P 开头，故简称“4P”。

目前，尽管有各种类型的营销组合出现，它们都是在“4P”基础上的变化，“4P”是核心。同时，在营销实践中，“4P”的营销组合目前最成熟，得到的认可度最大。

“4P”组合中，旅游产品的组合是营销组合的出发点和基础，在前面已作了专章论述，在此不再赘述。

（二）价格策略

价格是旅游产品的买卖双方根据旅游产品的价值所达成的关于产品出售和使用的协议。对于产品生产者而言，希望生产出的产品通过销售能实现最大利润；对游客而言，则希望产品能给他带来物有所值甚至物超所值。产品生产者和消费者关于价格的协议在饭店价格中表现最为明显。如挂牌价与执行价之间有折让,团队与散客的价格有差别,旺季与淡季有差异等等。

"关于购买者行为的古典经济学模型建立在购买决策(需求)主要受价格控制的假设之上。在其他条件不变的情况下,价格越低则需求量越大,反之亦然。价格反应和需求的价格弹性这两个经济学概念与旅游学仍然密切相关"(维克多·密德尔敦,1999年),这反应了价格的制定受市场需求的影响很大,除此之外,影响价格的因素还有很多。

1. 影响价格制定的因素

有的学者提出了影响定价决策的各种因素,这些因素组成网络体系,操纵着价格的制定。如图 6-3 所示:

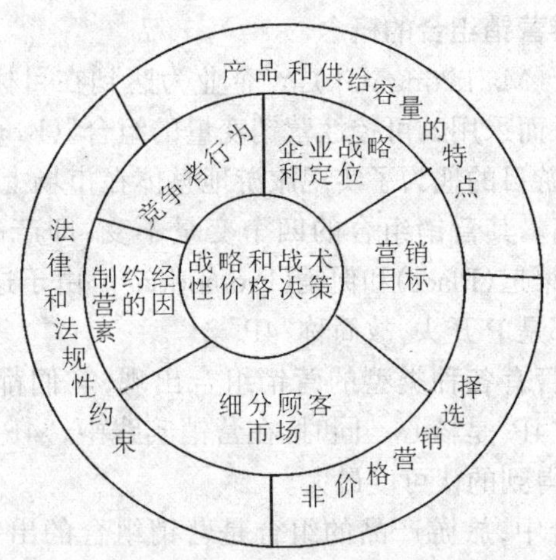

图 6-3 定价决策的影响因素的网络

资料来源:维克多·密德尔敦《旅游营销学》,1999 年

内圈的企业战略和定位、定价期间的营销目标,企业关注的细分市场、制约经营成本的因素、竞争者的行为是影响价格的决策的主要因素;外圈产品和供给容量的特点、非价格性选择因素、法

律和法规性约束,则是对价格决策的更宽泛的影响因素。

在这些因素中,内圈的因素是我们所熟知的,外圈的因素我们相对陌生。产品和供给容量的特点,是指提供的旅游产品在市场上出现了替代品,且生产组织的供给容量过剩,则会出现价格战的局面;如果供给容量不过剩,则产品价格较平衡,有时还可能提高价格。非价格的选择指旅游企业通过扩大旅游产品的外延,以增加旅游产品的所提供的利益,从而强化根据产品品质而非最低价格进行选择的理由。如提高服务质量,推出对 VIP 客人的个性服务计划等。

但在这个影响定价决策的网络因素中,仍有两个重要因素被忽略,它们是:

(1)旅游产品的质量和品牌。旅游产品的质量和品牌是影响价格的核心因素之一,它是产品定价的基础,其中也包含了经营成本在内。

一般说来,产品的质量越好,定价就应该越高。如果价格在受到其他因素如竞争者行为因素的影响,即使在降价的情况下,由于产品质量和品牌较好的原因,也会对游客产生更大的吸引力。对生产者而言,产生薄利多销的效果,对游客而言,则获得了物超所值的享受。

旅游产品的质量决定了产品的定价能否提供给游客物有所值或物超所值的产品的使用价值。

所谓物有所值,即产品的价格与价值基本相符,旅游产品的质量、设施与游客付出相应价格后所获得的使用价值相当。对于旅游产品而言,在制定价格时,既要考虑经营成本,还应当考虑旅游者方面所付出的成本,如时间成本、心理成本等。

所谓“物超所值”,指生产者提供的旅游产品的质量使游客在付出了商定的价格后,获得了超值的拥有。在这种情况下,旅游产品的质量实际上由两部分组成:其一是产品的核心质量,如产品质量和旅游设施质量等;其二为外延质量或附加质量,主要体现在服务质量和游客的心理感受方面。也就是说,旅游产品的所谓“物超所值”,在很多时候来自于游客的舒适度和心理感受。

旅游产品的品牌对定价的影响作用更加明显。由于品牌产品对市场有号召力,其价格的定价普遍较高。而且品牌产品的价格受竞争者行为的影响相对较小,价格的稳定性较大。由于旅游地离客源地路途较远,在游客到达之前,又缺乏对旅游产品的基本判断,且旅游的不可知因素太多,可变性太大,因此,当旅游者对其所作出的抉择缺乏自信时,会依赖旅游产品的品牌做最后的决定。

(2)淡、旺季差和不同时差。时间因素的变化会影响定价策略,价格的变动受淡、旺季和不同时段的影响较大,已是众所周知的原理。旅游产品的价格变化在这方面更为明显。

淡、旺季差和不同时差的价格波动主要是受供求关系变化影响的缘故。在旅游旺季,旅游需求大于供给,价格就会调高;在旅游淡季,供给大于需求,价格就应降低;在旅游平季,价格会处于适中的状态。

旅游产品在不同时段的价格也应有所不同,这主要是受产品的不同性质和不同时段的供求关系所决定的。当然不同时段的价格变动也可能受到管理者宏观调控的控制。

如云南的世博园在价格策略上采取了不同时段的定价方法,世博园门票上午的价格是每人 100 元,下午的价格是每人 50 元。这种不同时段的定价可以在宏观上调节游客人数和不同的游客群体。旅行社为获得较大的折让,当然愿意将团队游客安排在上午参观,而散客则愿意在下午入园。与此相类,还可实行夜间价格和月票等不同的价格体系。

酒店类产品只要还有供给容量,可视其情况实行降价销售,节庆活动产品也可根据供给容量实行降价或提高价格的销售;航空机票则在检票停止前可实行降价销售,以保证获得较高的收益。

2. 旅游产品的战略性和战术性价格

(1)战略性价格。战略性价格的制定与旅游企业、旅游地的战略及产品特色定位、营销目标、目标市场群的确定有着十分密切的关系,如旅游产品的消费群体定位在高消费群,则价格策略应以高价取利为主,只是在产品质量上为游客提供物超所值的享受。如旅游产品具有垄断性,有品牌效应,不易被替代,也应采取高价位策略,如果旅游产品明显地存在竞争,则竞争对手的价格将成为产品定价的主要依据,这一定价策略被称作"竞争导向型定价策略"。

战略性定价的方法很多,可以依据成本进行定价,可以依据需求导向进行定价,可以采取低价的手法,也可采用高价取利方法。关键在于这些策略都要受制于旅游地(旅游企业)的战略定位、目标定位、市场定位和竞争对手的价格策略。

此外,旅游产品的高门槛价格策略与低门槛价格策略,在实践中也有指导意义。

采用高门槛价格策略受制于以下因素:

①在旅游旺季实行,主要目的在于控制游客量,以便对旅游地的可持续发展有利。

②产品高质量,有垄断性、惟一性,但为保护生态环境,通过高价格来调节和控制客流量。世界级遗产都可考虑这一策略。

③在产品组合尚未形成体系,如景区主要靠观光门票获得收益时,即在暂时缺乏二次消费产品时实行。但这一种情况是暂时策略,对一般的景区而言,总不能老是不丰富产品体系而只靠高价位门票作为主要收入来源,这样做不会长久。

低门槛价格策略受制于以下几种情形:

①采取低门票价、低进入价格,目的是引导游客进行二次消费;

②在餐饮娱乐项目多、商品购物多、产品项目多时采用低门槛策略,以刺激游客的二次、多次消费。

如泰国、韩国旅游的价格策略就是十分明显的低门槛策略。相反欧洲迪斯尼的高门槛价格则带来了财政亏损。

(2)战术性价格。战略性价格与战术性价格最根本的区别就在于,战略性价格是旅游地或旅游企业依据自己的产品定位、市场定位等确立的预计的价格。如果产品定位和市场定位出现了战略性失误,则价格定位也会出现重大错误。战略性价格只是提供了价格定位的方向,离实施的价格尚有一段距离。而战术性价格则是指旅游地或旅游企业根据竞争环境和市场需求的变动情况,随时调节的具体实施价格。战术性价格的调整,与三个主要因素有关:

①与竞争对手的价格有关;

②受市场需求时时变化的影响;

③受产品供给过剩的影响。

倘若竞争对手的价格采取的大幅度价格折让的方式,则自己以往所订立的价格对游客缺乏了吸引力,也得采取较大幅度的降价措施。此外,战术性价格受市场需求瞬时变化的影响也很大,如一个尚未满员的航班在起飞前的价格可能折让;节庆活动的门票价格在活动进行了一段时间后也可能打折。如果旅游产品供给过剩,且原定价格较高,则势必以降价来扩大销量,以扩大经营利润。

(三)旅游产品的分销渠道

旅游产品的分销渠道研究的是如何将旅游产品送达到游客,即旅游产品传送的过程。不同性质的产品和市场定位不同的旅游产品,其传送的方式和途径不同。同时我们还要考虑既要使建立起来的分销渠道快捷、高效,又要尽量降低建立分销渠道的成本。

旅游产品的分销渠道指介于旅游产品生产者和消费者之间的中间组织,这些中间组织构成了旅游产品的销售分配系统。根据旅游产品送达到消费者的方式不同,可分为直销渠道和间接销售渠道两种。

1. 直接销售渠道

直接销售渠道简称直销，它指在旅游产品生产者与消费者(游客)之间不存在中间环节，是旅游产品生产者直接面对游客进行销售。

直销渠道最大的优点是方便快捷，旅游产品生产者能及时获得来自游客的各种信息，取得市场需求的第一手材料，使旅游产品的生产组织能及时对市场作出反应。

因此，如果可能的话，旅游产品生产者尽可能采用直接销售渠道。但由于社会分工越来越细，产品生产者的精力有限，生产者的市场组织能力也有限。所以，我们发现，旅游产品生产者在努力进行直销时，仍然将很大的精力放在了组织庞大的间接销售渠道上。因为间接销售渠道网络的建立，有利于扩大市场规模，增强旅游产品对旅游市场的辐射能力。

由于散客数量越来越多，许多散客选择了自助旅游的形式，直销渠道在散客旅游中扮演了重要的角色。一些散客不选择中间商而选择旅游企业、旅游地的零售网点直接购买旅游产品。为了适应这一需要，航空公司、酒店、风景区等旅游企业、旅游地采取了多种形式扩大直销的规模和能力。如采取了自动售票机、电话预订、邮购等方式，特别是在互联网预订兴起后，通过电子商务实现销售，使直销渠道的规模、能力大增，而又大大降低了成本。通过电子商务进行销售，既可能是直销，也可能是间接销售。如酒店和航空公司自己的网站进行的票务预定，就是直销；如果企业不通过自己的网站而委托其他的门户网站或其他旅游网站实现电子商务，则是间接销售。随着旅游电子商务的发展，互联网“鼠标＋水泥”的模式将被广泛运用，旅游企业、旅游地大多可通过自己的网站实现电子商务，而不仅仅是一般信息的发布。

自20世纪80年代末以来，航空公司开发的国际CRS系统得到广泛运用，有的CRS系统已覆盖全球，被称为GDS，即全球分销系统(Global Distribution System),使旅游产品的销售网络遍及全球多个国家。自20世纪90年代中期以后,旅游业的特殊个性使旅游业与电子商务最容易结合,因而旅游电子商务得以迅猛发展。据美国旅游业协会的一项调查,美国通过Internet制定旅游计划的旅游者人数从1997年的1 170万人剧增到1998年3 380万人。据CNN公布的数据,1999年全球电子商务突破1 400亿美元,其中旅游电子商务销售额突破270亿美元,占全球电子商务销售总额的20%以上,2000年将突破630亿美元,全球旅游电子商务连续5年以350%的速度发展。

由于旅游目的地和客源市场都很分散而且两者之间又存在距离,游客永远不会相对集中于一个区域,需要由大量分处在不同地方的服务供应企业,如饭店、餐馆、景区及交通等和产品销售中介旅行社组成一个庞大的网络,才能完成产品销售和接待任务,这是旅游运行成本很高的原因所在。传统的旅游市场销售渠道以间接销售为主,难以实现直销,这不仅使成本增大,而且还大大影响了旅游企业开拓市场的能力。旅游电子商务以其高速度、高精确度和低运行成本,特别适合于处理像旅游业务那样的远距离、多批次的小额交易(杨振之、胡海霞,2001年)。

旅游电子商务的实现,使旅游直销渠道形成网络系统,其发挥的功能之大,以至于旅游产品(票务、服务等)通过电子商务系统进入了每一个家庭,致使每一个人都可能成为旅游直接销售渠道的购买者。毫无疑问,这正在很大程度上改变着我们的营销理念。

2. 间接销售渠道

间接销售渠道指旅游产品供应者不是直接将产品销售给旅游产品的消费者,而是委托旅游批发商、零售商、代理人、经纪人等中介体通过他们的销售网络实现旅游产品的销售,这种通过了中介体的销售渠道,被称为间接销售渠道。

间接销售渠道意味着在旅游产品供应者和消费者之间存在着

中间环节，这种中间环节往往由旅游批发商、零售商、经纪人、代理人组成，并由他们组合成一个市场的销售网络体系。从批发商到零售商再到消费者，往往要经过二级以上甚至四级的市场网络，其销售渠道可能出现以下几种形式：

(1)旅游产品供应者—旅游零售商—旅游产品消费者；

(2)旅游产品供应者—旅游批发商—旅游零售商—旅游产品消费者；

(3)旅游产品供应者—旅游批发商—另一国家或地区的旅游总代理商—旅游零售商—旅游产品消费者；

(4)旅游产品供应者—旅游批发商—另一国家或地区的旅游总代理商—旅游零售商—经纪人或代理商—旅游产品消费者。

每一个中介体都有它自己的销售网络和销售方式，通过这些渠道，使旅游产品供应者的市场组织能力大大增强，无论在横向上还是纵向方面，市场的广度、深度都在增大。要达到这一效果，并不需要产品供应者去自己投资建立如此庞大的市场销售网络，而只需在产品供应者和代理者之间建立合作的伙伴关系，通过合同将他们的法律关系确定下来。即产品供应者通过支付佣金对中间商付出的劳务给以补偿，但供应商却获得了中间商的分销网络的使用权(冯若梅、黄文波，1999 年)，旅游产品的供应者要建立起自己的间接销售渠道的网络体系也并不是一件容易的事，换句话说，一旦旅游产品的供应者与分销渠道的中介体之间达成了关于旅游产品的分销协议，就意味着中介体将奉献出他们的分销网络，并通过其销售业绩获得双方议定的佣金。一方面，旅游产品的供应者要尽量压低佣金以降低自己的销售成本；另一方面，中介体也对供应者有所选择，他们也并非轻易地愿意贡献出自己的分销网络。中介体愿意给旅游产品的供应者达成分销协议，既要盘算自己所获得的佣金是否“物有所值”，还要看供应商所提供的旅游产品的质地，即旅游产品在市场上的号召力如何？旅游产品组合的长度、广度和深度如何？所提供的旅游产品是否是目前市场上所需要的产品？目标市场将作何反应？在产品销售代理期间，旅游产品供应商的广告投入有多大？是否会引起市场的关注？等等，这些方面都是中间商在与旅游产品供应者达成协议前需要认真考虑和详细论证的，也就是说，一个严谨而有作为的中介体不会随意去代理一种新的产品。

对旅游产品的供应商来说，建立起自己完善的分销渠道是十分重要的，特别是对自己力所不及的市场，以及省外、海外的市场，培育起自己的分销网络对企业的发展更是意义重大。因而在初期，旅游产品供应商往往对分销渠道的中介商还要给予大力扶持。如为中介商提供大量的产品宣传资料，对中介商引起的有的费用进行补贴，通过增大分销成本来提高中介商的积极性。这些手段在初期也是必要的，尽管会提高分销成本，但总比自己去亲自销售所耗的成本要低得多。关键在于，供应者借此培育起了自己的市场销售网络。而这些方面，目前正是我国最缺少的。

(四)旅游产品的促销

旅游产品的促销是指旅游产品的推广手段，其目的是将旅游产品的各种信息推广给目标受众，以招徕消费者的购买行为。它是营销组合中最大的一个变量，采取何种方式进行促销，既要看旅游产品的性质，又要看目标受众的喜好，还要在实战中因地制宜地选用成本较低、效果较好的促销手段。

促销方式多种多样，如广告、公共关系、宣传材料、Internet、社区促销(大篷车、百货商场)、交易会和博览会(有专章论述)等各种方式。现就日常所用最多的几种分而述之。

1. 广告

广告是所有的产品特别是工业产品推广的主要渠道之一，它对于产品形象、品牌的确立具有十分重要的意义。由于广告的主题突出，且创意新颖，不同形式的广告重复出现，易于在消费者心中产生感知印象。但由于广告的成本过高,特别是电视媒体的黄金时段广告、专题广告片和其他报刊的平面广告、户外广告等价格高昂,增大了经营成本,而使众多的旅游地和旅游企业望而生畏。

工业产品往往通过大量的广告投入树立企业形象和产品的品牌,并通过广告等形式扩大其市场占有份额,即使在行业竞争相当惨烈的情况下,也可以依靠市场占有率的扩大来扩大自己的生产规模,通过高成本、低盈利率使自己的企业向大集团化方向发展,来增强市场的竞争实力,所以工业产品对广告的投入非常大。但旅游产品显然不能走这条路,因为旅游产品的生产能力有限,如风景区的容量有限,饭店的容量也有限;旅游产品的生产也不能像工业产品的生产一样,可以很容易地扩大生产规模;另外,旅游企业、旅游地的形象和旅游产品的品牌并不主要通过广告来传播,主要依靠管理和服务水平。

显然,旅游产品对广告的依赖力较之于工业产品要小得多,旅游企业、旅游地对广告的投入不能走工业企业的道路。

尽管如此,旅游产品推广借助于广告这种形式,也是不可或缺的,关键要掌握好以下要素:

(1)旅游产品所具备的生态、文化内涵决定了采用的广告形式是不同于工业产品的。

从20世纪八九十年代以后,工业产品的广告出现了这样一种趋向:纷纷挖掘产品的文化、生态内涵,在自己的产品上贴上绿色的和文化的标签,以此来获得消费者的青睐。而旅游产品,天然地具有生态的和文化的内涵,因而其广告无疑是尽量地将这些天赋内涵展现出来。所以其采取的广告形式不能以户外广告、平面广告、音像广告为主。

(2)不能因为投放到广告上的资金大,广告的效果一定就好,关键在于充分掌握广告的节奏和表现形式。有时一首诗,一篇游记、散文,或一首歌对旅游产品的推广效益大于广告投入效益的许多倍。

(3)所以,广告的资金如何安排仍然是旅游产品广告应研究的重要课题。

(4)旅游企业和产品的形象广告具有举足轻重的地位,广告的资金应重点投放到形象广告中去。但由于旅游地和旅游企业缺乏对旅游者的心理、旅游经济规律的深入研究,致使有的形象广告的创意、设计不科学而使旅游地、旅游企业陷入经营陷阱之中。

(5)在制定营销战略时,就应对形象战略进行深入的研究(前已论述),要求确定的旅游的主题形象具有高度的概括性和完整性。而且差别旅游形象战略要求对不同的目标市场应采取差别的旅游形象,广告促销则要实施差别化旅游形象的推广。如笔者在给四川省江油市编制旅游营销策划时,对海外、省外市场,江油市旅游形象应着力推广“李白故里”,而对于省内市场,应着力推广“运动休闲胜地”的旅游形象。

(6)旅游地的形象一旦定位后,它就决定了营销的主题,如果形象定位不科学、不准确,日后的经营将大受影响,甚至使旅游地、旅游企业的经营陷入困境。如四川省都江堰市的龙池风景区,旅游资源品位高,是国家级自然保护区、国家级森林公园,苔藓种类达 200 种,为世界之最,珙桐树成片分布,连香树也不少,杜鹃花种类达 427 种,仅次于英国爱丁堡皇家植物园,居世界第二位,是我国最大的杜鹃花培育基地,是我国鸟类和雉类的分布中心,冰川漂砾物随处可见,U 形谷得到完整的体现。在 20 世纪 90 年代开发之初,在景区内建了一个滑雪场(只能作滑雪练习场),冬天积雪较厚。因而在 90 年代中后期推出了“冰雪节”。由于地处南国的成都市难见冰雪,故打出冬季冰雪旅游品牌后市场反应热烈,每到冬季积雪之时,来自成都、重庆的游客塞满了景区的每个角落。

但几年下来后,却出现了这样的情形:只有到冬季积雪的两个月,龙池才成为游客选择的旅游目的地,而其他季节则车少人稀,景区内上千张床位长期空置。究其原因,则是季节性形象定位所导致的恶果。旅游地形象一旦以季节性来定位,诸如秋天的红叶、彩林等,并且这一定位通过广告等形式在游客的感知印象中确立下来,其他季节游客不可能选择这一旅游地。结果像龙池这样高级别的旅游产品没有将生态旅游、观光旅游着力推出,反而使其高品质的旅游资源被一个小小的滑雪场和"冰雪节"所遮蔽,如今由于气候变暖,冬季或不积雪,或积雪不深,滑雪场也派不上用场,冬季冰雪旅游也日薄西山。此时惟有对旅游地形象重新定位,而从重新定位到形象的传播、推广的过程,又何其艰难。所以我们不得不从中吸取教训。现在有不少广告公司介入旅游策划,旅游产品的特殊性和它的复杂性以及多学科交叉的专业性,使旅游形象策划和广告创意明显有别于工业产品,这是需要慎之又慎的事情。如果注意到了这些方面,可能会使旅游地形象推广做得更好。

(7)广告的媒体选择至关重要,媒体选择不仅仅是选择影响力大的报纸杂志,关键还得看你的目标客源市场群体信赖什么样的传媒。因而广告投放在哪些媒体上,不是想当然的,而要进行市场调查,才能使你的广告投入产生最大的效益。

2. 公共关系

公共关系是重要的促销手段,其目的是为了建立旅游地、旅游企业与公众之间的良好关系,是旅游地、旅游企业与公众之间的沟通技巧。

公共关系比之于广告,是成本效益比较高的一种促销手段,同时比广告更有利于树立旅游地、旅游企业的形象和旅游产品的品牌。由于它旨在与公众沟通,并不仅限于目标市场,通过公关便于在公众中树立有口皆碑的良好形象,培育了潜在客源群,有利于增加销售额。

同时,由于公共关系的活动具有社会公益色彩,使其能更有效地取信于公众,在一段时期内会持续地成为公众关注的焦点,而且所需成本还低于广告。其营销的效果一般要优于广告。所以,旅游产品的促销,应在公共关系促销上下大力气,公共关系促销更适合旅游产品的特性。

公关促销应重点把握以下方面:

(1)与新闻界的关系。新闻发布会、记者招待会固然重要,与新闻界保持持久的合作关系更加重要,这样旅游地、旅游企业的新信息可随时见报刊。此外,还可经常性的有目的地邀请客源地记者来访、采风,并有针对性地策划主题活动,使报道的消息更有深度。

(2)节庆活动。利用各种节庆活动吸引媒体和公众的注意力,围绕节庆活动可策划一些专题活动,使节庆活动更有深度和影响力(有专章论述)。

(3)专题活动。就旅游产品的文化和生态内容进行专题讨论、专家论坛,在电视台作专栏节目,举行与旅游产品有关的纪念活动,演讲赛、辩论赛、体育比赛等。

(4)公益活动。旅游地、旅游企业通过资助慈善事业、社会公益事业、政府主办的大型活动以赢得良好的声誉,对树立旅游地、旅游企业良好的形象意义重大,可大大提高旅游地、旅游企业在公众中的形象地位。

3. 旅游宣传册

旅游宣传册指传统的旅游宣传印刷品。其功能主要是通过分发给自己的分销渠道、潜在的顾客以宣传自己的旅游产品和旅游地、旅游企业的形象。当然,有的旅游宣传册还具有招商引资的功能,是将旅游地、旅游企业的资源特色宣传与招商引资项目合为一体的。

旅游宣传册的设计应把握以下几个方面的内容:

(1)突出旅游地、旅游企业的整体形象;

(2)充分展示旅游产品的特色和区域文化特色;

(3)全面反映吃、住、行、游、购、娱六大要素为旅游者提供的便捷、舒适的服务；

(4)语言表述精练、准确、优美动人；

(5)根据 CI 设计的要求，要有标准色、标准字、标识图案，色彩配搭美观并有视角冲击力，版式设计要有个性。

总之，要站在目标市场消费者的角度来设计宣传册，要分析消费者或目标受众需要从中获得什么信息，消费者(目标受众)从中能获得什么满足?

宣传册一般要选用 230 克以上的铜版纸，封面、封底的设计最为考究，一般要用最能代表被宣传者特色的照片，或表现特殊场面的照片作背景。同时对色彩、字体、字号、标志图案的选择和排版都特别讲究，务必做到特色鲜明。

纸张大小的选择与宣传品的用途很有关系，要考虑顾客便于携带和自由拿取。按照标准，通常的宣传小册子用 A4 纸大小，三折叠后变成 99mm×210mm；也可放大一倍，由两张 A4 拼成，形成 6 个两面的版面。另外就是不用折叠，以 A4 纸大小形成多个页码订为一册，或内文形成 A4 纸大小的若干活页，在招商引资的宣传册中用得最多。

4. 录像带和 VCD 光盘

尽管录像带和 VCD 光盘大有取带传统宣传册之势，然而终究不能将其替代，因为各有各的用处。但自从录像带和 VCD 光盘作为旅游的宣传资料后，在旅游促销中，以其声情并茂而大显身手。到目前为止，几乎所有的旅游地、旅游企业都制作有自己的录像带和 VCD 光盘。特别是 VCD 光盘既能通过 VCD 机，也能通过电脑播放，信息容量大，其优势越来越明显。一般都准备有几种版面：一是 20 分钟—30 分钟的详细介绍的宣传资料；一是 8 分钟—10 分钟的短片，可在旅交会、博览会上播放。

5. Internet 促销

通过 Internet 促销已成为成本最低、覆盖面最广、最有前景的促销手段。Internet 促销一般分为以下几种类型：

(1)新闻信息发布，通过网上不断发布旅游地、旅游企业的新闻和信息，使旅游者获得大量的资讯，其中当然包括资源介绍、产品介绍，其代表是中国旅游资讯网（WWW.Chinaholiday.com）和灵趣旅游网（WWW.lintrip.com）。

(2)票务预订，通过网络直接实现订房、订票业务，旅游者可直接在网上成交，在成交签订协议前，旅游者在网上可详细浏览旅游目的地的各种信息。这也可吸引许多风景区、饭店、旅行社到网上做电子商务。在旅游电子商务网络中，以携程网（WWW.ctrip.com）为代表。

(3)B2B 模式，电子商务的组织者不针对散客，而只与团体发生关系，通过收取会员费和交易佣金来维持电子商务的生存、发展。其代表是华夏网（WWW.ctn.com.cn）

目前，Internet 促销，基本上分成以上三种类型，在国外的网络更是名目繁多，五花八门，但总起来看，都不出这三种，或是这三种的交叉融合。

三、旅游地客源市场分析

（一）客源市场的细分方法

所谓客源市场的细分，就是按一定的标准和方法将客源市场划分为有差别的旅游消费者群体，这些群体就可能成为各种不同的目标市场。

客源市场细分是目标市场定位的前提，也是市场营销的基础。在目标客源市场确定后，才能进行有针对性的旅游营销。客源市场被划分得越细化，营销就越有差别性和针对性。在目前，特别是在饭店营销、服务中，这种市场的细分已不再停留在某个目标群体上，而是深入地细分到个人，并随之对个人提供个性化服务。随着电脑软件的开发和网络技术的运用，有的连锁饭店已建立起了“个性化服务档案”，通过个人档案数据进行有针对性的营销和服务。

有的度假地，主要是度假饭店也开始采用这一方法吸引回头客。但对于像风景区、旅游区这样的旅游地而言，如果将市场细分到个人，不仅工作量太大，而且营销效果也不一定好。因此旅游地的市场细分主要是按一定标准细化到具有相似因素的群体，对于旅游地的潜在客源市场来说，细分到细化的群体就已足够了。

客源市场细分的标准和方法多种多样，目前国内外通行的方法有四种：地理特征细分、社会经济和人口学特征细分、心理学特征细分、旅游者行为特征细分。见表 6－1 所示。

表 6－1　客源市场细分的标准和方法

变　量	举　例
1. 地理与变量	
区域	东北地区，英国，亚特兰大省
市场地区	城市的、郊区的、乡村的
城镇规模	少于 1 万的城镇居民，20 万～25 万城镇居民，大于 100 万的城镇居民
人口密度	城市的、郊区的、乡村的
2. 社会经济与人口学变量	
年龄	1 岁～4 岁；5 岁～10 岁；11 岁～18 岁；19 岁～34 岁；35 岁～49 岁；50 岁～64 岁；65 岁以上
教育背景	小学、中学、大学等
性别	男，女
家庭规模	1 人～2 人；3 人～4 人；多于 4 人
收入	少于 1 000 元，1 000 元～3 000 元，3 000 元以上
家庭生命周期	未婚、已婚、空巢期等
职业	工人、农民、军人、教师、职员、私营业主等

续表 6-1

变　量	举　例
3. 心理学变量	
社会等级	上层社会、中层社会、下层社会
个性特点	有抱负的、个人主义的、冲动的等等
生活方式	保守的、自由的
4. 行为科学变量	
价值取向	实用型、重名的、重利的等等
对旅游的需求程度	无意识的、有意识的、有兴趣的、渴望的等等
对区域旅游产品和服务的态度	热情的,积极的,冷淡的,消极的等等

资料来源:Mill,Morrison,1985;Foster,1985

1. 地理特征细分

地理特征细分是区域旅游规划中最常用的一种市场细分方法。地理特征细分的理论基础是基于地理学中关于在一定的地理区域内,同一区域的客源在文化传统、思维、生活习俗、气候、情趣、偏好等方面具有共性特征,因而这一区域的客源在需求方面存在着共性。在细分过程中,地理区域可大可小,大可到一个国家群体,小可到一个镇、一个社区。

在规划实践中,往往根据旅游目的地距客源地的距离的远近,或者客源地客源出行半径的大小,将市场细分为一级、二级、三级市场。一级市场往往被确定为某地区的区内市场,二级市场被确定为区外、省内(州、市内)市场,三级市场被确定为省外(州、市外)市场。这种划分又往往与行政区划纠缠到一起。有的专家又将国内市场与海外市场分开,分别确定一、二、三级市场。

三级市场的划分方法来自于 Mill 和 Morrison(1985 年),在世界旅游组织(WTO)于 1998 年为四川省编制了总体规划后,这一方法在国内广泛运用。如 WTO 为四川确立的市场细分如下:

——国际市场

应优先考虑以下区域性目标市场：

(1)传统短程市场有台湾地区，香港、澳门地区和海外；

(2)远东和东南亚短程市场主要有日本、新加坡、马来西亚和泰国；

(3)北美、欧洲(集中在德国、英国和法国)和澳大利亚远程市场。

——国内市场

根据地理区域划分，优先开发市场有：

(1)临近省份中心城市(西安、重庆、昆明等)；

(2)主要沿海城市(广州、上海、深圳、厦门)；

(3)北京。

国际、国内市场的细分基本上根据地理区域的远近分为三级。只是国内市场将省内市场分为一级市场未明言，而沿海城市和北京市为三级市场。

将客源市场划分为三级有它的优点，这一划分与游客的出行规律也有吻合之处。其短处在于容易陷入僵化，如果都按一定的空间距离来划分一、二、三级市场则失去了实际意义。

如果地理特征细分在上述划分标准基础上，再加上旅游地对客源市场的吸引力的因素，则一、二、三级市场的划分将更为科学。也就是说，这一、二、三级市场并非都按地理空间距离远近来划分，应参照旅游地的旅游产品对区域客源市场的吸引力来划分。实际上这仍是参照了地理的文化传统等因素。如四川省总体规划中，海外市场将港、澳、台地区和东南亚划为一级市场，结果省内的许多市、县级规划也如同公式一般将上述市场划定为海外一级市场，却并不审视这些旅游地对海外市场的吸引力究竟如何。

比如，四川藏区(阿坝州、甘孜州)的海外一级市场，就不是港、澳、台地区和东南亚市场，因为藏族的文化和生态环境对欧、美国家特别是美、英、法、德等国更有吸引力，欧、美有一大批人对藏文化和藏区是十分着迷的，且100多年来对该区的学术研究和探险从未间断；相反东南亚等国家却缺少类似的积淀。因而我们不能按常规据距离远近来划分市场级别。

2．社会经济和人口学特征细分

社会经济和人口学特征的细分是所有市场细分方法中最能量化的变量，它能清晰地说明细分市场的基本状况及其趋势。社会经济状况和人口学的其他背景相同或相近的人群，在喜爱、偏好、愿望甚至于习惯方面都可能存在着相似性，因而决定了他们对旅游产品的选择存在着近似的偏好。这是通过社会经济和人口学特征来细分市场的前提和基础。如表6－1所示，这一特征包含了年龄、教育背景、性别、家庭规模、收入、家庭生命周期、职业、宗教信仰等方面的内容。很显然，用社会经济和人口学特征来细分市场，只能得出目标市场人群偏好近似的结论，而这一结论就已经可以寻找出目标市场需求的共性特征，如老年市场对文化类景点的需求，对趋于保守、平和线路的需求是共通的；而学生群体对新奇、刺激类旅游产品的需求也是共通的。但即便同为60岁的老年人和同为15岁的中学生，个性的差异所带来的对旅游产品偏好的差异也是客观存在的。

所以说，所有的市场细分方法都不可能细分到个体，除非建立个性化服务的数据库档案。但旅游地的营销策划用不着做到如此细化。

3．心理学特征细分

心理学特征的细分方法在目标市场细分中往往能出其不意收到意料不到的效果。因为它有助于对旅游者的动机、目的、态度、兴趣、价值观念、抱负等方面作出考察，从而窥视到旅游者的心理意识。

这一方法中对旅游者“生活方式”的分析最为引人注目。20

世纪80年代初，SRI International研究机构开发了一种VALS(Values，Attitudes，Life Styles)的多变量分类方式，通过人群的自我意象、抱负、价值观、信仰和他们所用的产品等信息为基础，将人群分为九个生活方式或类型。后来，Shih(西赫)曾完善了这一分析方法，并列出了VALS生活方式的主要特点。每一种生活方式都对应着一个实实在在的目标市场人群(冯若梅，黄文波，1999年)。

Shih(西赫)的分析结论如表6-2所示。

表6-2　九种VALS生活方式的主要特点

生活方式	主　要　特　点
赤贫型	年老，极度贫困，受压迫的，绝望的，远离主流文化的，不合群的
温饱型	生活在贫困的边缘，易怒而不安的，常卷入地下经济
保守型	中老年，传统的，墨守成规的，极度爱国，感情丰富，极稳定
奋斗型	年青而雄心勃勃，富有力量的，爱卖弄的，企图打破传统，夸张的
成功型	中青年，富有，领导者，自信的，唯物的
自我中心型	不稳定，风头主义，自恋的，年轻的，冲动的，戏剧性的，活跃的，有创造力的
经验主义型	年轻的，寻求直接经验，以人为中心，有审美能力，极度追求内心的满足
社会意识型	有使命感，某个观点的领导者，成熟的、成功的
完整型	心理成熟，视野广泛，宽容且善解人意，适应性强

4．旅游者行为特征细分

旅游者行为特征细分是对旅游者的行为进行研究，从旅游者的具体行为中分析旅游者旅游的目的和对旅游活动的需求。如旅游者是选择探险体验游还是选择舒适的夜生活及娱乐活动，是喜爱文化活动、历史遗迹，还是偏好乡村郊游。从旅游者的这些行为特征中，可以对不同的群体分为不同的目标市场。

但迄今为止，这一方面的细分仍缺乏一个大家都公认的模式。

(二)旅游地的客源市场调查

1. 旅游地的客源市场现状和潜在客源市场调查

(1)游客客源地调查。游客客源地调查旨在搞清楚旅游地目前来访游客的客源地构成，通过调查既能明白旅游地对哪些地域的游客有吸引力，又能从中发现许多问题，为营销策略的制定打下基础。

若旅游地有连续几年的调查资料，通过各地游客占总接待量的百分比，就能知道地理区域的目标客源市场。

(2)游客年龄结构调查。调查目前来旅游地的游客的年龄结构，对目标市场的确定及旅游产品结构的完善都有重要的意义。

根据中国游客的基本情况，在年龄结构上可分为以下几个层次：小于14岁，15岁～24岁，25岁～35岁，36岁～55岁，56岁～65岁，65岁以上。

(3)职业调查。游客的职业调查能反映出旅游地旅游产品对不同职业群体的吸引度，反映出旅游产品结构是否合理。

根据中国目前职业分类的基本情况，为便于统计，建议可分为以下职业类型：中小学生、大学生、医护人员、公务员、退休人员、教师、管理人员(企业、公司、事业单位)、军人、商人、农民、个体户、工人。

(4)家庭收入状况调查。家庭收入状况调查是为了确立潜在目标客源群体的需要，对旅游产品价格策略的制定也有一定的参考意义。

家庭收入可分为以下几个层次：1000元以下，1000元～2000元，2000元～3000元，3000元以上。

(5)家庭规模调查。家庭规模调查旨在掌握潜在客源市场的消费能力。家庭规模越大,在旅游方面的支出就越小;家庭规模越小,在旅游方面的支出就越大。当然,这是在家庭收入一定的条件下。

家庭规模可分为:2 人,3 人,4 人,4 人以上。

(6)家庭结构调查。家庭结构调查旨在了解市场的旅游消费欲望和消费能力。可从以下方面设计问卷:未婚、已婚、单亲家庭、空巢。

(7)消费构成调查。游客消费构成调查既能看出游客的消费能力,又能检验旅游产品组合及旅游产品结构是否合理。

游客的消费构成主要是调查游客在旅游活动中在交通、餐饮、购物、娱乐、住宿、门票方面的消费分别占总花费的百分比。

(8)游客旅游的交通方式。交通方式有以下几个方面:自驾车、公共汽车、火车、飞机、轮船、摩托车、自行车或徒步。

(9)游客来旅游地旅游的次数。这主要是调查旅游地的吸引度和回头客的比例。内容可分为:一次、二次、三次、三次以上。

(10)到旅游地的停留时间。这项调查是为了调查出旅游地的吸引度和游客的消费能力和趋向。内容可分为:半天、一天、两天、两天以上。

(11)通过何种途径了解到旅游地。该项调查旨在了解各种媒体对游客施加影响的程度,以及游客最喜爱何种类型的媒体,这对促销手段的选择,广告的投放都十分有用。

媒体渠道可分为以下几种:亲友介绍、电视、报纸、杂志、广播、书籍、Internet、旅行社推荐。

(12)旅游形式。旅游形式的调查可了解游客的心理和喜好,是喜欢自助旅游还是团队旅游,游客是倾于开放型还是保守型。同时,借此还可了解散客市场和团队市场的动态。

旅游形式调查可分为以下内容:自行安排、单位组织、旅行社组团。

(13)旅游目的。该项调查旨在对游客旅游的目的和动机进行调查,既便于明了旅游地的吸引度,又便于明白旅游地的旅游产品结构,更重要的是便于目标客源市场的确定。

旅游目的一般分为:观光、休闲度假、商务、会议、探亲访友、宗教朝拜、修学、专项考察等。

此外还可对游客的教育背景等方面进行调查。

以上调查内容的设计已涉及目标客源市场细分方法的各个方面。

2. 客源市场基本特征分析

在问卷调查完毕后,先剔除无效问卷,对问卷进行分类统计,然后可对客源市场的基本特征进行分析。如:

(1)到旅游地来旅游的游客男、女性别的比例;

(2)游客的受教育程度中等以下学历或是中高等学历;

(3)散客和团队游客各占多大比例;

(4)游客来的目的主要是观光、休闲度假、修学、探亲访友还是其他目的,各占多大的份额;

(5)来旅游地的游客以中低档收入人群为主还是中高档收入人群为主,各占多少份额;

(6)游客以学生为主,还是中青年人抑或老年人为主,各占多大份额;

(7)海外游客占多大份额,海外游客中各国家和地区分别占多大份额;

(8)省外、省内游客各占多大份额,省外游客中各省市分别占多大份额;省内游客中各地所占份额如何;

(9)以家庭方式出游的游客占多大比例,这些家庭的规模和结构如何;

(10)游客对旅游地旅游形象、旅游产品的满意度如何。

通过以上分析,既能了解旅游地客源市场的现状,又能了解潜在客源市场的需求，还能据此对旅游产品结构进行调整。

（三）旅游消费者空间行为分析

1. 购买圈与市场圈理论

旅游者的空间行为是研究旅游者的消费行为在空间上的分布状态，借此可了解旅游者的行为规律，可把握供给与需求的关系。

正如旅游者具有消费的时间行为如季节性消费，如购买频度（出游次数）一样，旅游者消费的空间行为研究在旅游营销上比时间行为更为重要。

站在旅游者旅游需求的角度来看，以旅游者所在位置为中心，在其四周可形成购买旅游地旅游产品的空间范围，从而形成旅游需求的空间布局，由此形成购买圈。游客的购买圈是以游客的出行半径为依据形成的，如图 6－4 示。

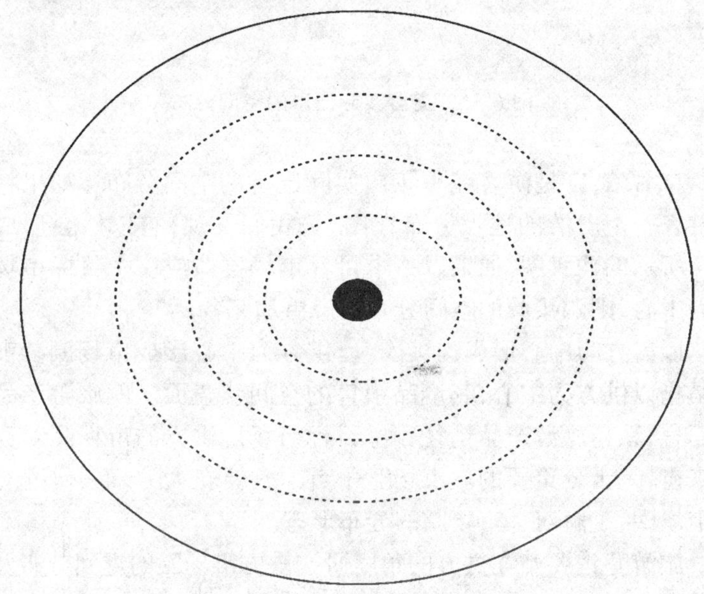

图 6－4　购买圈（资料来源：台湾地区，樊志育，1995 年）

购买圈是游客可能出行的空间范围,它揭示了游客需求的潜在的可能性,即游客出行在空间上可能的分布状态。而实际上,游客的出行往往是以自己所在的位置为中心,从所在地到目的地形成点与线的连结方式。如以一个游客一年的出行来看,假设该游客一年出行四次,每次都是不同的地点,与住所地是不同的距离空间,则如图 6-5 所示。

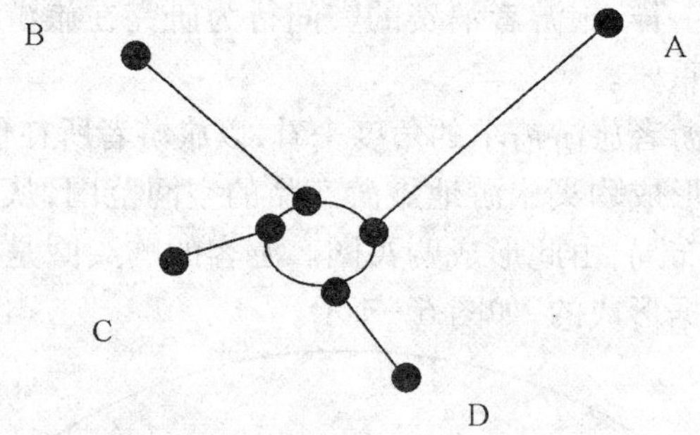

图 6-5 游客实际出游的空间分布

A,B,C,D 是游客在一年内实际出游的空间分布。如果将一位游客一生出游的地点分布在图上,我们发现,它依然会形成图 6-4所示的购买圈,如果以一个目标市场群体或一个目标市场区域为中心,则购买圈的空间分布形态更加完备。

以需方为中心形成购买圈,以供方为中心形成市场圈。市场圈是指以供方为中心,其产品销售的空间覆盖面。就旅游产品供方而言,系指旅游产品销往哪些目标市场。供方的市场圈对竞争者来讲,是十分重要的。市场竞争者通常要花大力气去研究对手的市场圈,了解对手市场圈的分布形态。

旅游营销要站在供方的角度研究供方市场圈的空间分布及竞争对手市场圈的空间分布。特别是要分析清楚竞争者之间在市场圈方面的交叉分割和重叠,是哪些产品的销售发生了交叉分割,哪些产品的市场圈出现了重合。这种分析可以帮助供方调整产品开发策略和营销策略。市场圈的形态如图 6-6 所示：

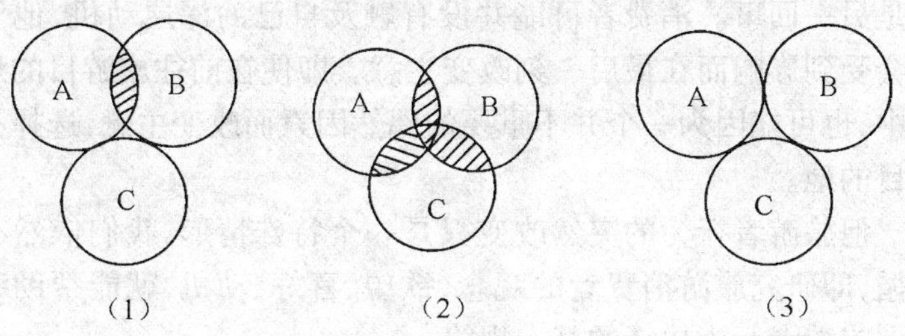

图 6-6 市场圈的竞争形态

从理论上来看，现有 A,B,C 三家公司，它们之间存在着竞争。第一图所示 A 与 B 在市场圈上出现了交叉，根据其产品定位与市场定位来看，阴影部分的交叉可大可小，C 公司与 A,B 之间不存在竞争，C 公司的市场圈形态完好。这说明三个竞争者之间有两个公司的产品在市场圈上存在部分重叠现象。第二个图示表明，A,B,C 三家公司在市场上都存在竞争，它们的市场圈都存在部分的交叉，如果交叉部分的阴影区大，则三家公司竞争惨烈，此时必须作出应对之策。第三个图示表示，三家公司不存在市场竞争，每个公司的产品在市场上不存在分割现象，各自的市场圈十分完好。

出现第一和第二种情况，则要作出以下决策：

(1)实施名牌产品战略，使自己的产品在同类产品中具有号召力，以增大市场份额；

(2)对产品开发重新定位；

(3)对目标市场重新定位，并对产品结构作出调整。

2. 客源市场消费行为分析

对客源市场的需求分析仅仅限于购买圈理论是远远不够的。购买圈的分析能使我们基本了解游客的出行规律，但市场营销的目的是为了满足目标消费者的需要和欲望。不过，最困难之处就在于，消费者对自己的需要和欲望叙述的是一回事，实际行动则可能是另一回事。消费者可能并没有触及自己的深层动机，他们往往会受到影响而在最后一刻改变主意。即使在前往旅游目的地的途中，也可能因为一个并不重要的偶然因素而改变主意，选择另外的目的地。

但旅游者行为的突然改变只是一个特殊情形，我们依然有迹可循，即研究旅游消费者的观念、欲望、喜好、动机，就能帮助我们找到旅游者行为抉择的基本规律。

(1)影响旅游者消费行为的主要因素有以下几种：

①家庭因素。不同的家庭结构会对旅游产生不同的影响，如三代同堂的家庭结构使家庭人均收入摊薄，对旅游消费会起一定的抑制作用。倘若决定三代人一起出游，则城市近郊旅游将是主要选择。

度假旅游属共同支配型消费行为，即夫妻双方都可能提出各自感兴趣的一些地点，也可能对各种地点提出意见。但最终结果取决于各自意见和对方对他意见的评价程度。

对于同事、朋友、同学等结伴出游的情况而言，家庭对旅游决策的影响大为减弱，起决定作用的是参与旅行的成员的共商结果。

②个人因素。不同的年龄和人生阶段，受教育程度，职业、经济状况，生活方式、个性和自我观念等都会影响每个人的旅游行为抉择。

不同年龄阶段的人群旅游消费行为不同。14 岁以下少年儿童因为无收入，且独立能力较弱，多由成人带领出游。此年龄阶段的游客喜欢娱乐性、参与性较强的旅游产品。24 岁～55 岁这一年龄段由于学习、工作压力大，主观上需要以旅游方式来放松自己，客观上又有一定的经济实力，外出旅游的机会较多。该年龄群比较喜欢运动、休闲、度假、观光、娱乐的旅游产品。特别是 24 岁～

35 岁年龄段的人群,特别喜好运动、娱乐、度假旅游。

不同学历影响消费行为。不同学历的人群对旅游产品的兴趣爱好各不相同。高学历人群偏爱纯自然风光和文化内涵较高的人文景观,对一些新开发的旅游产品乐于接受。低学历人群更喜欢一般意义上的观光产品和娱乐类旅游产品。

不同经济收入者消费模式不同。高收入人群对旅游价格不太敏感,左右其决策的主要因素是旅游产品能否满足他们的生理和心理需求。

低收入人群对旅游价格非常敏感,在经济条件有限的情况下一般选择符合他们的经济收入的旅游项目进行消费,以满足其对旅游的最基本的需求。

不同职业对旅游产品的需求不同。学生较欢迎花费低、参与性强、运动型的旅游产品。白领人士则喜爱到著名景区及高档旅游地度假。

③心理因素。旅游者的行为抉择还会受动机和感觉这两种主要的心理因素的影响。

消费动机。每个人在任何时刻都有许多需求,大多数人在满足"生理需求"和"安全需求"这两个低级需求层次后,必然要产生更高层次的需求,追求精神上的满足。同时,由于社会压力的逐渐增大,人们也从自我需求的本能出发,渴望有一个能缓解身心压力的方式,一旦拥有起码的经济基础后,旅游消费本身,由于其给消费者身心(主要是精神上)带来的无可替代的娱悦和满足性,必然地成为实现以上各种需求的最佳载体。这种"放松身心,满足精神需求"的特点,成了选择旅游消费的原动力和最本能的动机。此外,旅游可满足人们探索和探险的需要,人类总是力图通过学习了解周围的世界并常常渴望征服它。因此,探索和探险的需要可以被视做是满足人类心底潜藏的好奇心和征服欲的需要。最后,旅游还能满足人类基本智力的需要。

感觉。一个受激励的人随时准备行动,但具体如何行动取决于他对环境的感觉程度,感觉不但取决于身体的刺激,而且还依赖于这一刺激同环境的关系及个人的状况,人们会对相同的事物产生不同的感觉,这是因为有三种感觉过程,选择性注意、选择性曲解及选择性记忆。有关研究表明:人们可能比较注意与当前需要有关的刺激。如果某人将要度假,他便会注意旅游广告,所以在旅游旺季(特别是节假日)之前我们要加强旅游宣传广告。

人们可能比较注意超出正常刺激规模的刺激。

以上说明,我们在将信息传递给目标市场时必须生动和反复。

(2)旅游消费者的购买决策过程。旅游消费者的购买决策过程的分析,可给市场营销策略的制定提供依据。

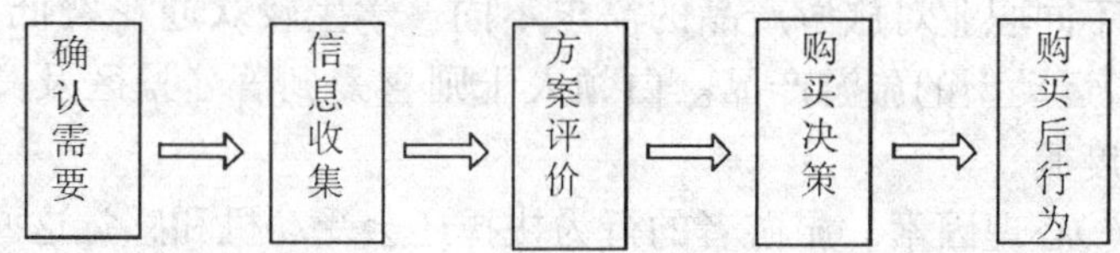

图 6-7 旅游者购买决策过程图

如上图,旅游消费者的购买决策分为五个阶段:确认需要、信息收集、方案评价、购买决策、购买后行为。但并不是所有的购买行为都遵循这五个步骤,参与程度较低的购买者可能跳过或颠倒某些阶段。

①确认需要。来自潜在旅游消费者内部和外部的刺激引起需要。站在营销策划的角度,我们的任务是增加对潜在旅游消费者的外部刺激。一般而言,营销攻势并不能创造需求,但能唤起消费者内心已存在的需求。但是,首次需求却需要营销者加以创造。

②信息收集。旅游消费者的信息来源一般有三种:a. 个人来源,如家庭成员、朋友、邻居、同事等;b. 商业来源,如广告、推销员、促销品、展览等;c. 公共来源,如媒体、旅游者组织等。面对这

些信息有的消费者主动学习，有的则是被动获得。

③备用方案的评估。消费者通过信息收集，必然已形成了对一系列旅游产品和旅游服务机构的了解，从而形成备选方案。假设消费者是理性的，消费者对备选方案的评估是以顾客让渡价值最大化为标准的。即顾客总价值减去顾客总成本所剩的净值作为备选方案评估的标准，具体公式为：

$$CDV = \sum_{i=1}^{N} V_i M_i - \sum_{i=1}^{N} C_i W_i$$

式中，CDV——旅游者的让渡价值；V_i——第 i 个旅游特色产品的价值；C_i——第 i 个为获得某旅游特定产品所付成本；M_i——第 i 个价值属性的权重；W_i——第 i 个成本属性的权重；N——属性的个数。

因此，我们要尽量增加顾客让渡价值，即增加顾客总价值，减少顾客总成本。增加顾客总价值可通过加大旅游产品特色开发，提高旅游服务水平，改进交通条件和接待设施，提升旅游的整体形象来达到减少顾客总成本，包括货币成本、时间成本、心理成本、体力成本。具体来说，减少顾客总成本就是要通过合理定价，加强广告的分销、促销，使潜在游客方便、快捷、安全地到达。要有针对性的合理调整顾客总价值和顾客总成本中的各个变量，使各个细分市场顾客让渡价值最大化。例如，对于高档次游客可提高旅游产品质量、服务及接待设施的档次，同时，提高旅游消费的价格；对于低档次消费游客（如学生市场），可以通过有特色的旅游产品和实惠的价格来吸引他们。

④购买决策。作出购买决定和实施购买行为，这是购买决策过程的关键行为。在上一阶段，通过各种方案的评估和比较，旅游者已基本上形成了购买意图，但是意外情况也会阻碍购买决策的实现。许多意外情况与产品无关，例如坏天气等不利因素。

⑤购买后行为。在整个旅程之中和旅游结束后，消费者对购

买后的感受仍然存在，并且形成经验，直接影响旅游者将来的购买行为及他人的购买决策。一般而言，消费者购买后一般会有三种心理状态，满意、不满意、疑惑。如果实际效果能够达到产品期望，则旅游者会感到满意，反之则不满。所以我们在作宣传或推销时一定要如实反映情况，甚至可以比真实情况更低一些，以防止夸大事实造成消费者的期望不能被证实而产生不满意感。当旅游者形成不满意感后，他们一般采取不再购买该旅游产品并告诫周围的人避免重蹈覆辙，介乎于满意与不满意之间的是旅游者的购买后的疑虑，又称认识失调，即旅游者旅行完后心理有一种不和谐感和不舒畅感。

(四)目标客源市场定位

目标客源市场的定位，指旅游产品的供方将产品指向什么样的目标市场，并针对目标市场确定相应的营销策略。

目标客源市场的定位，有以下四种方法（据 Cravens 和 Woodruff，1986 年）：

1. 无差别市场(Nosegmentation)

指旅游产品的销售者不对市场进行细分，将市场作为一个整体，采取无差别市场策略进行营销。这一方法只强调共性，在游客个性需求化越来越明显、市场竞争越来越激烈的今天，此方法不足为取。

2. 广泛市场(Extensive Segmenting)

供方已对市场进行了细分，但其策略是指向所有的目标市场，并针对每一个细分市场进行相应的营销组合。其结果与无差别市场没有多大区别。因为每个细分市场都成为目标市场，同样表明其市场营销缺乏针对性。

3. 选择市场 (Selective Segmenting)

将客源市场划分为若干细分市场，供方只选择其中一部分细分市场作为自己的营销目标。选择市场就是有差别的市场，它会针对细分市场的不同的需求采取相应的营销策略，销售“适销对路”的产品。这样，使旅游产品更有个性。

4. 单一市场（Single Segmenting）

指供方将目标市场确定为一个特定的市场。其优点是指向明确、市场集中；缺点则是旅游产品单一，虽有特色但不能形成组合优势，市场风险大。但实践中，若针对单一市场采取了行之有效的营销策略，仍是可行的。

目标市场的定位以选择性的差别市场的细分方法最为有效。这样可保证营销是可持续的。旅游营销一定要讲求可持续性，因为旅游资源是可持续性的，旅游产品要成为品牌产品也必须是可持续的，针对的细分目标市场是有个性的市场，要培养市场的忠诚度，也应是可持续性的。那种靠一时的宣传造势来集中轰炸一段时间，不能带来旅游地的可持续发展。这可能在短时间能使景区的知名度提高，但由于缺乏持续效应，反而会损害市场。

下面用一个案例进行分析，我们从中将会学到目标客源市场定位的基本原理和方法，并将使你具有实践应用能力。

《四川省江油市旅游营销策划》是笔者主持的一个市县级区域的营销策划课题（课题组组长王挺之教授为川大旅游学院常务副院长，副组长兼总策划杨振之副教授），并组织了对成都市、重庆市、德阳市、绵阳市、江油市、广元市、广汉市七个大、中、小城市的随机抽样式调查。

案例1：四川省江油市旅游营销策划之“目标市场定位”（由廖培执笔）

现代营销观点认为：要取得竞争优势，就要识别自己能够有效服务的最具吸引力的细分市场，而不是到处参与竞争。事实上，我们也无法为市场内所有的顾客提供最佳服务。因为顾客人数众多、分布广泛，他们的消费需求差异很大，而我们的资源有限，不可能也没有必要去满足一切旅游需求。所以我们必须重点服务于特定的顾客细分市场,以便将来处于优势地位。即实行 STP 营销,即细分市场(Segmenting)、选择目标(Targeting)和市场定位(Positioning)。

目前,我国的旅游营销策划大多还处于无差异性营销阶段,即市场营销无针对性。只注意消费者在需求方面的共同点,而不管他们之间的差别,从而设计一种市场营销方案,来吸引尽可能多的旅游消费者。他们不明了自己的优势、劣势,没有详尽分析竞争对手的情况以及市场的需求情况,不明确自己的主要消费群体,没有研究自己应该和能够有效服务和最具吸引力的潜在客源市场,这样制定的营销策略和方案不能有的放矢。大型的宣传、策划及新闻炒作也只能是过眼烟云,达不到预期效果。旅游行业虽然有其自己的特点,但旅游营销也应符合现代市场营销的一般规律。要使旅游业快速、稳步、健康地发展,必须采纳目标市场营销的观点。它能更好地识别市场营销机会,从而为每个目标市场提供适销对路的旅游产品和组合,以调整我们的营销 4P 策略,有效地进入目标市场,这样可以将营销努力集中在最有可能使之满意的客源身上,而不是分散努力。

目标市场营销可分为两个步骤。第一步是市场的细分。即根据人们对旅游产品需求的差异性,选择一定的标准将整个消费者群分割为若干个子消费者群(称为细分市场或子市场),并勾勒出各个细分市场轮廓,描述各细分市场的主要特征,评价各细分市场是否有效。第二步是目标市场定位。选择一个或多个细分市场作为我们的目标市场,分析目标市场的特征及消费行为来给我们的目标市场营销策略定位。

一、市场细分

根据有效细分市场应具备的五大特征(可测量、可盈利、可进入、可划分、可行动)和目前江油旅游现状,采用空间支配层次,以年龄、职业和收入状况为细分变量，将江油客源市场细分并描述出来。

表 6－3　江油客源市场细分表(％)

		年龄				收入			职业			
		少年儿童	青壮年	中青年	老年	低收入	中收入	高收入	学生	技术人员	公务员	公司管理人员或一般人员
一级客源市场	江油	3	74	20	3	54.3	45.3	0.5	20		12	49.8
	绵阳	6.5	75.5	15.2	2.8	34.2	61.5	4.3	20.5	14.2	10.5	27.4
	广元	1.1	72.6	22	4.3	27.3	64.1	8.6	29.6	8.3	9.7	23.8
	德阳	1.3	71	21.2	6.5	18	68.8	13.2	11.8	31.1	9.6	28.4
	成都	1.7	76.1	16.4	5.8	17.7	65.6	16.7	14.3	14	7.6	41.4
二级客源市场	重庆	2.7	64	21.1	12.2	18.3	64.2	17.5	22	14.6	4.5	34.9
三级客源市场	九环线游省外海外	中老年				高收入			白领人群			

注：少年儿童指 14 岁以下，青壮年指 15 岁～34 岁，中青年指 35 岁～55 岁，老年指 55 岁以上，低收入指每月 500 元以下，中收入指每月 500 元～2 000元，高收入指每月 2 000 元以上。

(一) 按地理因素细分江油旅游市场

根据前面江油市旅游市场现状及江油旅游客源市场的分析，可把江油旅游客源市场细分为三级。

1. 一级客源市场

一级客源市场主要包括四川省江油市、绵阳市、广元、德阳(广汉)、成都、南充、遂宁，陕西省汉中、宝鸡、西安等。本课题组对江油市主要景区旅游调查得知：目前一级客源市场的游客占整个景区游客的 75％左右，而江油、绵阳、广元、德阳(广汉)、成都这五个市场的游客又占整个一级客源市场游客的 90％。所以我们以江油、绵阳、广元、德阳、成都这五个市场为代表来研究一级客源市场。

(1)江油绵阳本地市场。江油市现有人口85.3万人(1996年末),其中非农人口21.3万人,城镇化水平为25%。据有关资料预测,到2010年,江油市城镇居民外出旅游最低将达到161.84万人次,旅游潜力巨大。绵阳市距江油市仅39公里,江油市在绵阳辖区内具有与绵阳市某种程度上相当的地位,因此,绵阳辖区的客源市场与江油客源市场一样,可看做江油的本地客源市场。绵阳市现有人口536.8万人,其中城镇居民121.3万人,城镇化水平为22.6%,据估算到2010年,绵阳市城乡居民外出旅游最低要达到548.3万人次。可以看出,绵阳辖区旅游市场潜力巨大。

由于距离近、交通方便、花费低等原因,目前江油市游客主要来自江油、绵阳市场。本课题组对江油市主要景区旅游调查得知:目前来自江油、绵阳市场的游客占整个景区游客的50%~60%。所以,我们可以把江油、绵阳市场作为江油旅游的基础市场。

对于江油老的旅游景点,江油、绵阳人绝大多数都听说过,并且大多数江油、绵阳人都到这些景点旅游过。以窦圌山为例,江油人有88.4%到窦圌山游玩过,绵阳有83.3%的人听说过窦圌山,有67%的绵阳人到窦圌山游玩过。所以江油老的旅游景点和旅游项目,对大多数江油、绵阳本地人来说吸引力不会很大。因此我们要抓住旅游消费者求新、求异、好胜、好奇这种旅游心理,用新的旅游产品来吸引江油、绵阳游客,我们一方面要积极开发新的旅游产品,另一方面,我们也要把现有的新开发的旅游景点向江油、绵阳本地游客宣传、推销。如从我们调查可知,金光洞、观雾山在江油、绵阳市场上吸引力还是比较大的,但在绵阳,仅有11.6%知道金光洞,知道观雾山的人数也仅占被调查人数的18%。

我们要开发和利用休闲度假型产品来满足江油、绵阳市场的需求。由于江油、绵阳市的游客到江油旅游距离近,交通方便,花费少,这为本地游客到江油休闲度假提供了极其便宜的条件,可能性也大大提高,同时也可增加江油、绵阳本地游客到江油旅游的次数和频率。

总之,江油、绵阳应作为基础市场,主要采用产品开发策略,我们要用价格实惠的休闲度假型产品来满足他们的需求,分销方式宜采用直销,建立直销网络,争取集团消费。广告宜采用比较灵活的、低成本、大众化的、接触面广的,重点对产品特点介绍的广告形式。

(2)广元、德阳市场。广元、德阳属宝成线上的中型城市,从我们课题组在广元、德阳的调查可知:广元市民月收入在500元~1 000元的占48.1%,1 000元的占24.6%,德阳市民月收入在500元~1 000元以上的占49.1%,1 000元以上的占32.9%。一般说来,个人月收入在1 000元左右完全有能力外出到这样距离的旅游点旅游。从上面广元、德阳市民月收入调查结果可知:广元、德阳旅游市场潜力比较大。由于距离近,交通方便(有铁路及高等级公路通达江油),目前,广元、德阳客源市场到江油旅游的人数还是较多。经调查,广元、德阳游客占整个到江油旅游人数的5%左右。

广元、德阳对江油老的旅游景点(如窦圌山、佛爷洞、白龙宫、太白故里)大多比较熟悉、了解,游玩过上述景点的人比例也比较大。所以这些老景点对大多数广元、德阳旅游消费人群吸引力不是太大。所以我们应积极开发新的旅游产品来满足这些人求新、求异、求奇的旅游心理。另一方面,我们应把现有新开发的旅游景点(如观雾山、金光洞)积极、主动、重点地介绍给他们。从调查可知,广元、德阳人群到江油旅游目的以观光为主。目前,我们在旅游产品的开发和市场营销方面,主要应以观光产品来满足他们的需求,在这一市场得到巩固的情况下,再逐步推出以休闲和度假为主的旅游产品组合,以延长他们的消费时间,增加他们的消费频率。

广元、德阳游客大多在江油呆 1 至 2 天，花费在 200 元左右，所以我们在设计旅游线路时，要考虑他们的消费特点。

到江油旅游的广元、德阳两地游客，单位组织占了相当大的比例。其中广元有关单位组织的占 34.8%，德阳有关单位组织的占 33.3%。所以我们在广元、德阳两地应加强对集团消费的营销力度。鉴于广元、德阳两地到江油较近，交通方便，并且这两地人群对江油也比较熟悉，所以在销售方式方面宜采取直销方式。

总之，广元、德阳两地市场应作为基础市场（江油、绵阳）的重要补充，主要应以新的观光产品（如金光洞、观雾山）来满足他们的需求。分销方式宜采用直销。应特别注意对单位团体的营销。在广告宣传方面，应注重对旅游产品特点的介绍。

(3)成都市场。成都市是四川省的省会，是四川省经济、文化中心，市区人口有 320 多万人。总的消费水平较高。从在成都市的调查可知，个人月收入在 1 000 元以上占整个调查人数的 44.7%，成都旅游市场潜力十分巨大。成都到江油的交通十分方便，距离适中。据有关资料显示，距离大城市两小时左右车程的旅游地，是城市居民周末最理想的休闲度假地。江油离成都只有一个多小时车程的距离，所以江油也应该是成都市民周末较为理想的休闲、度假地之一。再加之江油特殊的区位条件，处于成都平原的北边缘。有山、有水、有洞，对成都市场具有特殊的吸引力，所以江油的窦圌山、观雾山、佛爷洞、白龙宫、金光洞正是成都市民外出观光旅游的理想选择之一。

从竞争态势来看，以峰丛、漏斗、峡谷和溶洞为代表的江油自然景观旅游产品，在成都平原上基本无竞争对手，主要竞争对手来自成都平原边缘的峨眉山、青城山等。但他们主要针对的目标人群不同，所以江油旅游产品在成都市场上的前景非常看好，只要我们营销方法适当，将会有越来越多的成都市民到江油观光旅游。从我们的调查来看，目前到江油的游客，有近 20% 来自成都市场。

由于成都旅游市场潜力十分巨大，所以我们要把成都市场作为重点市场。

成都客源市场到江油的主要目的是：观光（32.9%），休闲度假（27.4%），商务（10.3%）。度假最重要的是接待设施，而成都游客在江油旅游最不满意的恰好是接待设施。所以短期内我们主要应用观光和休闲产品来吸引成都市场消费者。

江油旅游地在成都市场上的知晓度还是较高的，但知名度不高。以窦圌山为例：在成都市场上，有 61.4% 的被调查者知道窦圌山，但只有 18.4% 的被调查者认为该景点名气大，所以被调查者中仅有 28.2% 的人去过窦圌山，这一结果也就不足为奇。

总之，我们要把成都市场作为最重点的市场来营销。目前主要以观光和休闲产品来吸引成都市场。在成都市场上要大力塑造窦圌山——运动休闲胜地的知名度，同时要特别注意分销渠道的建设，尤其要把握每年 52 个双休日的营销。

2. 二级客源市场

二级客源市场包括重庆市场及四川省其他中小城市，如内江、自贡、乐山、宜宾等。从我们的调查统计得知：目前到江油旅游的游客中，来自二级客源市场游客占 15% 左右，由于江油旅游在重庆的知晓度和知名度均不高，所以目前重庆市场到的江油旅游的人数并不太多（重庆游客占整个游客数量约 3%），但重庆是特大型城市，人口多，消费能力强，加之重庆市场到江油的交通也极其方便（有成渝、成绵高速路，也有铁路通达），所以重庆市场旅游潜力巨大，故我们以重庆为代表来研究二级客源市场。

重庆简称“渝”，是我国著名的历史文化名城之一。1997 年 3 月 14 日成为我国第四个直辖市，管辖 40 个区、市、县，面积 8.2 万平方公里，人口 3 002 万。重庆是西南地区最大的工商业重镇，随着国家三峡工程的实施及直辖市的设立，重庆必将成为长江上游的经济中心，重庆市场潜力将会越来越大。

重庆人对江油感知最突出的特征是李白故里，加之重庆本地旅游产品极其丰富、品种齐全，旅游产品档次也比较高，所以我们在重庆市场主要应打李白这张“牌”，但在旅游线路设计上并不排除窦圌山、白龙宫、佛爷洞这些相对知名的景点。

针对重庆市民在双休日绝大部分在重庆的附近游玩，不太可能在短短的两天时间到江油游玩，所以在营销时间上，我们特别应注重每年的三个大假(五一、十一及春节)及学生教师的寒暑假。

在宣传促销上，应以提示性宣传(如天气预报)和针对性重点宣传相结合，在每年三个大假及寒暑假之前重点宣传促销。

在分销方式上应注重旅行社组团。

3. 三级客源市场

三级客源市场包括省外市场(主要是沿海省市、北京市及邻近省市)及九环线游客和海外游客(日本、韩国，中国港澳台地区等)。

来自三级客源市场的游客约占到江油总游客的10%，虽然数量不大，但意义重大。三级客源市场来自省外和海外，多是“重”游客，一旦他们前来观光旅游，其旅游收入的效益很大。三级客源市场的游客需求档次高、眼光挑剔，所以应用独具特色的旅游精品来满足他们的需求，尤其要用独具特色的人文景观来满足他们的需求，如李白纪念馆、太白故里系列文化景点。

由于目前江油旅游整体档次不高、品牌知名度不大，所以三级客源市场可作为机会市场，可确定为中远期目标市场，本策划不进行详细分析。

(二)按年龄细分江油旅游市场

经调查，目前到江油的游客年龄构成中，14岁以下、15岁～24岁、25岁～34岁、35岁～55岁、55岁以上所占比例分别为3.39%，50.85%，25.42%，6.78%，13.56%，这表明15岁～34岁的青年人是最主要的人群，占76.27%；其次35岁～55岁这一人群，尽管到江油旅游的人数不多，但他们消费能力强。所以下面就主要分析15岁～34岁以及35岁～55岁这两类人群的特点及消费模式。

1. 14岁以下儿童消费需求特点

14岁以下儿童因为无收入,且无自主意识和独立能力,只能由成人带领游玩。经我们调查,约92%的儿童都是随家人一起游玩。所选择的旅游产品,主要由大人决定,儿童对选择什么样的旅游地和旅游产品基本无决定权。

2. 15岁～34岁青年人消费需求主要特点

(1)职业构成(见表6-4):

表6-4　15岁～34岁年龄结构表

职业	农民	专业技术人员	公务员	管理人员	一般员工	军人	个体经营者	学生	待业人员
百分比	2%	13%	9.5%	10.8%	16.2%	4%	8%	30.4%	6.1%

15岁～34岁青年人主要职业为学生、公司或企业一般员工、专业技术人员、公司或企业管理人员以及公务员,其中学生占了相当大的比例。

(2)15岁～34岁年龄阶段个人月收入情况(见表6-5):

表6-5　15岁～34岁个人月收入

个人月收入	500元以下	500元～1 000元	1 000元～2 000元	2 000元以上
百分比	36%	47.5%	13.7%	2.8%

15岁～34岁年龄阶段的青年人个人月收入普遍不高,绝大部分月收入在1 000元以下,属典型的中低收入人群。尽管个人月收入在500元以下无外出旅游能力。但是学生因为无任何经济负

担,学生每月可支配的花费在500元以内也完全有可能在每年的三个大假以致寒暑假外出旅游。

(3)这一年龄阶段青年人心目中江油市的特征(见表6-6):

表6-6 江油市旅游形象特征细分表

特征	李白故里	自然资源丰富	历史悠久
知道的人比例	54.1%	49.1%	29.8%

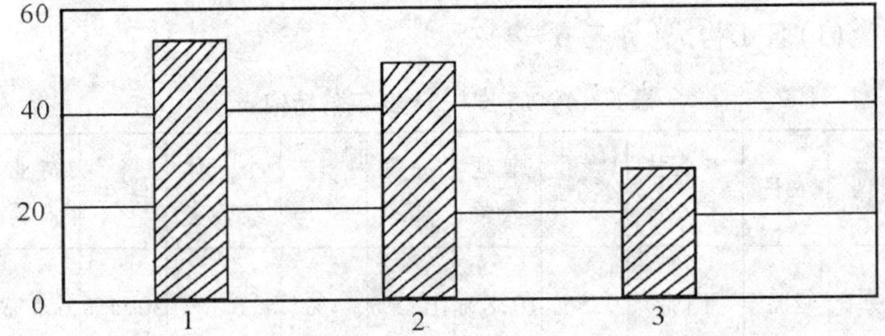

图6-8 江油在15岁～34岁人群中的旅游形象图

(4)这一年龄阶段青年人知道的江油旅游景点主要是窦圌山、白龙宫、佛爷洞、太白故里,但对重庆市场的青年人来说,知道太白故里的人相对更多一些。

(5)这一年龄阶段的青年人到江油旅游可接受的消费水平。

表6-7 15岁～34岁人群可接受的消费水平统计表

每天人均消费	100元以下	100元～200元	200元～300元	300元以上
人数比例	32.8%	44.9%	14.4%	7.9%

(6)愿意选择的旅游形式如下:

自行安排的比例最大为77.5%;

单位组织的比例为 12%；

旅行社的比例为 10.5%。

重庆的青年人选择旅行社旅游的方式相对较高为 19.3%。

(7)旅游目的。旅游目的主要以观光休闲度假和探亲访友为主。

(8)喜欢的旅游景点类型(见表 6－8)。

表 6－8　15 岁～34 岁人群喜欢的旅游景点类型

景点类型	宗教文化	自然景观	民族风情	文物古迹	娱乐游戏
百分比	4%	34.2%	21.5%	20.8%	9.6%

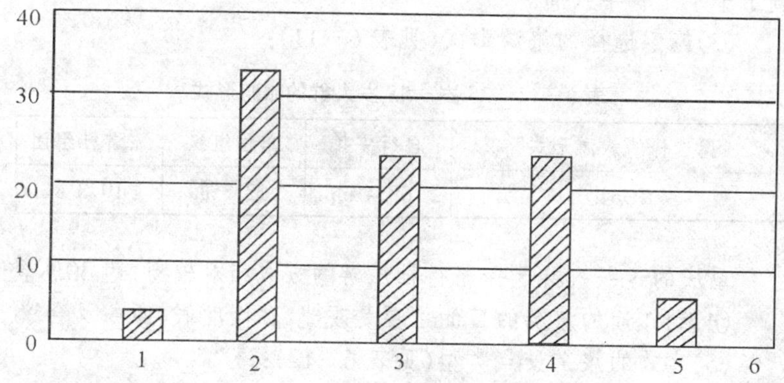

图 6－9　15 岁～34 岁人群所喜欢的旅游景点类型图

3. 35 岁～55 岁中年人消费需求主要特点

(1)月收入情况(见表 6－9)：

表 6－9　35 岁～55 岁人群月收入情况统计表

个人月收入	500 元以上	500 元～ 1 000 元	1 000 元～ 2 000 元	2 000 以上
百分比	17.9%	55.4%	10.7%	16%

这一年龄阶段的人群大都由于事业有成,收入普遍较高,所以这一人群消费能力较强,消费潜力较大。

(2)到江油旅游可接受的消费水平(见表6-10):

表6-10　35岁~55岁人群可接受的消费水平

每天人均消费	100元以下	100元~200元	200元~300元	300元以上
人数比例	29.4%	41.2%	18.8%	10.6%

由于这一阶段的人群比青年人收入高,所以他们可接受的消费水平也比青年人高。

(3)愿意选择的旅游形式(见表6-11):

表6-11　35岁~55岁人群的旅游形式

愿选择的旅游形式	自行安排	单位组织	旅游社组团
百分比	68.4%	12.3%	19.3%

重庆的这一人群选择旅行社旅游的方式相对较高,达30%。

(4)到江油的旅游的目的主要是观光、休闲度假、商务及会议。

(5)喜欢的旅游景点类型(见表6-12):

表6-12　35岁~55岁人群喜欢的旅游景点类型

景点类型	自然景观	民族风情	文物古迹	娱乐游戏	宗教文化
参观人数百分比	38.3%	17.3%	21%	10.5%	6.8%

(三)按职业细分江油旅游市场

经我们调查,目前到江油旅游的游客中,主要是学生、公司或企业管理人员及一般人员、专业技术人员、公务员。因为到江油去的游客中,学生占了很大比例,所以下面主要分析学生消费需求特点。

1.学生的消费需求特点(以成都市大学、中学生为代表)

(1)学生外出旅游时,最喜欢的旅游景点类型(见表6-13):

表6-13 学生喜欢的旅游景点类型

喜欢的类型	自然风光	民族风情	文物古迹	现代都市	宗教文化
百分比	73.9%	39.7%	37.4%	37%	16.5%

从上可看出,学生比较喜欢自然风光、民族风情、文物古迹及现代都市类旅游景点,对宗教文化不甚感兴趣。

(2)学生外出旅游时,最喜欢的旅游方式(见表6-14):

表6-14 学生喜欢的旅游形式

旅游方式	观光游览	运动休闲	探险娱乐	探亲访友	科普科考	宗教朝拜	其他
百分比	55.5%	43.4%	36.7%	28.8%	15.2%	11.5%	10.2%

学生爱好观光、运动休闲、探险类旅游方式。江油窦圌山集观光、运动休闲旅游产品于一体,特别适合学生的需求。此外,观雾山的探险旅游项目也适合学生寻求刺激的消费心理。

(3)学生外出旅游会选择的景点(见表6-15):

表6-15 学生愿意选择的景点比例表

景点	峨眉-乐山	青城-都江堰	九寨沟-黄龙	蜀南竹海	天台山	江油窦圌山	龙泉花果山
百分比	41.8%	37.6%	57.4%	33.6%	18%	17.7%	14.8%

大多数学生外出旅游,愿意选择一些著名的景点,如九寨沟-黄龙、峨眉山-乐山、青城山-都江堰。但到这些名景点旅游花费

较高,对经济不是很宽裕的学生来说,窦圌山因其经济实惠的消费以及符合他们口味的旅游项目,必将对学生产生较大的吸引力。

(4)学生外出旅游一般的时间安排(见表6-16):

表6-16 学生外出旅游的时间安排比例表

时间安排	当天返回	住1晚	住2晚	住3晚	住4~6晚	住6晚以上
比例	12.1%	23%	28.4%	18%	11.9%	1.3%

学生外出旅游时,大部分安排住1晚或住2晚。

(5)学生坐汽车外出旅游时选择一般车程时间(见表6-17):

表6-17 学生外出旅游选择的车程时间

车程时间	1小时	2小时	3小时	4小时	6小时	8小时
比 例	6.3%	11.5%	27.3%	33.2%	13.7%	9.8%

大部分学生坐汽车外出旅游时,一般选择3小时—4小时的车程,江油正好符合成都学生市场外出旅游的车程距离。

(6)学生外出旅游时能承受的每天每人消费额(见表6-18):

表6-18 学生外出旅游时的消费水平

能承受的消费额	50元以下	50元~100元	100元~150元	150元~200元	200元~300元	300元以上
比 例	10%	24.6%	29.6%	18.4%	7.5%	8.1%

学生外出旅游时,大部分能承受的消费额为每人每天50元~200元,所以江油旅游价格要考虑消费者的支付能力。

(7)学生选择旅游的形式(见表6－19):

表6－19 学生外出旅游的形式

旅游形式	班级学校组织	旅行社组团	自行安排
比　例	16.7%	16%	71.2%

绝大部分学生愿意选择自行安排的旅游形式。

(8)学生一般和谁一起外出旅游(见表6－20):

表6－20 学生外出旅游选择的同游对象

伙伴	同学	朋友	家人	亲戚	独自旅游
比例	44.3%	67%	33%	11.1%	19.4%

大多数学生愿和朋友、同学一同旅游。

(9)学生获取旅游信息的渠道(见表6－21):

表6－21 学生获取旅游信息的渠道

渠　道	百分比	渠　道	百分比
旅行社	15%	电　视	33.2%
杂志、报刊	38.4%	广　播	16.9%
书　籍	20.7%	旅游指南宣传手册	25.3%
饭店信息	12.5%	学　校	16.3%
网　络	24%	家　人	15.9%
同　学	30.5%	朋　友	42.4%

从上表可知,学生获取旅游信息的主要渠道是:朋友、报纸杂志、电视、同学、旅游宣传手册、网络、书籍。在对学生市场进行旅游产品的宣传时,特别要注意旅游宣传手段及网络宣传的重要性。

(10)学生前往某地旅游时主要考虑因素(见表6-22):

表6-22 学生外出旅游时主要考虑的因素

考虑因素	价格	景点特色	交通	距离	服务	接待设施	其他
比例	61.2%	49.1%	30.7%	28.4%	23.8%	15.4%	4.4%

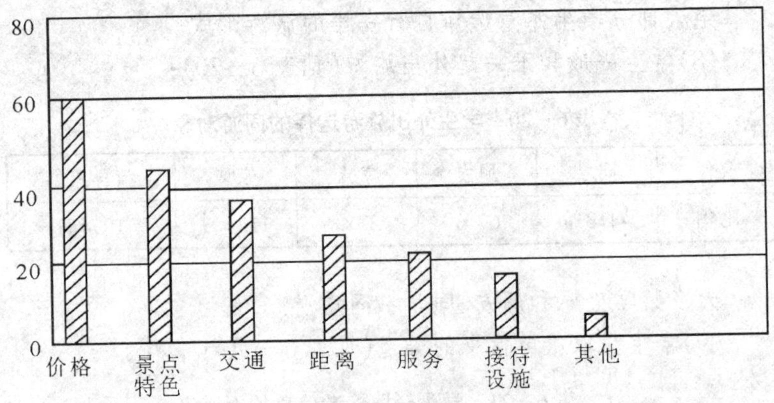

图6-10 学生外出旅游考虑因素图

学生前往某地旅游主要考虑的是价格、景点特色和交通,最不关心的是接待设施。

(11)学生外出旅游时一般选择的住宿类型(见表6-23):

表6-23 学生外出旅游选择的住宿类型

住宿设施	招待所	青年旅馆	帐篷露营	廉价饭店	低星级饭店	高星级饭店
比　例	25%	18.8%	16.5%	14.6%	14%	5.8%

学生因为经济的原因,外出旅游时一般选择价格低廉的招待所、饭店以及帐篷露营。

(12)学生在旅游中希望得到的收获(见表6-24):

表6-24　学生外出旅游所希望的收获

希望得到的收获	回归自然	获得特殊的经历和感受	了解当地风情	学习历史文化	交友	学习自然科学知识
比　例	55.7%	43.8%	40.5%	22.5%	20.7%	14.2%

学生在旅游中希望得到的收获主要是想回归自然,获得特殊的经历和感受,了解当地风情。

(13)学生认为江油的特征(见表6-25):

表6-25　江油在学生心目中特征统计表(%)

特征	自然风景优美	自然资源丰富	地理位置优越	历史悠久	名人荟萃	李白故里	长钢基地	交通便利	其他	不了解
比例	19.4	10.2	8.8	17.3	15.7	39.2	4.4	4	0.4	41.2

结论:学生对江油特征了解不多,有41.2%的学生对江油完全不了解,学生心目中江油的主要特征是李白故里,应加强江油旅游产品特征在学生市场中的宣传。

(14)学生听说过江油的旅游点(见表6-26):

表6-26　江油旅游点在学生中的知名度

听说过的旅游点	太白故里	窦圌山	白龙宫	佛爷洞	海灯故里及武馆	金光洞	观雾山	其他
比　例	20%	28%	17.1%	14.4%	9%	9.2%	8.6%	0.6%

从上表可知,江油的旅游点在成都学生市场的总体知晓度不高。

(15)学生到过江油市哪些旅游点(见表6-27):

表6-27 学生去过的江油旅游点

到过的旅游点	太白故里	窦圌山	白龙宫	佛爷洞	海灯故里及武馆	金光洞	观雾山	其他	没去过
比例	6.7%	10%	10.4%	7.9%	4%	1%	4.8%	0.6%	59.4%

从整个成都学生市场上来说,到江油去旅游的学生人数占整个学生市场人数比例还相当小,所以成都学生市场潜力还非常巨大。在学生市场中,应大力宣传江油的旅游景点,特别是窦圌山、观雾山、白龙宫。

(四)按收入细分江油旅游市场

从我们的调查来看,目前到江油的游客普遍收入不高,以中等及中等偏下收入游客为主。如果我们把500元、1 000元、2 000元作为划分标准。可把江油旅游市场按收入划分为四个细分市场:个人月收入500元以下细分市场、个人月收入在500元~1 000元细分市场、个人月收入在1 000元~2 000元细分市场、个人月收入2 000元以上细分市场。

1. 个人月收入在500元以下,基本上无旅游消费能力

虽然我们在江油景区调查时发现个人月收入在500元以下的游客占了相当大的比例(约40%),但这些游客大部分是学生游客及江油本地游客,而前面已对学生市场作了详尽的分析,所以在这里不再对个人月收入在500元以下的细分市场作过多分析。

2. 个人月收入在2 000元以上的游客,属豪华型游客

因为江油旅游品牌知名度不高,所以目前到江油旅游的豪华游客极小,从我们在江油旅游景区的调查及客源市场调查得知豪华游客占整个到江油的总游客的5%左右。这一人群消费能力强,但需求眼光高,喜欢到名景区、名景点旅游,对中高档休闲度假

产品感兴趣。鉴于江油目前的旅游现状,旅游产品档次普遍不高,品牌知名度不大,所以这一细分市场不作为江油旅游目前主要细分市场。但对于高收入的中青年人群,我们应该积极争取,可以用漂流和滑翔等高档消费来吸引高收入的中青年人群。

3. 个人月收入500元～1 000元细分市场

(1)到江油的目的(见表6-28):

表6-28 个人月收入500元～1 000元的人群去江油旅游的目的

目的	观光	休闲度假	商务	探亲访友	宗教朝拜	野外实习和科考	购物	会议	其他
比例	65.8%	34.2%	10.5%	25%	1.3%	11.8%	3.9%	15.8%	3.9%

由上表得知,这一人群到江油的目的主要是观光、休闲度假、探亲和会议。

(2)到江油的人均每天消费情况(见表6-29):

表6-29 个人月收入500元～1 000元的人群消费水平

人均每天消费	100元以下	100元～200元	200元～300元	300元以上
比　　例	34.1%	40%	20.5%	5.4%

这一人群到江油旅游普遍能接受的消费是每人每天200元以下。

(3)前往某地旅游时,主要考虑的因素(见表6-30):

表6-30 个人月收入500元～1 000元的人群外出旅游时考虑的因素

因素	价格	距离	交通	景点特色	服务	接待设施	其他
比例	46.3%	20%	41%	72.6%	38.9%	22.1%	3%

从上表可知,由于这一人群收入不高,所以在前往某地旅游时主要考虑的是景点特色和价格,对接待设施要求不高。

(4)喜欢的旅游景点(见表6－31):

表6－31 个人月收入500元～1 000元的人群喜欢的景点类型

旅游景点	自然风光	文物古迹	娱乐游戏	民族风情	宗教文化	主题公园
比 例	85.3%	49.5%	22.1%	37.9%	20%	16.8%

由上表可知,这一人群比较喜欢自然风景、文物古迹和民族风情。

(5)从绵阳市调查,这一收入的人群中有89%的人去过江油。主要目的是观光、休闲度假和商务。而广元市场,这一收入人群只有21.6%的人去过江油。

4. 个人月收入1 000元～2 000元细分市场

(1)到江油去的目的(见表6－32):

表6－32 个人月收入1 000～2 000的人群去江油旅游目的

目的	观光	休闲度假	商务	探亲访友	宗教朝拜	野外实习和科考	购物	会议
比例	44.4%	22.2%	44.4%	16.7%	11.1%	16.7%		

由上表可知,这一人群到江油的目的主要是观光、商务、休闲度假。

(2)到江油可接受的人均每天消费水平(见表6－33):

表6－33 个人月收入1 000元～2 000元的人群消费水平

人均每天消费	100元以下	100元～200元	200元～300元	300元以上
比 例	6%	62%	26%	6%

这一收入的人群到江油旅游普遍能接受的消费是每人每天100元～300元,这一收入的人群对漂流、滑翔等高消费旅游项目具有经济承受能力。

(3)前往某地旅游时,主要考虑的因素(见表 6－34):

表 6－34 个人月收入 1 000 元～2 000 元的人群外出旅游时考虑的因素

因 素	价格	距离	交通	景点特色	服务	接待设施	其他
比 例	40%	24%	52%	84%	64%	36%	4%

从上表可以看出,这一较高收入的人群前往某地旅游时,主要考虑的因素是景点特色、服务和交通。由此看出,此人群比 500 元～1 000元收入的人群在服务和接待设施上有更高的要求。

(4)喜欢的旅游景点(见表 6－35):

表 6－35 个人月收入 1 000 元～2 000 元的人群喜欢的景点类型

旅游景点	自然风光	文物古迹	娱乐游戏	民族风情	宗教文化	主题公园
比 例	84%	60%	10%	58%	22%	12%

由上表可知,这一人群仍然喜欢自然风景、文物古迹、民族风情类的旅游景点。

(5)在绵阳,这一收入人群的 66.7% 的人去过江油,在广元,这一收入人群有 50% 去过江油。说明低收入人群出游半径小,高收入人群出游半径大。如广元 500 元～1 000 元(家庭月收入)收入的人群去过江油的仅占 21.6%,而 1 000 元～2 000 元收入的人群去过江油的占 50%;绵阳 500 元～1 000 元收入的人群去过江油的有 89%,而 1 000 元～2 000 元收入的人群去过江油的有 66.7%。

二、目标客源市场的定位

(一)目标市场的选择

前面的市场细分揭示了江油市旅游所面临的细分市场的各种机会。但这并不意味着每个细分市场我们都可以进入。根据江油旅游特点、实力及竞争对手的情况,我们选择的集中化目标市场营销战略。即将总体市场细分若干个子市场,但仅选择其中少数几个细分市场作为旅游地的目标市场,为之提供不同产品,实施不同市场策略。下面就江油客源细分、年龄收入细分、职业细分三个方面来确定江油旅游目标市场。

1. 江油客源市场空间确定

根据江油旅游现状及前面的客源市场综合分析,两年内江油旅游客源市场可确定为:重点是巩固和发展一级市场,积极进取二级市场,面向三级市场。对于一级市场,我们要大力巩固本地市场(江油、绵阳市场),成都市场作为重点市场,我们要花大力主攻。把二级市场重庆市场作为江油旅游的后备支撑市场,我们要循序渐进长期不懈地开发和维护,确保江油旅游的后劲。我们还要逐步拓展三级市场——省外、九环线及海外市场游客,通过少量投入在互联网或公众媒体发布景区形象信息,以引起注意,打出知名度,然后有针对性地在一些重点城市(如上海、天津、北京、广州、深圳)搞一些旅游促销活动。如召开旅游信息发布会,可以和当地工商企业联合进行行业捆绑式的促销等,同时加强与九环线上旅行社的合作,向九环线游客重点推荐江油李白故里系列产品,使九环线游客在江油停留。

2. 按年龄－收入来确定目标市场

从前面目标市场细分可知,按年龄和收入可将市场分为九个细分市场。其中14岁以下少年儿童因为无收入,且无自主意识和独立能力,只能由成人带领游玩,再加上江油旅游本身的特点,所以我们在宣传、促销时,14岁以下的少年儿童市场不作过多考虑,15岁～55岁这一年龄阶段由于学习、工作压力大,又有一定的经济条件,所以外出旅游的机会较大。由于江油旅游产品档次不高,以观光产品为主,品牌知名度低,而相对旅游花费较少,所以到江油的游客大多是中、低收入的中青年为主,目前我们应该以这一客源市场为基础,我们还应积极开发中年高收入市场,这一人群消费能力强,但需求眼光高。可用漂流和滑翔等高档消费来吸引这部分客源。逐步开发一些高档度假产品来满足这部分人的需求。对于退休人群,虽然他们收入不高,消费能力较弱,但他们没有工作干扰,时间充裕,所以也有相当部分的离退休人员外出旅游。因此不应放弃这一目标市场,应为离退休人员设计一些旅游产品。

经过以上分析可得,按年龄－收入来确定的目标市场为:以中青年(16岁～55岁)和中低收入(每月500元～2 000元)的大众旅游为基础,积极开发中青年高收入(每月2 000元以上)的高档游客,不放弃离退休(55岁以上)游客。

3. 按职业细分来确定目标市场

从前面目标市场细分可知,按职业可把目标市场细分为学生市场、蓝领市场和白领市场。学生市场比较接受花费低、参与性强、运动型的观光旅游产品,而江油的旅游产品正好符合学生口味,目前到江油旅游的学生比例较大。所以应在学生市场中大力宣传、促销江油旅游产品,针对学生的旅游特点,主要是在寒暑假期及平时大假外出旅游。所以宣传促销时应有针对性,假期之前或假期时集中重点宣传促销。蓝领市场比较欢迎低价的观光、度假旅游产品,而目前到江油的游客大多数是公司或企业一般人员、教师、低职务的公务员、技术管理人员。根据江油目前的旅游现状,在近一两年内,我们仍应该以蓝领人群为主要目标市场。白领人群喜欢到名景区、名景点和高级度假地休闲度假,根据江油目前旅游现状,白领人群作为江油次要目标市场。窦圌山滑翔及涪江漂流可向这部分人群重点推荐介绍。

按照职业细分确定的目标市场是:以蓝领市场为主,大力开发学生市场(主要是大中专学生及部分高年级的中学生),积极进取白领市场(包括技术人员和高级管理者)。

总之,江油旅游目标市场以中青年和中低收入大众游客为主,包括公司或企业一般员工、教师、学生和低收入的公务员、技术人员及管理员,以他们为主要宣传促销服务对象,大力巩固本地市场(江油、绵阳),主攻成都重点市场,循序渐进地开发和维护后备支撑市场——重庆市场。

我们仍要积极开发进取中年高收入人群(高档游客)作为提升江油旅游品牌档次的一个重要手段和途径。

(二)市场定位

市场定位系指企业为在目标顾客心目中寻求和确定最佳位置而设计品牌形象及产品和经营特色的活动。市场定位应针对目标顾客的心理需要,塑造鲜明个性,突出与竞争者之间的主要差异,以在其心中形成强烈的第一印象，使之能够从众多信息和竞争性产品中有效地区分和识别，并牢牢记住旅游地的品牌和产品，进而由高度认知进化到高度偏爱、信任、购买和习惯再购买。

根据江油旅游本身的实力以及其主要竞争对手的市场定位情况，我们不宜实行对抗性市场定位，只有采取补缺市场定位。具体来说，可以通过名人定位，即“李白故里——四川江油”。但这一定位和宣传主要适合于江油市旅游的二、三级客源市场，即对于省外，特别是海外，我们一定要坚定不移地打李白这张“牌”。另一方面，我们可以通过特色定位，以窦圌山为重点，将其建成运动休闲胜地，“运动休闲胜地”这一定位和宣传主要适合于江油旅游的一级客源市场。这一定位明显的把江油旅游与省内其他旅游景点区别开来，对塑造江油旅游独特市场形象具有重要意义。

综合前面对江油旅游的现状分析、客源市场的消费行为及需求分析，目标市场的分析和选择，我们可以确定江油旅游的市场定位如表6－36。

表6－36 江油市旅游目标客源市场定位表

客源市场分级	市场定位	主要城市	营销地位及策略	主要服务人群	营销组合定位			
					产品	价格	分销	宣传促销
一级客源市场主要是太白旅游专列沿线城市	特色定位：运动休闲胜地	江油	基础市场需巩固	月收入500元以上	包括市内公园在内的全部旅游产品。主要是休闲度假产品	中低价格	直销	各景区、景点在市内轮流宣传促销，给市民节假日的休闲度假娱乐生活带来实惠
		绵阳	基础市场需巩固	月收入在500元以上的中青年	观光休闲娱乐产品，主推：滑翔、漂流、攀岩等运动休闲产品以及观雾山、金光洞探险观光产品	中	自助式直销	人员促销以印刷品广告形式介绍江油新的旅游产品和项目
		广元	辅助市场需发展	月收入1 000元～2 000元的中青年	观光休闲产品，主推：窦圌山、观雾山、金光洞	中	直销	新开发的旅游产品详细介绍

续表 6-36

客源市场分级	市场定位	主要城市	营销地位及策略	主要服务人群	营销组合定位			
					产　品	价格	分销	宣传促销
一级客源市场主要是太白旅游专列沿线城市	特色定位：运动休闲胜地	广元	辅助市场需发展	月收入2000元以上的中青年	运动休闲产品 主推:滑翔、漂流、攀岩	高	直销	新开发的旅游产品详细介绍
		德阳	重点市场需发展	月收入1000元～2000元的中青年(含学生)	观光休闲产品 主推:窦圌山、白龙宫、观雾山、金光洞	中	直销	通过与其他企业合作,制作发放一些小宣传物,如门票、车票、购物袋等,对江油新开发旅游产品进行宣传介绍
				月收入2000元以上的中青年	主推:滑翔、漂流、攀岩	高		
		成都	重点市场需主攻	学生	主推:窦圌山、滑翔、攀岩、武术 次推:金光洞、观雾山观光登山	中	学生专线直销、旅行社	宣传口号:运动休闲胜地 在节假日之前通过人员促销,发放宣传小册子,对江油旅游线路、费用、食宿、交通等详细说明介绍,在主要学校设代销点
				1000元～2000元的中青年	主推:窦圌山、滑翔、攀岩 次推:金光洞、观雾山	中	直销为主旅行社为辅	李白故里——浪漫、激情、好客的新形象,江油市"运动休闲胜地"的新品牌
				月收入在1000元以上的中青年	观光休闲产品主推:窦圌山、佛爷洞、漂流、滑翔、攀岩等新的旅游项目	中	以旅行社组团为主辅以团体销售和直销	以"太白故里"和川西北民俗风情为宣传点 低频率、低花费提示性宣传为主 与旅行社密切合作推出江油旅游产品 大假前重点详细介绍江油旅游产品

续表 6-36

客源市场分级	市场定位	主要城市	营销地位及策略	主要服务人群	营销组合定位			
					产品	价格	分销	宣传促销
一级客源市场主要是太白旅游专列沿线城市	特色定位：运动休闲胜地	成都	重点市场需主攻	2 000元以上的中青年	运动休闲产品 主推：滑翔、漂流、攀岩	高	直销	大规模多层次全方位广告 主要是： 一、户外广告牌 二、新闻报道 三、大型促销宣传活动 四、旅游产品介绍会 五、电视 六、报纸 七、行业捆绑促销
				离退休人群	观光休闲度假产品 主推：窦圌山、海灯疗养度假地	中	以旅行社组团为主	
二级客源市场重庆市及四川省其他中小城市	名人定位：李白故里	重庆	后备支撑市场需循序渐进地开发和维护	学生	主推：窦圌山 乾元山 李白故里	中	学生专线直销	发放宣传小礼品，在节假日(特别是寒暑假)之前发放宣传印刷品，对江油旅游线路、费用、交通、食宿等详细介绍
三级客源市场省外市场、九环线游客及海外市场	名人定位：李白故里	北京天津上海广州深圳九环线台湾地区日本韩国东南亚	机会市场需有计划分步骤地争取	高收入人群	主推：太白故里、乾元山哪吒故里、金光洞	高价格	旅行社组团、网络直销	与旅行社合作重点推荐李白故里系列旅游产品 在重点城市进行旅游产品发布会 互联网上宣传介绍江油旅游产品

案例 2：　江油市旅游客源市场调查问卷

1. 您的性别:①男;②女。

2. 您的年龄:①14 岁以下;②15 岁～24 岁;③25 岁～34 岁;④35 岁～55 岁;⑤55 岁以上。

3. 您受教育的程度:①小学;②初中;③高中(中专);④专、本科;⑤硕士以上。

4. 您的家庭结构:①三代同堂;②夫妻和子女(父母和兄妹);③夫妻二人;④独身生活。

5. 您的职业:①农民;②专业技术人员(如教师);③公务员;④公司或企业管理人员;⑤公司或企业一般员工;⑥军人;⑦个体经营者;⑧学生;⑨离退休人员;⑩待业。

6. 您个人的月收入:①500 元以下;②500 元～1 000 元;③1 000元～2 000 元;④2 000 元～3 000 元;⑤3 000 元～5 000 元;⑥5 000元以上。

7. 您家庭月总收入:①500 元以下;②500 元～1 000 元;③1 000元～2 000 元;④2 000 元～3 000 元;⑤3 000 元～5 000 元;⑥5 000元～10 000 元;⑦10 000 元以上。

8.(可多选)您能说出江油市的一些特征吗?

①自然风景优美;②自然资源丰富;③地理位置优越;④历史悠久;⑤名人荟萃;⑥李白故里;⑦长钢基地;⑧交通便利;⑨其他。

9.(可多选)您听说过江油市哪些旅游点。

① 太白故里—青莲镇;②窦圌山;③白龙宫;④佛爷洞;⑤海灯故里及武馆;⑥金光洞;⑦观雾山;⑧其他。

10.(可多选)您从哪些渠道了解上述景点。

①报纸;②电视;③广播;④书籍;⑤亲友;⑥旅行社;⑦其他。

11. 您最常看的电视频道:________、________、________、________、________、________。

12. 您最常阅读的报刊名称(报纸、杂志):________、________、________、________、________、________。

13. 您到过江油市吗? ①去过;②未去过。

如果您去过请填写以下各项:

1. 您到江油的次数:①一次;②二次;③三次;④三次以上。

2.(可多选)您去江油的目的:①观光;②休闲度假;③商务活动;④探亲访友;⑤宗教朝拜;⑥野外实习或科考;⑦购物;⑧会议;⑨其他。

3. 您同____一起到江油市旅游:①同事;②朋友;③家人;④独自出游。

4. 通常您在江油旅游的时间安排:①当天返回;②住1晚;③住2晚;④住3晚;⑤3晚以上。

5. 您在江油市旅游的每天平均消费为:①100元以下;②100元～200元;③200元～300元;④300元以上。

6. 您到江油市旅游的方式:①单位组织;②旅行社组团;③自行安排。

7.(可多选)____原因促使您作出前往江油市旅游的决定:①亲友介绍;②电视;③报刊;④广播;⑤书籍;⑥旅行社推荐;⑦孩子要求;⑧网络;⑨其他。

8.(可多选)您去过江油哪些景点:①太白故里——青莲镇;②窦圌山;③白龙宫;④佛爷洞;⑤海灯故里及武馆;⑥金光洞;⑦观雾山;⑧其他。

9.(可多选)您还愿意去的旅游点:①太白故里一青莲镇;②窦圌山;白龙宫;④佛爷洞;⑤海灯故里及武馆;⑥金光洞;⑦观雾山;⑧其他。

10.(可多选)您愿意再去的原因:①景点名气大;②风景优美;③交通方便;④花费较少;⑤服务好;⑥其他。

11.(可多选)您在江油旅游最不满意的是:①价格;②服务;③

交通;④接待设施;⑤距离;⑥景点特色。

如果您没去过江油请填写以下各项:

1. 假如您到江油去旅游,您愿意与________同行:①同事;②朋友;③家人;④独自出游。

2. 如果您去江油旅游,您能够安排____天:①当天返回;②住1晚;③住2晚;④住3晚;⑤3晚以上。

3. 您在江油市旅游可接受的消费水平大致为平均每天:①100元以下;②100元~200元;③200元~300元;④300元以上。

4. 您会选择以______方式前往江油旅游:① 单位组织;②旅行社组团;③自主安排。

5.(可多选)最可能影响您作出前往江油旅游决定的因素是:①亲友介绍;②电视;③报刊;④广播;⑤书籍;⑥旅行社推荐;⑦孩子要求;⑧其他。

6.(可多选)您在决定前往某地旅游时,主要考虑:①价格;②距离;③交通;④景点特色;⑤服务;⑥接待设施;⑦其他。

7.(可多选)您喜欢哪类旅游点:

① 自然风景;②文物古迹;③娱乐游戏;④民族风情;⑤宗教文化;⑥主题公园;⑦其他。

四川大学旅游学院

四川省江油市旅游局

案例3:《成都市旅游业“十五”计划和2015年发展规划纲要》之“旅游市场营销”部分(由杨振之撰写)

一、营销主体形象

树立旅游整体形象,有利于产业结构的调整、产品结构的优化和市场营销体系的建立。以“天府之都、休闲乐土”作为成都市旅游的形象定位。

二、市场营销策略

1. 建立新的营销理念

切实改变传统的营销理念,加强市场研究能力、营销策划能力、信息资讯能力和市场的应变能力,对目标市场进行深入研究,针对不同消费群体的需求进行促销,从而开拓国际、国内旅游市场。

2. 建立新的营销机制

切实改变营销机制不活、营销投入不足等现实状况,促进旅游市场良性循环,增大市场效应。在市场营销上,要建立政府投入、企业参与、统一策划、整体促销的营销机制。

三、目标市场与促销方向

采取科学的促销策略,大力开拓入境市场,全面拓展国内市场,适度发展出境市场,促使三个市场协调发展。

1. 入境市场

(1)国外入境市场结构与促销方向。根据入境市场状况,将国外客源市场分为三类目标市场。

①一类目标市场。日本、美国、新加坡、泰国、马来西亚、韩国。日本、美国市场是传统市场,对这一市场要进行重点促销,认真研究市场需求,在拓展中老年人观光客源的同时,要大力开发青年市场、度假市场。韩国市场与东南亚市场都属近距离市场,新、马、泰市场历来是成都营销的重点,应进一步研究新的对策,同时加大韩国市场的促销,重点对其促销观光产品和商务产品。

②二类目标市场。德国、英国、法国、荷兰等西欧国家。西欧远程市场发展潜力大,在推出观光产品时,应加强专项旅游产品的促销。

③三类目标市场。澳大利亚、加拿大、新西兰、中亚五国、南亚印度等。重点加强对澳大利亚、新西兰和中亚市场的营销,推出商务、购物旅游;逐步开发南亚市场,开展到印度和孟加拉国的出、入

境旅游。

(2)地区海外入境市场结构与促销方向。包括中国台湾、香港、澳门地区。在地区市场中,台湾地区市场是支撑市场,占整个海外游客的比重最大,要进行重点促销;同时加大对香港地区和澳门地区市场的促销力度,推出适销对路的产品;并侧重对青年市场、商务市场、奖励旅游市场、新婚旅游市场加大促销力度。

(3)重点入境目标市场(东亚、东南亚客源市场)产品分销。

①东亚日本、韩国市场:

观光产品:以中老年为主,重点推出都江堰、青城山、三星堆、武侯祠、杜甫草堂等文化旅游品牌。

商务、会议产品:以中青年商务、会议游客为主,以举办国际性会议、会展和商务活动招揽客人。

专项旅游产品:以青年市场、新婚市场、奖励旅游市场为主,推出探险、登山、徒步、温泉、滑雪等旅游产品。

②东南亚,中国台、港、澳地区市场:

访古寻踪、探亲旅游:以华人圈为重点。

会议、商务旅游:华人圈是基础,向非华人圈扩张。

2. 国内市场

根据旅游地理区位,按不同市场需求分为三类目标市场。

(1)一类目标市场。成都市和周围城市群区内市场及其省内市场,是本市国内旅游的基础市场。重点以促销休闲度假产品为主体,力争在省内市场特别是成都市及其周围城市市场形成反复消费、多次购买的市场体系。

(2)二类目标市场。四川省周边城市市场,如重庆市、昆明市、贵阳市、西安市等客源城市是支撑市场。对这一市场的培育和开发,符合舍远求近的市场规律,具有很强的互补性,以推出观光+休闲度假产品为主。

(3)三类目标市场。沿海市场和北京、上海、广州及其他大中城市市场，是我市旅游发展的后劲市场，是提高游客平均逗留天数的主要客源市场。对这一市场主要以观光品牌产品和专项旅游产品，以及商务、会议和奖励旅游产品增强吸引度，特别是向川西地区开发专项产品，将表现出持续的后劲。

3. 出境市场

适度发展出境市场，增强市场自动促销力度。逐步扩大成都市出境旅游的范围，如东亚的日本、韩国，特别是开放到印度、尼泊尔、孟加拉国等南亚国家出境旅游，对未来南亚市场进入成都会起到关键作用。逐步开放到美国、澳大利亚、英国、法国、德国等西欧及澳洲主要客源国的出境旅游，加快国内与国外市场客源流通速度。

四、市场营销方式与手段

1. 入境市场营销工程

(1)市场研究工程。借助高等院校旅游管理专业的研究力量和民间研究力量、行业内研究力量，建立市场调研的科学体系，以课题攻关形式对市场进行研究和监控，提高对市场的预测和应变能力。

(2)信息与网络营销工程。借助社会力量建立旅游营销信息网络体系，并与国内旅游信息网和国际因特网连接，形成对市场的快速反应能力，加强网上促销能力和运作速度。

(3)形象与品牌推介工程。对成都市旅游形象进行全面策划和包装，举行国际或全国性的旅游宣传促销活动，树立成都市在国际市场中的形象地位。

(4)主题年活动促销工程。结合国家每年的主题活动，不断推出与主题相适应的促销活动，制定年度宣传促销计划。

(5)分销系统工程。在海外各地或主要客源国建立持续、稳定的分销系统，与海外批发商建立密切的关系，调动批发商的积极性。

2. 国内市场营销手段

促销的形式要力求多样化。采取交易会、产品推介会、新闻发布会、博览会、节庆活动、主题促销、广告促销、社区促销、商场促销、大篷车式促销、公共关系促销等各种形式;应针对市场状况,灵活设计,国内市场营销在广告促销上应以软广告为主、硬广告为辅。

3. 营销资金的投入

营销资金的投入应以政府投入为主,纳入政府的年度财政预算,保证全市旅游业可持续发展的滚动投入。借鉴国外经验,建立政府主导型的营销机制,是加快我市旅游业发展的根本保证。

(1)入境市场营销投入概算。在旅游业发达国家,政府保证每年的营销资金投入在每个旅游者身上的促销费为每人 5 美元左右,《四川省旅游发展总体规划》预算是每人 2.5 美元的投入份额。成都是较发达的地区,应保证对入境市场的促销经费每人 3 美元,以 2000 年接待海外游客 25 万人次计算,市政府应保证"十五"期间入境促销经费的基数为 75 万美元,以后每年以上年接待人数作为下一年投入的标准。

(2)国内市场营销经费概算。由于国内旅游人数的基数大,重复消费次数多。"十五"期间,以 2000 年接待国内游客为基数,按每人次 2 元人民币测算,在 2001 年应投入(2 元×2 385 万人次)4 770万元。

以上营销资金的使用包括旅游市场调研、信息系统的建立、形象策划和主题活动策划、宣传品、印刷品、声像制品的制作,以及新闻媒体、旅行商的接待、境内外的宣传促销等各个方面。

思考题:

1. 在市场营销中如何进行 SWOT 分析?
2. 什么是旅游营销组合?其基本内容是什么?

3. 如何进行价格策略的定位?

4. 如何进行客源市场的细分?

5. 目标客源市场是怎样定位的?

6. 请对旅游消费者的空间行为进行总体分析?

第七章　旅游资源开发与环境保护

一、旅游资源开发与环境污染

旅游资源,不论自然资源还是人文资源,都是以其天然美与和谐美为美的最高境界。对于旅游资源来说,它本身是一个天然的存在物,并非为了旅游而存在。但由于人们发现了它的美丽,它的宁静,它的雄奇,或者它的幽远,人们前去探险、猎奇、寻幽、访胜,加之当地居民和当地政府、投资者感到有利可图,对它进行了规划和开发,它就成了旅游地。于是,更平坦的道路延伸了,商店、饭店、宾馆修建了,更多的旅游者也慕名前来了,各种为了娱乐和休闲的服务设施也应有尽有了。然而,不幸的是,旅游资源的天然美与和谐美被破坏了。有的地方,由于无规划或缺乏科学规划的旅游开发,致使旅游地的天然美与和谐美荡然无存,旅游资源遭到了空前的浩劫。于是,旅游的一个悖论产生了:人们前去旅游是为了追寻原始的美和宁静,然而,越来越多的人涌向旅游地却带来了旅游地的喧嚣和环境的污染,旅游地的和谐、宁静和天然性遭到了破坏。

只要对旅游资源进行旅游开发,只要旅游者鱼贯而入地去旅游,旅游地的天然性和宁静就要受到或多或少的损害。但更为重要的是,对人类的旅游活动不能采取阻挡的办法,只能因势利导。因此,解决这一悖论的最好办法就是将旅游开发对旅游资源的破坏限制在最小程度内。开发旅游资源要注意综合和系统地评价旅游地的容量、客源市场流量、旅游服务设施与旅游地的和谐度之间的关系，其核心内容就是注重对旅游资源的保护，正确处理开发、利用与保护的关系，使旅游资源不至于枯竭，以达到永续利用的目的。

但是，由于旅游潮的兴起，又由于旅游法规不健全，地方政府和投资者一味地追求经济效益，只求短期的经济回报，忽略了旅游资源的保护；加之加入旅游者行列的人有增无减，旅游资源遭到破坏的现象越来越严重，永续利用已成为一个大问题。

旅游地的资源环境遭到破坏主要表现为以下几个方面。

1. 水体污染

当今世界各国的水体污染，包括旅游地水体污染较为严重，其中尤以发展中国家最为突出。有的国家热衷于在饮用水的水库开发旅游，让机械游船和游艇在水面上游弋；而有些游人则将废弃物弃置于水中；在许多湖泊和水域，游客产生的垃圾和污水被直接排入；有的景点甚至将厕所污水排入水域内，造成严重污染。目前，我国这一问题尤为严重。各大城市内的湖泊，水质浑浊，透明度极低，已成为一种共通的现象。我国的江河湖泊及地下水也遭到了不同程度的污染。对于水体污染，各发达国家都有严格规定。比如美国规定，天然游泳池大肠菌群数为每升5 000个～10 000个，观赏水体每升为2 000个～20 000个。日本规定，天然游泳场每升为10 000个。欧洲共同体规定，天然游泳场水体透明度为 2 米，澳大利亚规定娱乐水体透明度为 1.2 米。我国风景游览区水体污染远远超过了这些标准，而且所有旅游地的水体都几乎遭到了不同程度的污染。这种水体污染主要由两方面的原因造成，一是由于盲目发展生产，在旅游区附近发展化学类、矿产类工业；一是旅游者自身的旅游行为。

鉴于旅游者在旅游时常常将固体废弃物抛入水中，机械游船排放的汽油对水体有污染，许多国家对水域、湖泊、水库旅游都有严格的限制。如美国自来水协会关于生活供水水库开展旅游就有一个政策声明。声明中规定，为了控制水媒介疾病，如果有其他地表水可供利用，就不得利用公共给水水库开展旅游，不允许在公共给水水库进行身体接触的运动(像游泳)。水库的水在供消费以前应进行处理。将水直接供给公众的配水水库需要进行严格的控制，在任何条件下均不应作旅游用。德国在开发鲁尔矿区旅游资源时，对莱茵河上的三个水库进行了统一管理，将水库作为国家公园的一部分，将紧靠水库的周围地带划为保护区，防止众多的私人企业利用公众旅游需求进行旅游商业活动。也就是说，首先将水库旅游管理机构认定为非赢利机构，不按商业原则经营，而由国家给予财政补贴。比格水库兴办旅游事业，75％靠国家补贴。这就有效地制止了灾难性的旅游商业行为。其次还规定，在饮用水水库里只能进行钓鱼等非身体接触性游乐活动，在其他水库里对游船也有严格限制，从而有效地控制了水体污染。这种管理方法很值得我国借鉴。

2．植被破坏

引起山区森林植被破坏的最大威胁是火灾。火灾一般是旅游者吸烟或野炊所致。另一个威胁就是滥砍滥伐，以及游客大规模践踏植被和摘取枝叶。导致滥砍滥伐的原因，除了地方上追求短期经济效益外，就是在旅游开发过程中，因建筑修建而就地取材。滥砍滥伐滥垦是植被遭受破坏的第二大敌人。

对于旅游开发的这些过错和旅游者的过失行为，如不加制止，会使森林发生逆向演变，由次生林——萌生丛——灌草丛——岩石裸露，进而使作为野生植物资源基因库和原料库的山区森林退化以至消失，其损失的价值和对环境的影响是无法估量的。大量游人拥入风景区，将土地践踏板结，致使千年古树死亡，这在文化名城已不是稀罕之事了。黄山始信峰的一棵黄山松，常被游人顺手抚摸,终于磨光树皮而死。另外,游人进入景区攀折花木,对植被造成的负面影响也不可小视。

3. 大气、噪声污染

我国目前城区景点和市郊景点空气污染严重。各种机动车辆迅猛增多,工业污染加重,直接导致了对空气的污染。随着旅游的发展,汽车、轮船、火车、飞机等交通工具大量投入运行,使城市大气污染和旅游目的地的大气污染异常严重。在各种运输工具中,尽管飞机对大气污染的程度最小,但其噪声污染却最大,直接影响了城市周围的旅游环境。即使在远离都市和现代文明的山区旅游景点,也是饭店、宾馆林立,严重破坏了原有的生态环境。

4. 垃圾污染

旅游是一种高消费活动,游人在旅游时的消费行为最活跃,其支出额及水源、能源的消耗要比平常高几倍甚至十几倍。因此,旅游中排放的废弃物特别多。旅游垃圾已成为令风景旅游地管理部门头疼的问题。在山地旅游区,这一问题显得更加棘手。由于山高林密,游人较分散,垃圾无法清扫外运,游客又缺少环保意识,随地丢弃,不但污染水质,而且影响植物生长。

垃圾污染是全世界各风景旅游区的一大公害,它直接影响旅游地的旅游质量,影响旅游地的声誉,并对旅游地环境造成致命的危害。如闻名世界的墨西哥南部阿卡普尔科海滨浴场,由于其天然的沐浴条件受到游客的青睐。但因为游客众多,每日倾入海湾的废物固体废料达 44 万吨,污水达 30 万立方米,工业用油约 560 吨,硝酸硼 170 吨,使美丽的海滩变成了一个偌大的垃圾场,给海滨浴场带来了灭顶之灾。在日本这样的公众环境意识浓厚的发达国家,每年仍有不下 10 亿个废罐头瓶被抛弃在旅游区,仅国立公园废罐处理费用一年就达 3 亿日元以上。

5. 景观污染和文物古迹遭到破坏

在旅游资源开发中,由于缺乏科学的整体规划,经营者盲目建设,乱占古建筑,建造临时用房,造成了景观污染和文物古迹的破坏。这在各旅游地开发中是屡见不鲜的。

有的地方和单位在搞生产建设时,无视文物古迹的历史价值和旅游价值,造成了文物古迹的损坏,其损失之大不可估量。如北京周口店“北京猿人遗址”是世界上惟一规模最大、历史最悠久、反映最全面的人类祖先的生活遗址,从50万年前至1万年前整个历史时期的猿人生活遗址已全部在地层中挖掘出来。但从20世纪70年代起,这里建起了水泥厂、煤窑等五个企业,使原有的27个古猿人化石点只余下7个,古文物受到空前的破坏。

6. 索道建设与环境破坏

在山岳景区架索道,专家们一直争议很大。但实际上,我国的许多山岳风景区都已架了索道或正准备架设索道。反对者多以为架设索道会损害景区的景观美,带来环境的破坏;赞成者大多以为架设索道后会增加客流量和旅游环境容量,便于搬运日常用品上山,也便于解决突发事件。争议了这么多年,迄今为止还很少见到关于架设索道对环境影响的评价报告。蒋宗豪、陈钟镇于1988年对黄山白云谷寺至白鹅岭索道进行了回顾性环境影响评价。从他们的调查评价中,我们也可以窥见架设索道对环境的破坏程度以及架设索道的利与弊。

黄山索道工程及施工共破坏山体、植被总面积17 954.7平方米,其中建筑占地2 888.8平方米,占总面积的16.1%,为完全不可恢复植被的破坏面积;可恢复面积为15 065.9平方米,占破坏总面积的83.9%。

从工程竣工(1986年7月)至调查时(1988年9月)为止的两年时间内,经人工和自然修复的植被面积为10 444.1平方米,占破坏总面积的58.2%,占可恢复面积的69.3%。余4 621.8平方米为尚可或尚需恢复的面积,占破坏总面积的25.7%,占可恢复面积的30.1%。破坏总面积中,索道在施工中拖架及电缆铺设所破坏的面积为 7 700 平方米，占破坏总面积的 42.9%，已有 90% 得到了自然修复；碎石崩落破坏为 7 365.9 平方米，占总面积的 41%。黄山保护区先有较完善的规划和防范措施，对环境的破坏程度较小，修复情况也较好。由于索道的架设，加快了游客周转，减轻了接待压力，还可及时扑灭火灾。从黄山索道的架设来看，从纯经济的角度来看，利大于弊。但这必须依赖于两个前提：架设索道之前要有严密的规划和评价，并有切实可行的保护措施，将其对环境的负面影响控制在最小的限度内；另一方面，索道的架设以不损害景观的观赏为原则，应避开主要景点，在山的背面或山谷、山坳处架设。实际上，现在许多风景区的索道架设没有遵循这两个原则，致使对环境造成了很大的破坏，也影响了观感。

对于旅游资源来说，优越的自然、人文环境对旅游者具有强烈的吸引力；对于旅游服务及旅游服务设施来说，高质量的服务和良好的设施以及合理的收费和良好的可进入条件，对旅游也会产生吸引力；对于旅游者来说，旅游者的旅游需求对旅游资源开发及旅游服务和服务设施也同样具有吸引力。三者相互吸引，互为因果。在开发旅游资源时，必须注重对旅游资源的保护。如果旅游资源因为开发和游客客流量的超载而遭破坏，生态环境变差，对旅游者的吸引力会减弱，旅游者人数就会下降。其原因，一是旅游地的吸引力减弱，一是旅游者的需求无法满足。二者相互关联。旅游地对旅游者的吸引力与旅游环境的关系如图 7－1 所示。

对旅游资源的开发和利用，使环境遭到破坏，旅游地的吸引力下降。如果此时不采取行之有效的保护措施，恢复旅游地的生机，旅游者就会放弃对此旅游地的选择，而去其他旅游地。这样，旅游地就有被遗弃的危险。因此，在旅游资源开发和利用过程中，旅游资源的保护显得如此重要，以至于它直接关系到一个旅游地的“生命”。

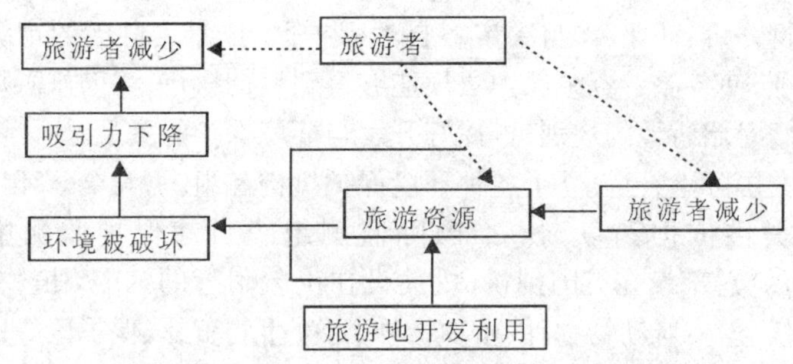

图7-1　旅游地对旅游者的吸引力与旅游环境的关系

二、旅游资源开发与环境保护

开发旅游资源，要把环境与自然资源保护纳入社会、经济发展决策与规划的全过程，使资源开发与环境保护能通过立法、规划、评价、管理等手段得以实现。在旅游资源开发过程中，要坚持两个原则：其一，开发之前应对开发的规模、环境的承载力、客源市场规模、流量等方面进行规划和评价，以决定本区环境保护的战略决策；其二，边开发边保护，使开发过程中造成的生态环境损害能最大限度地恢复。只要坚持这两个原则，旅游地环境保护的难题就可能获得解决。目前，我国的旅游资源开发并未完全做到，特别是第一个方面，大多数的开发都忽略了它，或者编制了规划，却不按规划实施；第二个方面目前已引起了重视，但做得也不够好。

由于旅游资源开发不可避免地造成环境的破坏，综观我国及世界上环境保护的经验、成绩和存在的问题，目前，我国应进一步采取以下保护措施。

1. 加强各级环保部门对旅游资源环境保护的监督、管理力度

各级政府环保部门应加强技术力量，增大执法监管的力度。其职责范围是：对国家自然保护区、国家风景名胜区、历史文物和历史文化名城的环境保护进行统一的管理，定期监测；对各资源环

境进行评价、评比,参与决定各自然保护区、风景名胜区的定级审评事项,使各旅游资源保护法规能够得到贯彻执行;协助旅游局规划部门对旅游地的规划,把握好开发与环境保护的关系。

在国际上,已设立了各种环境保护机构和组织,为全球环境的保护提供依据和咨询。如国际监测组织自然保护监测中心(CMC),总部设在英国剑桥,机关设在伦敦附近的KEW植物园,主要任务是:对动物物种、植物物种、野生生物贸易、保护区等四种监测活动收集数据;确定新保护区,制定全球性植物保护计划,援助项目的规划工作等。此外,联合国环境规划署(HNEP)所属的全球环境监测系统(GEMS)-计划活动中心(PAC)也开始了工作,主要进行气候趋势监测、海洋污染监测、全球可更新资源监测、大气污染物长距离输送监测。

我国虽然已建立了各种自然保护区、文物保护单位,但有效的监测系统还没有建立起来,无法为环境保护提供准确及时的数据。在这方面,还需下大力气。在专门的管理机构下面,应建立一支专门的环境评价队伍,使我国尽快建立起全面统一的环境指标体系。20年来,在防治工业污染所采取的环境影响评价制度方面,取得了可喜的成绩。工业污染环境评价体系与旅游环境评价尽管有近似之处,但二者明显不能替代。因此,我国现在急需建立旅游资源开发项目环境影响评价制度,确立开发项目环境影响评价管理办法及技术规程,以及有关生态环境质量标准。

2. 切实加强旅游资源环境保护的立法与执法工作

近二十年来,我国在旅游资源环境保护的立法方面取得了很大的成绩。为了有效地保护好自然环境和自然资源,国家先后颁布了《中华人民共和国森林法》、《中华人民共和国矿产法》、《中华人民共和国土地法》、《中华人民共和国草原法》、《中华人民共和国环保法》、《中华人民共和国水法》等七个资源法。1987年,国务院环保委颁布了《中华人民共和国自然保护纲要》。为了贯彻环保法，国务院于 1990 年 12 月又发布了《关于进一步加强环境保护工作的决定》。为了搞好建设项目的环境管理，1986 年，国务院环境保护委员会、国家计委、国家经委联合颁发了《建设项目环境保护管理办法》。除此之外，在立法方面还制定了《中华人民共和国文物保护法》、《风景名胜区管理暂行条例》以及与全国人大所立基本法相关的实施细则。现今，基本法加实施细则和各种管理条例已形成一个体系，有关旅游资源环境保护的立法工作已渐趋完善。在旅游资源环境保护立法方面，今后几年应重点放在行政法规和部门规章以及地方性法规上。进一步制定各种条例及完善各种实施细则，加大地方性法规的立法力度。我国在旅游资源的环境保护方面的立法已较完善了。在整个旅游产业中，仅此一方面立法环境较好，其他方面的立法工作明显滞后，给旅游管理也会带来诸多不便。今后几年，应尽快制定《风景资源法》，并制定好有关旅游代理、旅游投诉、旅游损害赔偿、旅游合同等方面的法律法规。

在旅游资源环境保护方面，现在最大的问题是执法不力、执法不严，实际上这也是我国目前法律工作中普遍存在的问题。在旅游资源环境保护执法方面，除了各级环保部门执法外，还应在各级旅游管理部门设置专门机构进行旅游环境执法工作，以保证有强有力的执法机构。当然，执法问题表现为一定的社会综合性，除了依赖国家强制力外，公众的法律意识也相当重要。

3. 积极努力提高公众的环境保护意识

提高社会公众的环境保护意识的途径很多，宣传教育是其中必不可少的重要手段。但一个社会单靠环境保护的宣传和教育是无法从根本上解决公众环卫意识差这一问题的，尽管谁也无法否认宣传教育对于公众环卫意识的影响力量。从人类文明的发展历程可以看到，社会的环境保护意识与社会的经济发展状况往往成正相关关系。

戴星翼(1995 年)认为，一个社会的公众环卫意识，与公众的生活质量发展阶段保持着一致性,即生活在不同生活质量发展阶段的人们,对环境质量的不同分量的关切有实质性的不一致。例如,贫困者关心的是饥饿和造成传染病的环境因子,而富裕者则追求住宅周围的草坪、树林和小鸟的鸣叫。在贫困社会,贫困状态下生活的群众追求的主要目标是温饱,这是由生活质量的提升规律所决定的。若将一部分经济资源投入于贫困状态下的环境改造而非脱贫的做法不会有强大的群众支持。同时,贫困本身是生态退化的成因,很大程度上也是人口过载的成因。只要不摆脱贫困,就不可能扭转生态退化趋势。再次,贫困状态下在资金、技术、管理水平乃至国民素质各方面都不具备环境治理的能力。鉴于此,贫困社会应选择优先发展的策略。换言之,也可称做"先发展,后治理"策略。戴氏所阐述的环境与公众生活质量的关系以及贫困社会优先发展的理论,在一定程度上揭示了公众环境意识与物质生活状况的关系,即公众环卫意识由物质生活质量所决定,这一观点很有道理。但是,其优先发展的理论则不能接受。因为历史发展至今天,我们不能再重复发达国家所走过的老路,不能再将经济发展所遗留下来的环境债务让我们的后人来偿还。如果再这样发展下去,我们的后人就无以还债了。最行之有效的策略应该是边发展、边治理、边宣传教育,使发展与治理同步。所以,对于发展中国家,在发展经济的同时,应注重超前提高社会公众的环卫意识。加大宣传力度也是一种行之有效的方法。

4. 国家对旅游资源环境的统一保护措施

(1)自然保护区的设立。国家对旅游资源环境实施统一的强制性保护措施,在世界各国都取得了很大成绩。最行之有效的措施之一就是设立自然保护区。

到目前为止,全世界已有2000多个自然保护区。相当多国家自然保护区的面积已占国土面积的10%以上。在当今世界上,自然保护区面积和国土面积的比例,以及自然保护工作的开展情况,在一定程度上已成为衡量一个国家现代化水平的标志。日本的自然保护区占国土面积的比例最高,达21%,高居世界之首。自然保护区的设立,对改变人类的生态环境,提高旅游环境质量,产生了重大而深远的影响。

最近,国际自然资源保护联盟对自然保护区下了比较确切的定义(为各国所认同),认为自然保护区必须具备以下四方面的内容:

第一,面积不小于10平方公里,具有优美景观、特殊生态或地形,有国家代表性,未经人类开采、聚居或建设;

第二,为长期保护自然原始景观、原生动植物、特殊生态系统而设置;

第三,应由国家最高权力机构采取措施,限制工商业及聚居者的开发,禁止伐木、采矿、设厂、农耕、放牧及狩猎等行为,以有效地维护自然景观及生态平衡;

第四,要维持现有的自然状态,留作现代及未来的科研、教育、旅游和启智的资源。

从1956年在广东肇庆建立第一个自然保护区开始,到1988年底正式建立的自然护区有464处,面积2 200万公顷,占国土面积的2.3%。到目前为止,国家级自然保护区虽已成倍增长,但与国土面积的比例还远不及发达国家水平。

我国部分自然保护区的情况列于表7-1。

表7-1　我国部分自然保护区简表

保护区名称	位置	面积(公顷)	主要保护对象
丰林	黑龙江伊春市五营	18 400	红松母树林
扎龙	黑龙江齐齐哈尔市	42 000	丹顶鹤等水禽,湿地生态系统
凉水	黑龙江带岭	6 394	红松原始林

续表 7－1

保护区名称	位置	面积（公顷）	主要保护对象
长白山	吉林安图、抚松、长白交界处	215 110	整个自然环境及生态系统，东北虎等
向海	吉林通榆县	105 467	珍稀鸟类丹顶鹤等及沙丘，蒙古黄榆自然景观
医巫闾山	辽宁北镇、义县	14 000	油松阔叶混交林
鸟岛	青海冈察县青海湖	7 850	水禽及候鸟
隆宝	青海玉树县	10 000	高山、草甸、沼泽、珍禽黑颈鹤繁殖基地
白水江	甘肃文县、武都县交界	95 292	大熊猫等珍稀动物，自然生态系统
天池	新疆阜康县	6 000	自然环境，生态系统
巴音布鲁克	新疆和静县	100 000	天鹅等珍禽及栖息地
阿尔金山	新疆且末、若羌县	4 000 00	高寒、荒漠、野生动物野驴、野牦牛等
哈纳斯	新疆布尔津县	250 000	寒混带针阔混交林生态系统
庞泉沟	山西交城、方山县	10 446	珍稀禽褐马鸡，华北落叶松，云杉次生林
佛坪	陕西佛坪县	35 000	大熊猫等珍稀动物，自然生态系统
太白山	陕西太白、眉县、周至县	54 103	森林生态系统及自然历史遗迹
墨脱	西藏自治区墨脱县	62 000	热带至寒温带垂直自然景观物种资源，珍稀动物
小勐养	云南景洪县	32 800	热带雨林、季雨林，亚洲象等珍稀动物
勐仑	云南勐腊县	6 267	石灰岩、山地、季雨林

续表 7-1

保护区名称	位置	面积（公顷）	主要保护对象
西双版纳	云南景洪、勐海、勐腊县	200 000	热带森林生态系及珍稀野生动植物种
高黎贡山	云南腾冲、保山、泸水县	123 333	亚热带常绿阔叶林，高山针叶林及珍稀野生动物
南滚河	云南沧源县	7 000	热带季雨林及珍稀动物野象、虎等。
卧龙	四川汶川县	200 000	大熊猫等珍稀动物，自然生态系统
王朗	四川平武县	27 700	大熊猫等珍稀动物
唐家河	四川青川县	40 000	大熊猫等珍稀动物，自然生态系统
白河	四川南坪县	20 000	大熊猫、金丝猴等珍稀动物
梵净山	贵州江口、印江、松桃三县交界	36 700	灰金丝猴、珙桐等珍稀动植物，自然生态系统
花坪	广西龙胜、临桂二县交界	13 918	银杉、中亚热带森林生态系统
弄岗	广西龙州县	7 997	季雨林及珍贵动植物白头叶猴、蚬木等
尖峰岭	广东乐东县	1 635	热带雨林，长臂猿、孔雀、雉等珍稀动物
鼎湖山	广东肇庆县	1 140	南亚热带常绿季雨林
东寨港	海南琼山县	2 534	红树林
大田	海南东方县	2 500	海南坡鹿
神农架	湖北神农架林区	2 000	金丝猴、珙桐等珍稀动植物，自然生态系统

续表 7-1

保护区名称	位置	面积（公顷）	主要保护对象
八大公山	湖南桑植县	20 000	亚热带过渡类型生物群落,珍稀动植物种
武夷山	福建崇安、建阳、光泽三县交界	56 666	中亚热带森林生态系统
莘口	福建三明市	800	格氏拷,米槠林
扬子鳄	安徽广德、南陵、宣城县	1 500	扬子鳄
西天目山	浙江临安县	1 000	柳杉、金钱松、银杏等及珍贵野生动物
松山	北京延庆县		温带天然次生林生态系
蛇岛老铁山	辽宁大连市	17 000	候鸟和蛇类
上元古界地质剖面	天津蓟县	800	地质剖面

(2)设立国家重点风景名胜区。国家级风景名胜区与自然保护区相比,自然保护区带有明显的自然生态保护性质,而风景名胜区则更多地表现为旅游资源的保护与开发。从 1982 年—1994 年 1 月,我国先后三批公布了共 119 处国家级风景名胜保护区,列入国家重点保护范围。第一批 44 个,第二批 40 个,第三批 35 个,第四批尚未公布。现分批列之于下。

第一批 44 个(1982 年):北京八达岭 - 十三陵;河北承德避暑山庄,秦皇岛 - 北戴河;山西五台山,恒山;辽宁千山;黑龙江镜泊湖,五大连池;江苏太湖,南京钟山;浙江杭州西湖,富春江 - 新安江,雁荡山,普陀山;安徽黄山,九华山,天柱山;福建武夷山;江西庐山,井冈山;山东泰山,青岛 - 崂山;河南鸡公山,洛阳龙门石窟,嵩山;湖北武汉东湖,武当山;湖南衡山;广东肇庆星湖;广西桂林漓江;四川峨眉山,长江三峡,黄龙寺-九寨沟,重庆缙云山,青城山-都江堰,剑门蜀道;贵州黄果树瀑布;云南路南石林,大理苍山洱海,西双版纳;陕西华山,临潼骊山;甘肃麦积山;新疆天山天池。

第二批40个(1988年):河北野三坡,苍岩山;山西黄河壶口瀑布;辽宁鸭绿江,金石滩,兴城海滨,大连海滨-旅顺口;吉林松花湖,八大部-净月潭;江苏云台山,蜀岗瘦西湖;浙江天台山,嵊泗列岛,楠溪江;安徽琅琊山;福建清源山,鼓浪屿-万石山,太姥山;江西三清山,龙虎山;山东胶东半岛;湖北大洪山;湖南武陵源,岳阳楼;广东西樵山,丹霞山;广西桂平西山,花山;四川贡嘎山,金佛山,蜀南竹海;贵州织金洞,㵲阳河,红枫湖,龙宫;云南丽江三江并流,昆明滇池,丽江玉龙雪山;西藏亚隆河;宁夏西夏王陵。

第三批35个(1994年):天津盘山;河北嶂石岩;山西北武当山,五老峰;辽宁凤凰山,本溪水洞;浙江莫干山,雪窦山,双龙,仙都;安徽齐云山;福建桃源洞-鳞隐石林,金湖,鸳鸯溪,海坛,冠豸山;河南王屋山-云台山;湖北隆中,九宫山;湖南韶山;海南三亚热带海滨;四川西岭雪山,四姑娘山;贵州荔波樟江,赤水,马岭河峡谷;云南腾冲地热火山,瑞丽江-大盈江,九乡,建水;陕西宝鸡天台山;甘肃崆峒山,鸣沙山-月牙泉;青海青海湖。

我国除了现在的119个国家级风景名胜区外,还有众多的省级及市级风景名胜区,构成了旅游风景名胜区的保护体系。风景名胜保护区已形成规模,成为我国观光旅游的主体。

(3)建立历史文物和历史文化名城保护机制。在国际上,有个世界文化和自然遗产的专门保护机构——世界遗产委员会,1975年11月成立,并受《保护世界文化和天然遗产公约》约束,旨在保护具有世界意义的历史文物和自然遗产。现今世界上著名的文物古迹和国家公园大多在其保护之列。

我国在1958年国务院公布的全国文物保护单位已达5 000余处,第1批全国重点文物保护单位达180处,1985年底增至242

处。大凡原始文化遗址、古建筑及历史纪念建筑物、古代园林、墓葬、石窟、寺庙等等,只要有全国意义和特色的,都纳入全国重点文物保护之列。除此之外,还有众多的省级、市级重点文物保护单位,使我国文物保护形成一个有机体系。

同时,我国还注重保护历史文化名城。1982 年国务院公布了 24 座城市为我国第一批历史文化名城;1986 年公布了第二批 38 座历史文化名城;1994 年又公布了第三批历史文化名城 37 座,迄今计有历史文化名城 99 座。主要是:

北京、大同、承德、南京、苏州、杭州、绍兴、泉州、延安、景德镇、扬州、曲阜、洛阳、开封、江陵、长沙、广州、桂林、成都、遵义、西安、昆明、大理、拉萨。

上海、天津、沈阳、武汉、南昌、重庆、保定、平遥(山西)、呼和浩特、镇江、常熟、徐州、淮安、宁波、歙县、寿县、亳州、福州、漳州、济南、安阳、南阳、商丘、襄樊、潮州、阆中、宜宾、自贡、镇远、丽江、日喀则、韩城、榆林、武威、张掖、敦煌、银川、喀什。

除了国家级历史文化名城外,还有若干省级历史文化名城,使我国的古城、古建筑得到了保护,成为重要的旅游资源。

(4)我国国家保护的自然保护区、风景名胜区和文物保护、历史文化名城保护中存在的问题。

第一,自然保护区是国家所有的自然遗产,受国家法律的保护,不许任何人开垦、占有和买卖,以保证生态系统的良好生存状态,使后代永续利用。但我国的自然保护区存在的问题很多,监控、监测系统网络没有建立完善,无法随时提供科学、准确的数据,科学管理水平不高,影响了对自然保护区的科学研究。

自然保护区的国家资金投入严重不足,管理不善。这些问题在目前还难以解决。

第二,国家风景名胜区被当做经济开发区和旅游开发区,作为地方政府财政收入的重要来源。有的地方大搞房地产开发,变相出让国家风景资源土地，大搞招商引资，大兴土木，使风景名胜区开发倾向城市化、商业化。风景名胜区的开发实在令人担忧。有的风景名胜区为了旅游而搞旅游，没有搞好综合治理。由于游人甚众，污染和垃圾问题十分严重，与国家级风景区名实不符。以后国家应建立定期评审制度，确立严格的风景名胜区评价标准，对不再符合国家级标准的，要予以降格。对于那些风景名胜虽是国家级，但管理和开发水平不符合同级标准的，要予以降级。

第三，历史文化名城和文物古迹的保护没有正确处理好现代化城市建设与保护历史遗产的关系。历史文化名城的古城区和古街道保护，在规划上应明确划定一个范围，在这个范围内不能有现代建筑，周围的建筑风格、建筑物高度、色调都要做到与古城区和谐统一。在城市整体统筹规划上，宜将古城区与现代建筑城区严格分开，不能影响古城区周围的视觉效果。我国某些地方在这方面做得很差，破坏了历史文化名城的形象。西安为保护古城曾限制过城区建筑物的高度、风格。但近几年现代化大厦拔地而起，已突破了以往的限制。北京历经几百年沧桑的四合院民居被一片片拆除，代之而起的是现代高楼大厦。这已给了我们深刻的教训。20 世纪 50 年代末的法国巴黎市西部，陆陆续续建起了几十幢摩天大楼，将 18 世纪、19 世纪奥斯曼式的建筑物压迫得透不过气来，严重损害了巴黎的历史名城形象。与之相反，奥地利首都维也纳却完整地保持了市内的哥特式、文艺复兴式、巴罗克式、罗可可式的教堂和古堡，各种雕塑和壁画保存完好，使其成为全世界闻名的历史文化大都。除了历史文化名城的古城区保护之外，还应保护好古建筑物的视觉效果。其实这也是古城区保护的一个部分。古代建筑物，特别是古建筑中的塔、钟楼、鼓楼等高大建筑物，本来就是古人登高望远、鸟瞰城市周围风景的重要建筑，一般都建在市中心地带，气势雄伟，超凡脱俗，极具艺术价值。按照卢云亭先生的观点，应当给这些建筑物保留好视觉“通廊”，现代化大厦和建筑不能遮挡它的视线。否则,其原有的历史、艺术价值都将受到破坏。我国某些现代城市在规划建设时,就没有考虑到这一方面,结果造成了古建筑及其周边环境的破坏。

三、永续旅游观念

永续旅游(Sustainable Tourism)又可称为持续旅游。这一概念来源于"持续发展"(Sustainable Development)。持续发展的概念,最早提出于 1980 年,见于 IUCN 关于《世界保护战略》的报告。但直到 1987 年才被正式作为一种关键的概念,使用于世界环发委员会(WCED,又称为 Brudtland 委员会)的《我们的共同未来》报告中。此后,这一概念迅速影响到环境、生态、人口、旅游等各门学科。1992 年,这一概念已成为里约热内卢世界环发大会的主题。

持续发展的概念直接产生于人类对近现代工业文明造成的生态恶果的理性思考和对未来的担忧,它要求人类对以往自己的行为和对自己未来的世界上升到哲学的高度来进行反思和展望,并对后代承担起自己的历史责任。持续发展的核心思想表现为四个方面:其一,总体规划和决策思想;其二,强调保护生态环境的重要性;其三,强调保护人类遗产和生物多样性的必要性;其四,在发展的同时要保证目前的生产率能持续到将来很长一段时间,几代或几十代。这个核心内容,也是持续发展贯穿始终的四大基本原则。

由于持续发展的广泛影响,十年来,影响到了西方旅游学界的研究。旅游学界根据这一概念,提出了"永续旅游"、"生态旅游"的观念,并加强了对它的研究。因为在持续发展的核心内容中,无一不与旅游业发展密切相关。尽管到目前为止,对永续旅游这一概念尚未作出统一的表述,但在 1990 年加拿大召开的 Globe '90国际大会上,对永续旅游的目标所给的表述,却能较全面地反映永续旅游的内容:(1)增进人们对旅游所产生的环境效应与经济效应的理解,强化其生态意识;(2)促进旅游的公平发展;(3)改善旅游接待地区的生活质量;(4)向旅游者提供高质量的旅游经历;(5)保护未来旅游开发赖以存在的环境质量。

永续旅游的含义尽管是多层面的,但最核心的内容还是在从事旅游开发的同时不损害后代为满足其需要而进行旅游开发的可能性。实际上是对旅游开发与环境保护作更高层次的理性思考,而不是进行一般形式的游说。

随着全球旅游业的迅猛发展,在 1992 年,旅游业已跃居世界第一大产业。从理论上来说,旅游的发展是伴生着自然遗产和人文遗产的消耗而发展的,何况在许多国家,旅游的发展往往表现为对旅游资源的过度开发甚至掠夺性开发,对旅游区点的粗放式管理和旅游设施建设的病态膨胀。这就带来了一个新的课题:我们在开发旅游资源的同时,是否为后代开发旅游资源提供了可能性?我们是否承担起了对后代的责任?我们对资源的掠夺性开发所欠下的资源和环境的债务是否让我们的后代来偿还?也就是说,生态环境和资源会不会“永续发展”?在国际上进而提出了“永续旅游”的概念。

在西方,永续旅游实现的途径是通过 EIA,即通过环境效应评估(Environmental Impact Assessment)来实现。在旅游资源开发前,要对环境效应进行评估,写出详细的 EIA 报告,经有关部门批准后,才能进入实施。我国目前在工业项目、采矿、水利工程、港口建设等方面,都借鉴了 EIA 方法。但旅游资源开发尚未真正采用。

格林(Green)在其《旅游发展的环境效应评估》(*The Environmental Impact Assessment of Tourism Development*)中,将旅游对环境的潜在影响进行了大致的分类。这种分类既可以看做是我们前面论述的旅游对环境影响的综合结论,又可以作为 EIA 环境效应评估的主要内容,对其逐项进行评估,判断各项内容的正负趋向、程度和性质,最后以 EIA 报告的形式呈交决策部门。尽管这种分类还可因评估对象的不同而有所改变，但对我们仍有参考价值。见表7－2。

表7－2　旅游对环境的潜在影响

<table>
<tr><td rowspan="22">自然环境</td><td rowspan="7">改变动植物种群结构</td><td>1. 破坏繁殖习性</td></tr>
<tr><td>2. 猎杀动物</td></tr>
<tr><td>3. 猎杀动物以供纪念品交易</td></tr>
<tr><td>4. 动物的迁移</td></tr>
<tr><td>5. 植被因采集柴薪而遭破坏</td></tr>
<tr><td>6. 因伐除植物建成旅游设施而改变植被覆盖率或植被性质</td></tr>
<tr><td>7. 野生动物保护区－禁猎区的建立</td></tr>
<tr><td rowspan="3">污染</td><td>1. 水质因排放垃圾、泄漏油污遭污染</td></tr>
<tr><td>2. 车辆排放物导致空气污染</td></tr>
<tr><td>3. 旅游交通运输和旅游活动导致噪声污染</td></tr>
<tr><td rowspan="5">侵蚀</td><td>1. 土壤板结导致地表土进一步流失和侵蚀</td></tr>
<tr><td>2. 改变地面滑移－滑坡的危险性</td></tr>
<tr><td>3. 改变雪崩的危险性</td></tr>
<tr><td>4. 损害地质特征(如突岩、洞穴等)</td></tr>
<tr><td>5. 损害河岸</td></tr>
<tr><td rowspan="3">自然资源</td><td>1. 地下地表水的耗竭</td></tr>
<tr><td>2. 为旅游活动提供能量的矿物燃料的枯竭</td></tr>
<tr><td>3. 改变发生火灾的危险性</td></tr>
<tr><td rowspan="2">视觉效果</td><td>1. 各种设施(如建筑物、索道滑车、停车场)</td></tr>
<tr><td>2. 垃圾</td></tr>
</table>

续表 7-2

人造环境	城市环境	1. 土地不再用于最初的生产用途
		2. 水文特征发生变化
	视觉效果	1. 建筑物密集区的扩张
		2. 新的建筑风格
		3. 人及其附属物
	基础设施	1. 基础设施超负荷运行 (道路、铁路、停车场、电网、通讯系统、废物处理设施、供水设施)
		2. 新的基础设施的建设
		3. 为适应旅游需要而进行的环境管理(如海坝、垦荒)
	城市特征	1. 居住、商业和工业用地方面的变化
		2. 城市化的道路系统(如车行道、人行道)
		3. 出现分别为旅游者和当地居民开发的不同城区
	古迹修复	1. 废弃建筑物的重新使用
		2. 古代建筑和遗址的修缮与保护
		3. 修复废弃建筑物供作别墅
	竞争	某些旅游区点可能因其他区点的开放或旅游者兴趣变化而贬值

"永续旅游"作为人类与环境、旅游与旅游资源保护的一个重大问题,已引起全世界的高度重视。1995 年 4 月 27 日至 28 日,联合国教科文组织、环境规划署和世界旅游组织(WTO)等,在西班牙召开了"可持续旅游发展世界会议",通过了《可持续旅游发展宪章》和《可持续旅游发展行动计划》两个纲领性文件,作为全世界都应该共同遵守的准则,对指导 21 世纪全球的旅游开发、旅游发

展与旅游资源保护具有十分重要的意义。事实上,"永续旅游"可持续发展问题已成为一种国际法准则。

该宪章指出:旅游是一种世界现象,也是许多国家社会经济和政治发展的重要因素,是人类最高和最深层的愿望。

旅游具有两重性,一方面旅游能够促进社会经济和文化的发展;同时,旅游也加剧了环境的损耗和地方特色的消失,对旅游应该用综合方法进行探讨。

旅游发展必须建立在生态环境的承受能力之上,符合当地经济发展状况和社会道德规范,可持续发展是对资源进行全面管理的指导性方法,目的是使各类资源免遭破坏,使自然和文化资源得到保护,旅游作为一种强有力的发展形式,能够并应积极参与可持续发展战略。健全的旅游管理应该保证旅游资源的可持续性。

可持续旅游发展的实质,就是要求旅游与自然、文化和人类生存环境成为一个整体;自然、文化和人类生存环境之间的平衡关系使许多旅游目的地各具特色,特别是在那些小岛屿和环境敏感地区,旅游发展不能破坏这种脆弱的平衡关系,考虑到旅游对自然资源、生物多样性的影响,以及消除这些影响的能力,旅游发展应当循序渐进。

必须考虑旅游对当地文化遗产、传统习惯和社会活动的影响,在制定旅游发展战略过程中,要充分认识当地传统习惯和社会活动,要注意维护地方特色、文化和旅游胜地,尤其在发展中国家更是如此。

有关各方共同协商之后认为,地方政府要下决心,保持旅游目的地的质量和满足旅游者需求的能力。二者应该是旅游发展战略和旅游发展规划项目的主要目标。

所有可供选择的旅游发展方案都必须有助于提高人民的生活水平;有助于加强与社会文化之间的相互联系,并产生积极的影响。

各国政府和政府机构应该加强与当地政府和环境方面非政府组织的协作,完善旅游规划,实现可持续旅游发展。可持续发展的基本原则,是在全世界范围内实现经济发展目标和社会发展目标相结合。为此,迫切需要提出一些方法,以便更加合理地分配旅游收益和旅游费用。这意味着消费模式的改变和在价格制定过程中增加生态环境费用的新定价方法的引进。希望各国政府和多边组织停止那些对环境产生不良影响的财政援助,研究和探讨国际通用经济方法的可操作性,保证资源的可持续利用。

环境和文化易受破坏的地区,无论现在还是将来,在技术、合作和资金援助方面要给予优先考虑,以实现可持续旅游发展。那些被落后的、影响严重的旅游方式降低了档次的地区同样需要特别对待。旅游活动每年持续很长时间,客观上需要深入研究和探讨以保证资源可持续利用为出发点的经济方法在当地和整个区域的使用效果,保证资源的可持续利用。法律手段的重要作用必须得到充分发挥。

要提供选择那些与可持续发展原则相协调的旅游形式,以及各种能够保证中期和长期可持续发展的旅游形式。在这方面,要开展广泛的地区合作,特别是那些小岛屿和环境敏感地区。对旅游和环境负有责任的政府、政府机构和非政府组织当支持并参与建立一个开放式信息网络,以便交流信息,开展科学研究,传播适宜的旅游和环境知识,转让环境方面的可持续发展技术。

需要加强可行性研究,支持普及性强的科学试点工作,落实可持续发展框架中的旅游示范工程,扩大国际合作领域的合作范围,引进环境管理系统。

对旅游发展负有责任的政府机构、协会、环境方面的非政府组织要拟定可持续旅游发展框架,并将建立实施这些方案的项目,检查工作进展情况,报告结果、交流经验。

要注意旅游中交通工具的作用和环境的影响,运用经济手段减少对不可再生资源的使用。

旅游活动的主要参与者,特别是旅游从业人员坚决遵守这些行为规范,是旅游持续发展的根本所在。这些行为规范,是形成有责任感的旅游活动的有效方法。(王春峰译)

生态旅游的理念是在永续旅游的理念下延伸出来的。它不仅仅是灌输了旅游的可持续发展的观念,在这一观念下,还演化出了具体的旅游行动。比如,人如何学会在旅游中与大自然相处,在自然环境中如何约束自己的行为。篇幅所限,不再细论。

思考题:

1. 旅游环境污染有哪些基本形式?
2. 我国保护旅游资源的基本措施有哪些?
3. 什么叫永续旅游?其理论体系的核心是什么?
4. 如何评估旅游对环境的潜在影响?

规划篇

第八章 旅游规划概论

一、旅游规划的基本内容

1. 概念

旅游规划是指对规划对象的旅游资源和旅游产业要素进行优化配置和对旅游的未来发展进行的科学谋划。

旅游规划是对区域旅游、景区旅游、旅游企业的发展进行的谋划。

旅游资源的优化配置(吴人韦,1999),指将自然旅游资源、人文旅游资源、人力资源、信息资源等进行科学合理的配置。

旅游产业要素的优化配置,指旅游规划要对构成旅游系统的吃、住、行、游、购、娱六大要素的协调发展进行合理的、科学的优化配置。如餐饮服务系统、购物体系、娱乐功能的协调发展和合理布局、优化组合等。

2. 旅游规划的基本内容

旅游规划涉及面广,牵涉到各个相关学科,既要体现各个学科的最新研究成果,又要运用各相关学科的基本原理。因此,旅游规划是地理学、旅游学、管理学、生态学、风景园林学、建筑学、城市规划学、社会学、考古学、历史学、民族学、心理学等各个学科的专家在广泛征求社会各方面人士意见的基础上共同完成的。旅游规划的综合性、边缘性决定了规划的复杂性。因此要编制一个旅游规划非常困难。

旅游规划包括以下的主要内容:

(1)对规划对象的概况进行分析,比如区域规划中对一个区域的历史、地理、地质、气候、区位条件、社会经济条件等进行分析;

(2)现状分析,如社会经济、旅游发展、土地利用现状等;

(3)旅游资源评价;

(4)发展战略的制定;

(5)发展目标的确立;

(6)发展结构规划,确定旅游发展的形体框架,确定重点发展区域,优先发展区域等;

(7)旅游产品体系规划;

(8)旅游市场分析,如供需关系、市场调查、市场细分研究;

(9)旅游营销体系规划;

(10)旅游商品规划;

(11)人力资源规划,如人力资源培训、教育计划,人力资源的需求等;

(12)基础设施规划,如给排水、道路交通、通信、能源等方面的规划如何与旅游发展的规模和地方经济发展规模相协调;

(13)旅游服务设施规划,如住宿设施、娱乐设施、餐饮设施、购物设施和医疗、卫生等设施的规划,以保证各类设施的容量、规模的协调发展;

(14)用地布局规划;

(15)景观组合规划和旅游系统的组织;

(16)策划旅游项目;

(17)组织旅游路线;

(18)如何解决旅游的社会文化影响、环境影响;

(19)环境保护规划;

(20)组织机构规划;

(21)制定相关政策;

(22)资金筹措和融资渠道;

(23)开发时序规划。

旅游规划的编制固然重要,旅游规划的控制和管理更为重要。旅游规划一方面要有可操作性,能够实施操作,这要求规划必须要建立在详细调查研究和广泛征求意见的基础上,同时还要有前瞻性,能预测到旅游经济未来发展的趋势以及这些趋势如何与地域经济进行整合;另一方面规划一旦编制成功,就成为法规性质的规范性文件,委托方就应按规划实施,不能对规划进行随意变更和突破。所以,规划是一项系统工程,规划管理和控制更是一项系统工程。

在规划实施过程中,随着时间的推进,可能有的内容不适时宜,也不合乎市场需求,此时通过反馈,就应对规划内容进行适时调整和修编。这样既能保证规划的原则性,也能使之不成为呆板的教条。

二、旅游规划的分类

旅游规划的分类标准不同,分类结果就不一样。笔者认为,旅游规划可分为区域旅游规划和旅游吸引物规划(如风景区、旅游区、景点规划等)两大类。

1. 区域旅游规划

区域旅游规划是对一定的区域范围内的旅游产业的发展、旅游发展的结构进行战略性规划。它大可到超越国家范围的经济联合体,小可到县域、镇域规划。通常按行政区域确定区域范围,但也可根据实际情况跨行政区域编制规划,这主要是由旅游资源的空间分布范围所决定的。

区域旅游规划以区域的旅游经济发展战略的规划为主要内容。具体而言,主要包括旅游产业发展战略、发展目标、旅游业发展的基本框架和产业布局,形象定位和营销战略,旅游业发展的支撑系统等方面的内容。规划成果以文字为主,图纸通常是结构性、概念性的,图纸比例可小于1:50 000。

我们通常所见的如中国旅游业“十五”规划和2015年远景规划,属于一个国家的旅游产业发展规划,也是一个国家的专项规划。如《江苏省旅游发展总体规划》、《四川省都江堰市旅游发展总体规划》,则为省域、市域或县域旅游规划。

旅游区的旅游发展总体规划,则是根据旅游资源的空间分布特征,打破行政区划范围,或成片区、或按路线进行规划。如大西南旅游圈的规划,则包括了广西、贵州、重庆、四川、云南、西藏几个省市自治区旅游业的联动、资源组合、市场共享等。南方丝绸之路规划,则是按线路进行的区域规划。这方面著名的规划也不少,如长江三峡的线路规划、北方丝绸之路规划、九环线(九寨沟)规划等。

2. 旅游吸引物规划

旅游吸引物规划指风景区、度假区、森林公园、自然保护区、地质公园等旅游目的地的总体规划、详细规划(包括项目规划)。

旅游吸引物规划要遵循相关法规的规定,其规划内容有严格的标准和要求。

风景名胜区、度假区等类型的旅游目的地规划分为总体规划和详细规划两类。详细规划又分为控制性详规和修建性详规两类。对于其中的一些规划项目,如游人中心、宾馆、停车场等,还要进行必要的建筑设计、环境设计、工程设计,即进入到设计的深度。

(1)总体规划的基本内容(见第十三章风景区规划的内容)。

(2)控制性详细规划的主要内容。

①规划的指导思想、原则和依据;

②总体构思;

③市场需求分析;

④项目的策划与用地布局;

⑤旅游系统的组织;

⑥地块划分和各地块定性；

⑦各地块控制指标；

⑧环境保护规划；

⑨规划设计要点。

(3)修建性详规的主要内容。除了指导思想、依据、总体构思、市场分析等内容外,还包括：

①旅游接待设施的详细规划,包括宾馆饭店的选址、用地、环境关系、外观风格、总平面、立面、剖面规划设计,及其他如娱乐设施、购物设施等的规划设计；

②道路系统的规划；

③停车场规划；

④绿化用地规划和重点景观地带的绿化配置设计；

⑤管网综合规划；

⑥竖向规划；

⑦主要技术经济指标及工程量；

⑧财务分析。

最终成果仍然分为文字说明书、文本和附件及图纸几部分,包括各规划项目的总平面图、平面图、立面图、透视图和重点项目的剖面图,图纸比例要求为1/500～1/2 000。

(4)其他专项旅游吸引物规划。如宾馆饭店规划,除以上内容之外,还包括饭店人力资源和市场营销规划等。如交易会、博览会规划,如漂流、徒步、登山、攀岩、自驾车等专项规划。具体内容视规划对象而定。

思考题：

1. 什么叫旅游规划?
2. 试述旅游规划的基本内容。
3. 试述旅游规划的分类及其主要内容。

第九章 旅游资源及其评价

一、旅游资源的涵义

旅游资源不仅仅指一定地理空间范围内的人文资源和自然资源。它是一个综合体,其涵盖的范围很广泛,指所有客观存在着的旅游吸引物。

(一)旅游资源的传统定义及其分类

旅游学界对旅游资源的界定有一个共同的认识:将旅游资源视为吸引旅游者前去旅游的存在于旅游目的地的一定地理空间范围内的自然资源和人文资源。它实质上就是指自然风景资源和人文旅游资源。

关于旅游资源的定义,现今不下几十种。尽管表述五花八门,但实质都一样。由于篇幅所限,不能一一列举。这里只举几个典型定义,以窥全豹。

保继刚、楚义芳和彭华认为,旅游资源是指对旅游者具有吸引力的自然存在和历史文化遗产,以及直接用于旅游目的的人工创造物。旅游资源可以是有具体形态的物质实体,如风景、文物,也可以是不具有具体物质形态的文化因素,如民情风俗。因此,旅游资源只存在于旅游目的地,排除了从客源地到目的地之间的因素(如服务等);旅游资源应直接用于欣赏和消遣,排除为达到这些目的而使用的接待因素(即旅游服务接待)。不消说,他们将旅游资源分为自然风景资源、历史文化旅游资源、人造景物资源几个部分。这是分类的基础。如果说还存在什么不同的分类的话,那也只是分类标准的不同而已。

郭来喜认为:“凡是能为人们提供旅游观赏、知识乐趣、度假疗养、娱乐休息、探险猎奇、考察研究以及人民友好往来和消磨闲暇时间的客体和劳务,都可称为旅游资源,是发展旅游业的物质基础。”郭先生将“劳务”视为旅游资源,这在旅游学界还是头一次。“劳务”究竟指什么?我想应该是旅游服务。这是一个很了不起的看法。

有的学者还认为,旅游资源“指对旅游者具有吸引力的自然存在和历史遗存以及直接用于娱乐目的的人工创造物”。

邢道隆对旅游资源的定义是:“从现代旅游业来看,凡能激发旅游者旅游动机,为旅游业所利用,并由此产生经济价值的因素和条件。”

阎守邕等(1986 年)建立的中国旅游资源信息系统,在其旅游资源分类表中,增加了两方面的新内容:第一,将旅游商品(即表中所称的人文产品)划入了旅游资源,这又是一个不小的进步。第二,将旅游设施、交通设施等列入了旅游资源。这实际上是将旅游接待条件和可进入条件列入旅游资源。作者同时也承认:“优良的设施和热情的服务,也常被旅游者看做是一种吸引物。因此,一定程度上来说,旅游设施和劳务也是一种旅游资源。”

这种分类法的一种共通性,就是分类的基础是完全一致的,即只以旅游目的地作为分类的惟一指向。之所以又出现不同的分类法,只不过是在这同一的基础上又从不同的角度依不同的标准进行分类,其实质却相同。比如,卢云亭先生按景观属性标准,将旅游资源分为自然风景型、人文风景型、综合风景型三大类。按风景资源的利用现状,又分为三类:已开发利用的旅游资源;已列入规划,即将开发的旅游资源;潜在的旅游资源。按风景资源的规模、级别、价值及管理范围,又分为国家级和大型的风景资源,省、市级和中型风景资源,县级以下小型风景资源。按保存现状及其程度,又分为保存完整、完善的旅游资源，部分保存完好的旅游资源，破坏比较严重的旅游资源，完全被破坏只剩下遗址、传说的旅游资源。按旅游资源的来源，又分为反映本民族传统特色的旅游资源，历史上从外国传入而经过本民族融化的旅游资源，富有地方特色的旅游资源，由国外引进、移植的旅游资源。按旅游功能，又分为综合性旅游资源，以文化内容为主体的旅游资源，以体育内容为主体的旅游资源和以科学考察内容为主体的旅游资源等。从经营角度来划分，又分为有限的和无限的旅游资源（如古建筑物是有限的，气候旅游资源是无限的）。傅文伟先生将旅游资源分为原生性的资源和萌生性的资源（如新的建筑景观和新的自然力遗迹等）两大类。

有学者认识到，将旅游资源片面地单向地视为旅游目的地，存在着缺陷。如谢彦君（《旅游学刊》1995 年第 2 期）认为："一般人往往以为，吸引物通常是指风景或其他类似的景观和附属设施及其组合。其实，这种认识恐怕不够全面。作为旅游地吸引物系统基本要素的，除了这种一般所指外，应该加上同样具有吸引功能或示范功能的旅游者以及各种能传达旅游地相关信息的标识物。"这又是一个新的认识，即旅游资源还应该包含旅游者和各种能传达旅游地相关信息的标识物（如广告、宣传品等）在内。将旅游资源的内涵进一步扩大，并对以往的认识提出了质疑。

（二）旅游资源新定义及新分类

杨振之在其《旅游资源开发》（1996 年）一书和《旅游资源系统论分析》一文（《旅游学刊》1997 年第 3 期）中认为，旅游资源的结构（如图 9－1 所示）表现为旅游的三大要素：主体、客体和介体的相互吸引。旅游资源学研究的对象应当是研究旅游主体、客体、介体相互之间的吸引向性。即旅游地如何才能吸引客源市场，客源市场的变化和演变趋势又如何影响旅游地，旅游服务及旅游服务设施如何吸引客源，又如何对旅游地施加影响。这才是旅游资源开发应解决的问题。于是,旅游资源的开发就表现为一项系统工程,绝非单向的开发。单向的开发是由单向的旅游资源观引起的,只能走入开发的误区。因此,旅游资源表现为系统性、整体性和综合性。

杨振之得出结论,所谓旅游资源,除自然资源和人文资源外,对于旅游者来说,就是旅游目的地及有关旅游的一切服务和设施;对于旅游地来说,就是客观存在着的客源市场。旅游资源是关于旅游的主体、客体、介体的相互间吸引向性的总和。从而将旅游设施、交通设施、可进入性、旅游服务、旅行社机构、宾馆饭店、旅游商品、旅游地居民对游客的态度、旅游者等纳入了旅游资源系统。

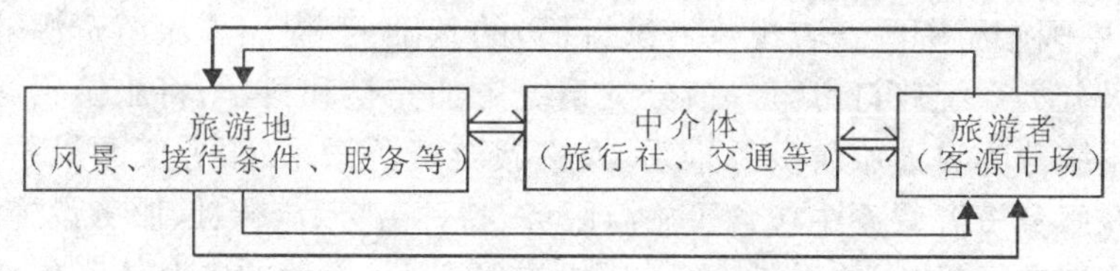

图 9-1　旅游资源结构吸引图

在构成旅游资源的体系中,宾馆、饭店具有特殊性质。一方面,宾馆、饭店作为旅游服务及旅游服务设施(中介体)的一个部分而存在;另一方面,在现代社会,宾馆、饭店已作为独立性很强的旅游产品而存在。就是说,宾馆、饭店本身已成了一种独立的旅游资源。因为,随着现代宾馆、饭店业的发展,饭店业已向多功能、综合性服务方向迈进,特别是对于度假类的饭店更是如此。

旅游资源应包括以下几类内容:

(1)自然旅游资源;

(2)人文旅游资源;

(3)服务旅游资源;

(4)旅游设施和基础设施资源;

(5)其他新兴的资源类型。

因此,旅游资源这一概念在逻辑上分为内涵和外延两部分。传统的定义,即自然旅游资源和人文旅游资源是它的内涵、内核。而随着旅游业向深度的发展,旅游资源的外延将越来越大,类型将越来越多,实践已经证明了这一道理,如果我们将它限制在一个传统的狭小的范围,就会发现,我们的观念跟不上旅游业的发展。比如说,旅游地社区居民对旅游者的态度,具有代表意义的破产工厂,新兴的产业资源,这些都在纷纷地成为旅游资源。今后还将有很多我们意想不到的资源成为旅游资源的一个部分。

1997年,中国科学院地理研究所和国家旅游局在1992年版《中国旅游资源普查规范》(试行稿)的基础上,提出了旅游资源分级分类系统修订方案。该分类系统更加完整和科学,将旅游资源系统分为自然旅游资源景系、人文旅游资源景系、服务资源景系。在服务资源景系中包含了旅游服务、特种劳务、旅行社、服务设施、旅游交通设施、旅游教育、科研机构等景型,旅游的中介体和旅游服务等被正式纳入了旅游资源的系统之中。

二、旅游资源调查

旅游资源调查是旅游地资源开发的第一步,是对旅游地资源的现状、潜力、特征、类别、规模等方面进行全面、系统的考察,以便鉴定出资源的价值、品位,为开发提供直接而准确的数据资料。旅游地的开发,一般都要经历调查、评价、规划、开发几个阶段。

旅游资源调查的内容涉及面广,在调查过程中要制作详尽的数据档案。其内容总括起来有以下几个方面。

(一)调查旅游资源的类型

对旅游地资源进行调查,首先要明确调查的资源对象是自然旅游资源还是人文景观资源。一般的旅游资源,大多是自然资源和人文资源的统一。在这种情况下,还应调查各自所占的比重。

在自然资源中，按地形地貌和地质成因的不同，又可分为山峰、湖泊、河流、平原、沙漠、草原、高原、丘陵、洞穴、瀑布、峡谷、森林、动物、花卉等各个方面，每个方面又可细分为若干小类。如动物除了一般分类外，还要分为特种、珍稀、濒危动物；植物除了一般按科、属、种归类外，还要列出珍稀树种、古老树种、保护树种、观赏树种等等，并进行详细的数据统计。数据调查可以从面积、长度、宽度、厚度、高度、深度、角度、倾度、温度、盐度、速度、透明度、种数、个数、层数、含量、曲率、直径、体积、容量等各个角度去获取。

人文景观资源的类型也十分复杂，可以大致分为亭、台、楼、榭、阁、观、庙、堂、殿、坛、馆、廊、寺、塔、墓、园林、石刻、碑碣、题记、楹联、壁画、雕塑、石窟、名人故地、纪念地、桥梁等等。对这些资源景观除了从上述角度进行数据统计外，还应特别注意年代、历史地位和闻名程度等方面的调查。

（二）旅游资源的数量、规模、级别调查

旅游资源的数量调查，除了对每个资源的个体进行长、宽、高等方面的数据统计外，还应对整个旅游地的资源状况进行调查，以体现出旅游地资源的规模。如一个湖泊有多少个岛，有多少个半岛，多少座桥；一座山有多少洞、岩、峰、瀑、泉、溪、湖等。这是旅游资源调查的基础。现在许多风景区都有这样的专门数据统计。如九寨沟面积 620 平方公里，藏族村寨 9 个，高山海子 108 个，主沟长 60 公里，景区 6 个；张家界风景点 57 个，树种 105 科，720 多种，禽类 6 目、13 科、41 种，兽类 27 种，猴 8 群、300 多只；太湖长 68.5 公里，宽 55.9 公里，面积 2420 平方公里，湖中岛屿 48 个，半岛 2 个，山峰 72 座，淡水鱼 30 多种，杨梅占江苏产量 70%，枇杷占 90%，柑橘占 100%；天柱山有 42 峰，16 岩，53 怪石，17 崖，25 洞，18 岭，13 井，7 关，8 池，48 寨……

这些数据统计，再加上旅游地的范围、海拔高度、面积、自然带分布高度等方面的调查，对旅游地的规模就一清二楚了。

在调查了旅游资源的数量、规模后，与国内、世界上同类旅游资源相比较，就清晰地辨明了本旅游地资源的特色、地位和级别。不过，这一工作应属于旅游资源的评价范围了。

（三）调查旅游资源的密度和地域组合

旅游资源的密度，指在一定地理空间范围内旅游资源的数量和旅游地之间相去的距离，以及在这一空间范围内各旅游地的类型和特色。如果在这一地理空间范围内，旅游资源成群体分布，数量多，规模大，且相互间距离不远，交通便捷，资源各具特色，那么，此资源群属于十分富饶的旅游资源群，值得优先开发。有时在一个资源群中，类型相同，景观特色大同小异，那就得通过各种数据统计，鉴定出谁最具有优先开发价值，以确定开发顺序。如果旅游地资源密度不大，景观单一，且沿途又无其他景观，而且此旅游地距客源地不远，可进入条件还好，也是可以开发的；而若此旅游地距客源地远，山高路险，可进入性差，资源品位一般，则不适宜开发；倘若可进入性差，但资源品位很高，则可逐步开发。所以，旅游资源密度的调查对于是否确定开发和确定开发的顺序，都是十分重要的。

旅游资源的地域组合，除了旅游资源的密度合理外，就是指资源的地域组合合理。在开发某旅游地前，一定要调查该旅游地周围和沿途是否还有其他旅游地。如果该旅游地与其他旅游地之间在线路设计上能形成环形的、弧形的、马蹄形的线路，则是最好的。如果旅游地孤立无援，无其他景区相呼应，则毫无地域组合可言。在调查地域组合时，还要将本旅游地与周围其他旅游地进行比较，找出自己的特色，以便研究对客源市场的吸引力。

（四）旅游资源季节性调查

每个旅游地都有它自身的季节性。对于山地避暑旅游地来说，一年内春、夏是旺季，秋是平季，冬是淡季。而对于纯粹的宗教旅游地来说，各种宗教节日、庙会则是一年内的旺季。客源市场的流向、流量与旅游地季节性变动的关系很大。因此,在旅游地资源调查中,不可忽视季节性变动这一因素。

(五)旅游资源调查的地域范围有重点与次重点之分

旅游资源调查的重点地域的确定应遵循这样一条原则:以离客源地较近和可进入条件好的地域为重点。因为旅游资源的吸引力,不仅仅表现为旅游资源的品位和特色。在很多时候,由于受旅游者的时间和消费水平的影响,旅游地的可进入性和它离中心城市的距离,对游人的吸引力更大。这就是为什么有的旅游地景观较一般,但离城市近,交通方便,总是游人如织,而另一些品位很高但远离主要客源市场的旅游地却较冷清的重要原因。遵循这样一个原则和规律,就应当将旅游资源调查的重点放在中心城市市郊和离其不远的地方。在对这个半径约 300 公里左右的范围进行重点调查后,才将调查重心转向较远的地方。

(六)旅游资源再开发调查

旅游资源经过一段时期的开发和利用后,为了增强旅游地的吸引力和加大旅游地的环境容量,就要对旅游地进行再开发。旅游地再开发一般包括两个方面:一是在原旅游地景区范围内增加新景点和进行配套开发,特别是娱乐设施的配套开发;一是在原旅游区外开发新景点。在进行再开发前,必须就再开发问题进行资源的调查。如调查现有景区内设施配套是否合理,应增加哪些设施,娱乐设施是否完善,应增加和改造哪些娱乐设施;还应对景区内尚未开发的地区进行调查,增加新景点,充分挖掘资源潜力。

陈安泽、卢云亭等人认为,旅游资源调查的内容有如下方面:

(1)构成山体的岩石、地层、构造等;

(2)构成地貌形态的山势、沟谷、洞穴等;

(3)构成水景的泉、溪、瀑、湖等;

(4)具有特色的植物和动物;

(5)对旅游产生积极或消极作用的气象、气候因素及环境因素；

(6)有观赏价值的各种人文景观；

(7)综合各种因素所形成的可观赏性或美学特征；

(8)位置、距离、交通等区位因素；

(9)客源的调查分析；

(10)邻近资源(指旅游地——引者)对客源产生的积极或消极作用；

(11)当地的经济状况、接待条件及依托城市状况等；

(12)数量上的调查,质量上的评价。

三、旅游资源的鉴定

旅游资源的鉴定,是旅游资源评价的基础,严格地说,是旅游资源评价的开始,是对旅游资源调查的内容(数据及各种资料)进行综合的、系统的、科学的分析和辨别,以确认旅游资源的品位、级别及其科学价值、旅游价值和开发价值。旅游资源的鉴定结论,直接对旅游开发作出指导;对旅游资源的调查进行鉴定,具有如下意义。

(一)可以去伪存真、澄清误传

许多旅游地,关于它的景观及其成因等,存在着误传和错误的解释,有的是当地人的"想当然"和牵强附会。这与神话传说是两码事。因为神话传说还有坚实的文化背景,而旅游地的有些误传则是缺乏文化背景和科学依据的。但这些误传和附会的解释往往会迷惑人,在经过传媒报道后,更具有欺骗性。这样,就容易遮蔽旅游资源的真实性和科学价值,给旅游资源开发带来误导。旅游地资源的鉴定,就是对大量调查数据和资料进行科学的分析,以恢复旅游资源的本来面目,还原旅游资源的真实性,再来评价本资源是否具有开发价值。倘若因误传而去投资开发,那是很难见成效的。如广西的喊泉,被传媒报道后曾广为流传,但后来经调查、鉴定后否认了不科学的记述。又传说我国佛寺中保存有四颗释迦牟尼佛牙,古生物家对其中三颗进行了鉴定,都作了否定结论。所以,鉴定是通过科学的方法去伪存真,可以澄清对旅游资源的误解。

但这里还应将这种误传和神话传说及宗教信仰区别开来。神话传说也许是不真实的,却具有深厚的民族文化渊源,植根于民族文化的土壤,是一个民族历史的影子,就神话传说的某一具体事实而言,它也许是查无其事,但就一个民族文化历史而言,它却是真实可信的,是经过艺术化了的历史。因此,神话传说是旅游资源的一个组成部分,具有旅游开发价值。

尽管误传是一种牵强附会,是一种虚妄的解释,本身无法经受住科学的检验,但如果这种误传与特定地区、特定民族的宗教信仰结合起来,也会成为一种旅游资源。所以,这是需要作出特别说明的。本来,对于一种高级的宗教信仰,我们不能用科学的尺度去加以衡量,但一种高级的宗教信仰却包含着一定的科学精神,这种宗教信仰是很难受误传的迷惑的。对于东方民族的泛神论和所有泛神论的宗教信仰,特别是民间宗教信仰而言,这种误传,这种虚妄的解释有可能会导致对某个神的崇拜。在这种特定情形下,误传就成了宗教旅游资源。既然成了宗教旅游资源,也就具有了特定的旅游开发价值。

(二)旅游资源鉴定可以确认旅游地资源的品位和级别

要确认旅游资源的品位和级别,必须在对调查资料进行系统分析的基础上,将旅游资源放在本地区、国内和世界上同类资源中进行比较,也可以放在某一特定的地理位置如某纬度下进行同类比较,以发现本旅游地在国内、世界上的同类旅游资源中居于什么地位,具有什么独到的特色。比如在动植物资源上,是否有世界珍稀动植物和濒危动植物,是否具有独特的景观,在国内、在世界上是否具有无可替代的科学价值和文化价值。例如,我国广东省肇庆的鼎湖山自然保护区,就具有世界级别和品位。因为此自然保护区位于北半球北回归线附近,在北回归线附近地区,除去浩瀚的海洋,便是广袤的沙漠,只有我国华南才有亚热带常绿林分布。由于鼎湖山区保留着南部亚热带众多的常绿植物,被人们誉为北回归沙漠带上的“翡翠”,并因而被列入联合国组织世界自然保护区网。位于四川阿坝藏族羌族自治州的卧龙自然保护区,从山脚的亚热带常绿阔叶林、落叶阔叶林,温带针阔叶混交林、寒温带针叶林到高山草甸,高山荒漠到雪线,成垂直分布,并有世界濒危珍稀动物大熊猫、小熊猫、金丝猴、羚羊、白唇鹿、白臀鹿等生长其中,成为世界动植物的宝库。因此,也具有世界品位。

通过这种比较的方法,就可以鉴定出本旅游地资源究竟是地区级别、国家级别,还是世界级别;在资源品位确定后,对客源市场的吸引力也可由此而定。地区级别的旅游资源很难吸引全国各地游客,国家级别的旅游资源对国际客源市场的吸引力也不大。旅游资源的品位和级别认定后,旅游开发的规模、投资力度、开发的深度等方面,都可以依其而大致确定。

(三)旅游地资源的鉴定可以对资源的科学价值定位

许多旅游资源既具有科学考察的价值,又具有旅游价值。因此,旅游资源的鉴定,有助于对旅游资源的科学价值给以定位。这种科学价值的定位,一般是对旅游资源的科学研究及考察价值的定位,也包括对其科学史地位的定位。如某地发现有古冰川、古地质地貌遗迹,有古植物、生物化石等,对它们鉴定后,就可以将这种资源在科学史上的地位进行定位,并使之成为一种旅游资源。在四川贡嘎山区,古冰川遗迹和现代冰川并存,极富科研价值,贡嘎山地区冰蚀地形齐备,古冰川遗迹沿主峰呈放射状分布,形成的冰川群达 71 条之多。最东端长达 14.8 公里的海螺沟现代冰川,是亚洲大陆最东端的低海拔现代冰川,末端海拔仅 2 880 米,为世所罕见。贡嘎山因之而成为世界的冰川博物馆。如四川省自贡市大山铺的大批珍贵的中侏罗纪(距今约 1.6 亿年)的恐龙动物化石，现已发现 40 多处,其藏量之丰富、种类之众多、埋藏之集中、保存之完好,在世界相同时代恐龙化石产地中极其罕见。其中最大的恐龙长约 20 米,高约 30 米,重约 30 吨,在世界上也是最大的恐龙化石。这些资源通过科学鉴定,就确立了它们在科学史和科学研究上的地位。同时,作为一种特定的旅游资源,也确定了它的资源品位和级别,其科学价值就成了旅游价值。

(四)旅游资源的鉴定可以对人文景观旅游资源的价值定位

人文景观旅游资源的价值也要在进行资源调查后予以定位。对人文景观资源价值的鉴定主要是考察资源的时代,在历史上的影响、地位,以确定资源的历史价值。历史价值越大的人文景观资源,其旅游价值就越大,旅游开发的价值也就越大。通过对人文景观资源的鉴定,也要评定出它的品位和级别,看它是世界级的、国家级的还是地区级的,这样就可以大体确定旅游开发的规模和投资力度。像大众熟知的长城、秦始皇陵兵马俑、敦煌莫高窟、四川乐山大佛、大足石刻、埃及金字塔、法国卢浮宫等等,都是公认的世界级人文景观。在开发之初,也曾对其资源的品位进行过鉴定。如果是古代建筑,就要将它放到建筑史上衡量,看它在历史上产生过何种影响,并对其文化背景等进行综合鉴定,以确定其历史价值。

在人文景观历史地位和价值的鉴定中,要注意这样一种趋向，这种趋向如继续下去,对发展旅游并无好处。在现在的旅游开发热潮中,各地方纷纷挖掘本地的自然资源和人文资源潜力,这本来无可厚非。但是有的地方为了使本地旅游资源具有更大的吸引力,对人文资源的鉴定违背实事求是的历史主义的科学原则,拔高人文资源的历史地位。有的历史人物在历史上影响并不大,历史地位也并不高,充其量在地方史上享有一定的历史地位,当地却硬要将其抬高为著名历史人物,这种做法是反历史的。有的地方为了招揽客源，大做翻案文章，将历史上已成定论的历史问题“翻案”，硬要说某人在中国历史上有重大贡献，不惜违背历史的真实。有的地方为了发展旅游业，不顾一切地与其他地方争正统。由于历代行政区划的变更，历史人物的籍贯归属问题就成为相关各地争议的焦点。几个地方往往互不相让，各自开发，把一个历史人物瓜分得七零八落。所有这些问题，归根结蒂，是对历史的态度问题。一旦将某种人文景观作为旅游资源开发后，影响范围会很广，甚至影响后代对历史的认识。这种浮夸和虚化出来的历史，当然很难对客源市场产生持久的吸引力。因此，各地在开发人文景观旅游资源时，应当对资源进行详细的调查和科学的鉴定，然后再进行旅游开发。

四、旅游资源评价因素

旅游资源评价，是对构成旅游资源的各因子的质量、规模、功能、性质等各方面及对旅游资源的整体进行评价，以便为旅游资源的开发提供更科学的依据。它直接为旅游资源的开发提供决策咨询；通过对旅游资源体系的评价，可以清楚地知道在旅游资源体系中，哪些因子重要，哪些因子次重要，使旅游资源开发的投资规模和比重有科学的依据。

（一）人文旅游资源评价因素

人文旅游资源的评价因素如何构成，至今专门研究的还不多。

建立人文旅游资源评价体系对于那些单一的人文景观旅游地固然特别重要，对人文、自然景观综合性旅游资源评价也绝非可有可无。

人文旅游资源评价体系，由下列因素构成：

(1)历史性。历史性包括年代、历史地位。一般说来，年代越久远，其历史意义越大，历史地位越高。

(2)历史价值。人文景观在历史上是具有世界性的影响，还是具有全国性或地方性影响。影响范围的大小,体现了人文景观的历史价值,同时也表明了对客源市场的吸引向性程度,是人文景观旅游开发价值的主要表现形式。

(3)文学性。人文景观与文学家和文学的关系密切度,留下的诗词歌赋、戏曲小说、游记散文有多少,对现代的影响,人文景观与神话传说的关系。

(4)艺术性。人文景观与古代音乐舞蹈的关系,人文景观的绘画雕刻、建筑、书法、楹联等。

(5)民族性。民风民情、民族艺术、民族宗教等。

人文旅游资源评价体系见图9-2。

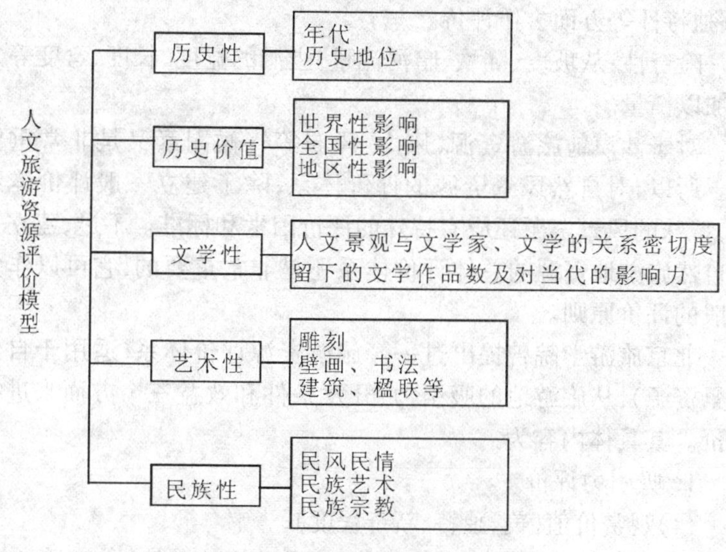

图9-2 人文旅游资源评价体系

(二)自然旅游景观评价因素

一般认为,自然旅游景观的评价因素包括资源价值、景点规模和旅游条件。单就自然景观而言,资源价值又指景观的观赏价值和科学价值。自然景观的景点规模指景点的地域组合和旅游地环境容量。旅游条件,当然包括了旅游交通、通讯条件、旅游商品和吃、住、娱乐等各个方面。

以上是就自然旅游景观评价体系总的方面来谈的。由于自然景观分类很多,各种景观特征表现不一,因而对特定的自然景观其要素组合不能强求一致,应该具体问题具体分析。比如,对于溶洞这种自然景观的因素构成,就应从以下几个方面去进行评价:

规模:溶洞的规模大小要从洞的长度、洞厅大小、洞的深度等几个方面去衡量。

沉积物:科学性和美感度,要从沉积物的种类、范围、形态、色彩、独特性等方面去作评价。

险奇性:从坡度、陡坎、暗河流量,主洞的宽度、长度、弯度等方面加以衡量。

对于沙漠地旅游资源,风力、风向等气候因素又是非常重要的。所以,对自然风景资源的评价体系,除了建立一般评价体系外,特殊的风景资源还应有特殊的评价因素和标准。不过,建立一个自然旅游地资源的总体评价体系还是非常重要的,它可以作为一般的评价原则。

北京旅游学院曾提出过一套旅游资源评价体系(适用于自然风景资源),从旅游地的吸引力、开发条件和效益三个方面来进行评价。其具体内容为:

1. 吸引力评价

(1)观赏价值(美、独特、新奇程度);

(2)文化价值(年代、文物价值、地方民族特色等);

(3)科学价值(学术、研究、普及知识);

(4)旅游项目、游览内容丰富程度(种类、数量以及之间距离等);

(5)环境评价(气候、植被、水等环境质量);

(6)季节差异(最适合旅游的月份,及其气温、降水、风、湿度等天气条件);

(7)特殊价值(包括土特产品在内的其他内容);

(8)容量(每日可接待的最大游人量)。

2. 开发条件评价

(1)地区经济条件(收入水平、劳动力数量水平、农副产品供应条件等);

(2)可进入性(交通方便程度、自然保护、军事设施或其他入境限制等);

(3)依托城市(依托或最近的大城市名称及距离);

(4)通讯条件(与外界联系方式,特别是直通电话和方便程度);

(5)地方积极性(地方政府对开发的设想);

(6)已有服务设施情况(餐馆、旅馆、纪念品商店等)。

3. 效益评价

(1)目前年均接待游人量(国内、外游客);

(2)开发所需投资量;

(3)投资来源(可能来源和可靠程度);

(4)客源预测;

(5)社会效益(开发利用的社会、文化意义)以及可能造成的环境的、社会的不利影响。

这一旅游资源评价体系,仍有它不完善的地方,比如在"吸引力评价"内,没有将旅游服务及服务设施、旅游地居民对游客的心理态度及游客的心理承受力作为其中的因素。而投资来源和客源预测则应归于"开发条件评价"内,不应列入"效益评价"。

(三)人文、自然综合旅游景观评价因素

人文、自然综合旅游景观评价,包含了人文、自然景观两方面的评价因素。这种评价方法,最适合风景地旅游资源的评价,在风景地旅游资源中，一般都表现为人文、自然景观的综合统一。保继刚曾建立了一个旅游地资源定量评价模型树，用层次分析法将旅游资源分为总目标层、评价综合层、评价项目层和评价因子层。现将其旅游地资源评价模型树介绍于下(图 9-3)。

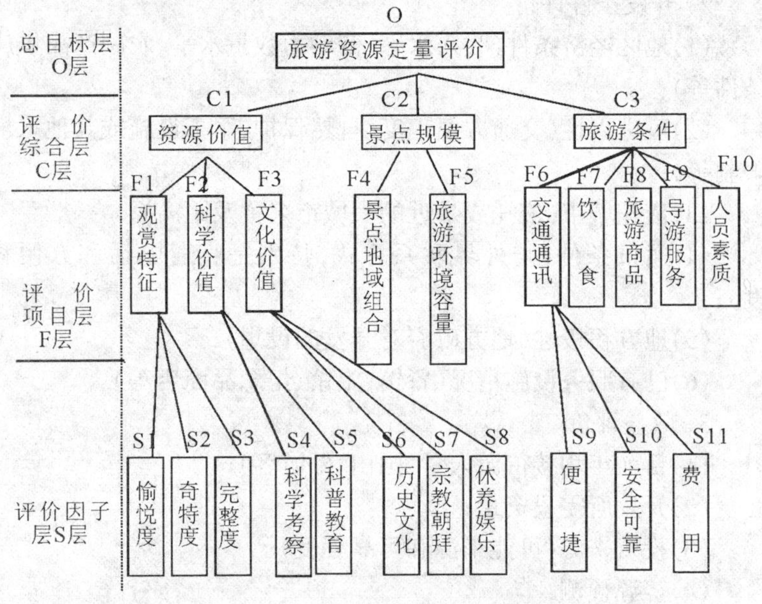

图 9-3 旅游地资源评价模型树

图 9-3 中，C1～C3 是评价综合层，F1～F10 是评价项目层，S1～S11 是评价因子层。此模型树的缺陷是：未将风景地娱乐吸引力纳入“资源价值”内，“旅游条件”类的划分较粗糙，使资源评价无法再细分。而定量分析的特征是，越细分其结果值就越科学。

不同的国家和地区由于经济和社会发展水平的差异以及幅员大小不一，旅游行政当局或旅游学者在对旅游地进行综合性评估时选取的评价因子各有侧重和取舍，一般是发达的国家较少考虑旅游地及其所在区域的经济和社会条件,而以旅游资源因子为重。表 9－1 显示出瓦尔(T.Var)在对土耳其和加拿大不列颠哥伦比亚省进行自然风景旅游地的综合性评估时,选取评价因子的差别。此外,正如前面所述,在评价不同类型的旅游地时,对评价因子的选择会有大的差异;一般对运动型旅游地进行评估偏重于选取旅游资源因子。观赏型旅游地评价因子之比较见表 9－1。

表 9－1　观赏型旅游地评价因子比较表

模型 大类	T·Var 模型	中国台湾地区模型	楚义芳模型
旅游资源	自然美 气候 建筑与艺术 节日 地方特征 展览 对旅游者态度 历史纪念物 宗教 历史声望	地形与地质 水体 气象 动物 植物 古迹文化 容纳量	地形与地质 水体 气候 动物 植物 文化古迹 民情风俗 景点集中度 景区容量
区域条件	运动设施 教育设施 健康休息设施 夜间娱乐 购物设施 基础设施 食宿设施	生态系 土地利用 主要结构物 公共设施 游憩相关设施 气候 人为因素	自然生态 用地条件 城镇分布 基础设施 旅游设施
区位条件	(未设)	区位	可及性与其他旅游地关系

我国对观赏型风景旅游资源评价的理论探讨较深入,现在的主要问题是如何推广和运用于旅游资源开发的实践中。许多地方的旅游开发主观意志还很强,定性评价还较多,定量评价较少。所以,让旅游资源评价走上更加科学的道路,是目前的当务之急。此

外,我国的旅游资源评价涉及面还应更广泛一些,评价对象不能囿于风景旅游资源,对于娱乐、度假旅游资源和主题公园等人造景观旅游资源的评价还应下大力气。

五、旅游资源的评价方法

(一)定性评价法

定性评价法,通常是评价者在对旅游地资源进行了详细考察后,凭借自己的经验和学识,对旅游地资源所作的主观色彩较浓厚的结论性描述。定性评价法的优点在于能从宏观上把握旅游地的特色,其缺点是不能量化,缺少科学性。在定性评价中,最主要的是对旅游资源的历史价值、文化价值、艺术观赏价值和科学价值进行评价(卢云亭,1988年)。

历史、文化价值主要用于对人文旅游资源的价值评价。评价历史古迹,要看它的类型、年代、规模和保存状况及其在历史上的地位。古迹的历史地位是评价历史文物价值的主要依据。我国公布的国家级、省级、市级重点文物保护单位,就是根据它们的历史地位、文化艺术价值确定的。一般说来,历史古迹越古、越稀少,就越珍贵;越出于名家之手,其历史价值和旅游价值就越大;在历史上产生的影响越大,其旅游开发价值也就越大。例如,我国古代四大名桥(河北赵州桥、潮州湘子桥、山西娘子桥、福建洛阳桥),在世界桥梁史上占有重要地位,历史影响深远。四大佛教圣地、江南三大名楼(岳阳楼、黄鹤楼、滕王阁)、三大民间年画(潍县杨家埠木板年画、天津杨柳青年画、苏州桃花坞年画)、三大古建筑群(故宫、沈阳故宫、曲阜孔府)、四大碑林(西安碑林、焦山碑林、黄庭坚碑林、闽南碑林)等等,都因其在历史上有特殊的地位而具有特别的历史文化价值,故而旅游价值也很大。艺术观赏价值,指旅游客体景象艺术特征、地位和意义。自然风景的景象属性和作用各不相同。其种类愈多,构成的景象也愈加丰富多彩。主、副景的组合,格调和季相的变化,对景象艺术影响极大。若景象中具有奇、绝、古、名等某一特征或数种特征并存,则旅游资源的景象艺术水平就高,反之则低。例如,峨眉山三大奇景(日出、云海、佛光)、莫干山三胜(竹胜、云胜、泉胜)、大理风光四绝(苍山白雪、洱海明月、林寨院落的繁花、沁人心脾的下关风)、衡山四绝(祝融峰之高,方广寺之深,藏经殿之秀,水帘洞之奇)等等。这些奇、绝、名、胜都是对风景旅游资源艺术景象的高度评价。评价时有三种比较方法值得注意:第一是地方色彩的浓郁程度,即个性的强弱程度;第二是历史感的深浅;第三是艺术性的高低。评价者要善于运用上述原则,确定其艺术观赏级别和价值。

科学考察价值,指景物的某种研究功能,在自然科学、社会科学和教学上各有什么特点,能否为科教工作者、科学探索者提供现场研究场所。如古代建筑、园林对于建筑学的研究,古生物化石对于古生物学的研究,都有很重要的意义。

定性评价虽然带有较浓的主观评价色彩,但仍要力求实事求是,力求公正、确实,仍应在大量占有第一手资料的基础上,尽可能地运用数据进行分析,尽最大努力使定性评价定量化,尽量减少主观色彩。但定性评价如果把握了资源的本质特征,也能收到良好的效果。

如对九寨沟可进行如下的定性评价:

1. 历史文化价值

(1)在56平方公里的核心地带保留了9个藏族的原始村寨;

(2)其文化形态和生活习俗保存了安多、嘉绒藏族过渡带的文化风情。

2. 艺术观赏价值

(1)景观组合完美。雪山、原始森林、海子组合成层次和色彩分明的景观带,海子的水、瀑布、红柳树层次清晰,动静结合。

(2)时间组合世界罕见。一是它的时差和日差,每时每刻景观都在发生变化，可谓一时一景；二是它的视差变化，在阳光的照射下，可谓一步一景；三是季差，四季景观各有特色。

3. 科学价值

(1)是天然的动植物王国，植物的垂直分带明显；

(2)是珍稀动物大熊猫、金丝猴等的重要栖息地。

(二)定量评价法

定量评价法是对旅游地资源构成的各种因子尽最大可能量化，运用数学方法或其他方法对资源进行科学的评价，得出科学结论的评价方法。

实际上，定性评价法与定量评价法的划分是就其主要倾向而言的。在评价工作中，定性评价离不开定量；定量评价也离不开定性。每一种评价法都是定性和定量评价方法的结合，都是综合两种评价方法的结果。我国在定量评价方法方面已迈出了一大步，各种数学方法也广泛运用于评价工作中。现从几个方面来加以介绍。

1. 层次分析法

对旅游资源运用层次分析法进行定量评价，国外早已捷足先登。层次分析法的核心内容是：首先建立一个旅游地资源评价因子模型树。模型树的建立，实际上将旅游资源的复杂问题分解成了若干层次。然后以人们的主观判断加以量化处理，是一种综合整理人们主观判断的客观评价方法。具体做法是，模型树建立起来后，邀请相关学科(如地理学、旅游学、建筑学、园林学)的专家学者和旅游行政管理人员，以填表方式，按权重(重要性相同为1，稍重要为3，重要为5，明显重要为7，极端重要为9)判断级别，并对同一层次中的各因素间相对于上一层次的某项因子的相对重要性给予判断，提出个人意见。然后用计算机进行整理、综合、检验，最后排出结果。对评价项目层和评价因子层，也按同一方法计算出权重，根据权重排序结果；再以100分按权重赋予各个因素以分值，就可得到一个旅游地资源定量评价参数表，即每一项目和每一因子在 100 分中占据多少分值。这一评价方法虽仍带有主观色彩（主要是在专家打分时，主观色彩较大），但比纯粹的定性描述要客观、科学一些。

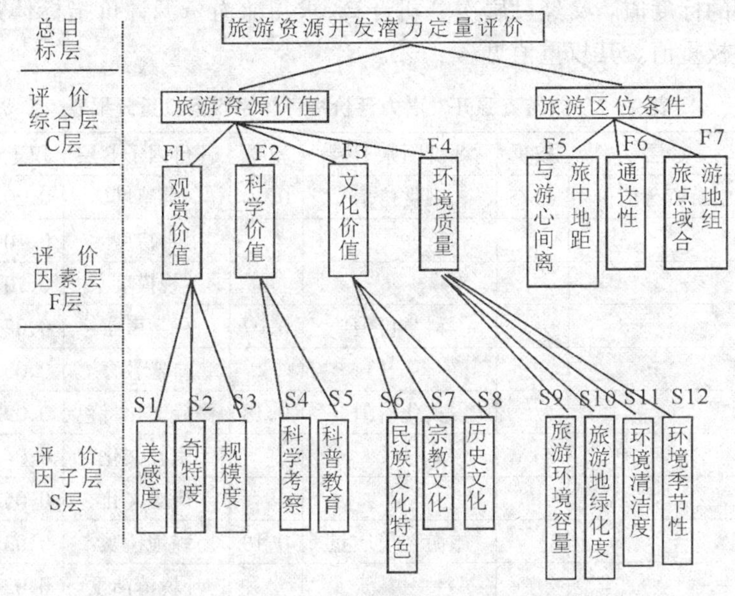

图 9－4　旅游资源开发层次评价指标体系图

郝晓兰、李兰维（1994 年）在对呼和浩特地区旅游资源的评价中，运用了层次分析和模糊数学相结合的评价方法。他们也是首先建立了旅游资源开发层次评价指标体系，见图 9－4。图中，评价综合层分为旅游资源价值和旅游区位条件两个方面；评价因素层为 Fl～F7 共 7 个因素；评价因子层为 S1～S 12，共 12 个因子。

评价中涉及的众多指标因素、次及因子，对于评价目标的重要性程度是不同的。在资源定量评价过程中，首先要对这些指标按重要性排序;然而这些指标不易定量,只好用层次分析法确定它们的权重。在层次分析法的计算过程中,各因素两两比较的标度,通过特尔菲法求得。邀请了从事旅游实际工作或研究工作的专家20位,用填表方式进行评分,进行统计平均,最后得到各因素间比较的标度值。又经过层次分析计算,求得旅游资源评价指标体系的权重值。其权重值见表9-2。

表9-2　旅游资源开发潜力评价指标体系因素权重分配表

C层	权重	评价因素F层	权重	评价因子S层	权重
旅游资源值价	0.75	观赏价值	0.40	美感度	0.20
				奇特度	0.10
				规模度	0.10
		科学价值	0.07	科学考察	0.02
				科普教育	0.05
		文化价值	0.18	民族文化特色	0.09
				宗教文化	0.04
				历史文化	0.05
		旅游环境质量	0.10	绿地覆盖	0.03
				环境清洁度	0.02
				环境季节性	0.01
旅游区位条件	0.25	与旅游中心城市间距离	0.07		
		旅游通达性	0.13		
		旅游点地域组合	0.05		

从表中可以看出,旅游资源价值占的权重最大为0.75,是评价中最重要的因素,说明旅游资源本身价值的高低决定着旅游开发潜力的大小。旅游区位条件的权重为0.25,虽不占主要地位,

但对旅游资源开发价值影响极大。旅游点远离旅游中心地,或者交通的通达性不佳;或者旅游点为孤立的点,周围无其他旅游点相配合,无法发挥旅游点的集聚效益等,都将降低其开发价值。

确定了指标体系中各因素的权重后,还需对每一因素按一定分级给定记分标准。对此采用模糊数学十分制记分法,记分标准如表 9－3。对于各个评价单元的模糊得分,通过专家评分法来求得。综合得分按下面的数学模型计算,即:

表 9－3　旅游资源定量评价基本指标模糊计分表

<table>
<tr><th colspan="3">记分等级 / 指标</th><th>10～8</th><th>8～6</th><th>6～4</th><th>4～2</th><th>2～0</th></tr>
<tr><td rowspan="8">旅游资源价值</td><td rowspan="3">观赏价值</td><td>美感度</td><td>极美</td><td>很美</td><td>较美</td><td>美</td><td>一般</td></tr>
<tr><td>奇特度</td><td>罕有</td><td>少有</td><td>较少</td><td>普遍</td><td>极普遍</td></tr>
<tr><td>规模等</td><td>宏大</td><td>很大</td><td>较大</td><td>中等</td><td>不大</td></tr>
<tr><td rowspan="3">科学价值</td><td>科学考察</td><td>极高</td><td>高</td><td>较高</td><td>一般</td><td>低</td></tr>
<tr><td>科普教育</td><td>极高</td><td>高</td><td>较高</td><td>一般</td><td>低</td></tr>
<tr><td>民族文化</td><td>极高</td><td>高</td><td>较高</td><td>一般</td><td>低</td></tr>
<tr><td rowspan="2">文化价值</td><td>宗教文化</td><td>极高</td><td>高</td><td>较高</td><td>一般</td><td>低</td></tr>
<tr><td>历史文化</td><td>极高</td><td>高</td><td>较高</td><td>一般</td><td>低</td></tr>
<tr><td rowspan="4"></td><td rowspan="4">旅游环境质量</td><td>环境容量</td><td>极大</td><td>大</td><td>较大</td><td>一般</td><td>小</td></tr>
<tr><td>绿地覆盖度</td><td>极高</td><td>高</td><td>较高</td><td>一般</td><td>低</td></tr>
<tr><td>环境清洁度</td><td>极高</td><td>高</td><td>较高</td><td>一般</td><td>低</td></tr>
<tr><td>环境季节性</td><td>无</td><td>小</td><td>一般</td><td>较强</td><td>强</td></tr>
<tr><td colspan="2" rowspan="3">旅游区位条件</td><td>与旅游中心城市间距离</td><td><10km</td><td>10km～50km</td><td>50km～100km</td><td>100km～150km</td><td>>150km</td></tr>
<tr><td>旅游通达性</td><td>优</td><td>良</td><td>中</td><td>差</td><td>劣</td></tr>
<tr><td>旅游点地域组合</td><td>优</td><td>良</td><td>中</td><td>差</td><td>劣</td></tr>
</table>

$$A_{ij} = S_{ij} \cdot W_i$$

$$A = \sum_{i=1}^{n} S_i \cdot W_i$$

式中,A—— 表示旅游地资源评价综合得分;S—— 表示某个评价因素的模糊得分值;W—— 表示某个评价因素的权重值;i—— 表示第 i 项因素;j—— 表示第 j 个旅游地资源评价单元。

对呼和浩特旅游区资源评价系统分为三级:旅游吸引向性、旅游开发潜力、旅游开发限制型。旅游吸引向性又分为海外旅游向性、国内旅游向性、地方旅游向性。旅游开发潜力级指在各种旅游吸引向性的前提下,旅游资源开发价值的综合反映,主要依据旅游资源景观的旅游价值、开发条件、旅游功能类型等因素判定。旅游开发限制型是在旅游资源开发潜力级范围内,控制因素的种类及其强度进行划分。依据旅游开发的现状和各类资源的性状,呼和浩特旅游区资源开发的限制因素主要有:A. 旅游景区规模小;B. 旅游功能少;C. 旅游地位置偏远(指远离旅游中心城市或偏居于主要交通线之外);D. 旅游交通不便捷;E. 旅游环境季节性大。

按照给定的评价原则、评价系统、定量评价模型和方法,以旅游点为评价单元,对呼和浩特旅游区中 59 个旅游点进行定性定量相结合的评价。旅游吸引向性,主要依据区域中各类旅游资源的景观美学特征、奇特程度、历史文化价值以及文化内涵的层次,并结合区域的旅游开发现状和国内外旅游市场需求动向等定性确定。旅游开发潜力级,通过定量评价求得,分级以其分值来划分。考虑到综合分值不可能低于 4.0,故将潜力级定为三级,即一级 7.0~8.0,二级 7.0~6.0,三级 6.0~4.0。旅游开发限制型,主要依据各点开发现状中存在的问题,以及评价时各要素的分值分布情况,将旅游开发限制型直接给定。呼和浩特旅游区资源开发价值系统单位评价见表 9-4。

表 9－4　呼和浩特旅游区资源开发价值系统评价一览表

旅游吸引向性	旅游开发潜力级	旅游开发限制型	旅游点个数	旅游点名称	综合评分值
国际国内旅游吸引向性	Ⅰ	E	1	希拉穆仁草原旅游点	8.49
		CE	1	葛根塔拉草原旅游点	8.15
		C	1	成吉思汗陵园	8.13
		E	1	五当召	8.25
	Ⅱ	CE	3	灰腾锡勒草原旅游点	7.87
				成吉思汗行宫旅游点	7.79
				百灵庙	7.18
		DE	1	库布齐银肯响沙	7.54
				万部华严经塔	7.75
				五塔寺	7.50
				昭君墓	7.54
				席力图召	7.36
		AB	8	大召	7.51
				玉泉井与明代仿古街	7.02
				内蒙古赛马场	7.23
				赵长城遗址	6.70
		CD	1	黄河峡谷旅游点	6.15
			2	美岱召	7.57
				乌素图召	7.74
		E	1	大窑文化遗址	6.62
		DE	1	喇嘛洞召	7.12
		B	2	大清真寺	7.01
				内蒙古博物馆	6.79
		CE	1	九峰山	6.30
		CE	1	岱海	5.80
		E	4	哈素海	5.56
				大青山公园	5.87
				昆都仑水库	5.69
				南海公园	5.83

续表 9－4

旅游吸引向性	旅游开发潜力级	旅游开发限制型	旅游点个数	旅游点名称	综合评分值
国际国内旅游吸引向性	Ⅲ	B	2	内蒙古展览馆	5.91
				清将军衙署	5.92
		CD	2	夏勒草原岩画	5.86
				伦苏木古城遗址	5.73
		D	1	秦长城遗址	5.25
		E	1	包头黄河大桥	5.57
		B	1	乌兰夫同志故居	5.33
		BC	1	和林格尔汉墓壁画	5.06
地方旅游吸引向性	Ⅲ	DE	3	虎头山瀑布	5.55
				金釜殿山	5.80
				水涧沟门民居风景	5.66
		E	2	红领巾水库	4.90
				梅力更峡谷	5.43
		AB	7	清公主府	5.47
				包头王若飞革命故址	4.37
				包头蒸气机车旅游点	4.59
				云中城遗址	4.30
				抗日阵亡将士公墓	4.34
				阿善新石器文化遗址	4.60
		D	1	得胜沟革命遗址	4.62
		BCD	2	准格尔召	4.57
				十二连城遗址	4.22
		B	1	包头钢铁公司	4.08
		BDE	1	达旗昭君墓	4.97
		ABCD	1	准格尔油松王	4.18
		AB	1	巧尔气召革命遗址	4.12

从上表可得出如下结论：

(1)旅游吸引向性层次结构。就旅游资源的吸引力和区域旅游业的性质而言，国际、国内旅游吸引向性是主要的，其旅游点数量的多少反映出旅游区的资源整体价值水平。呼和浩特旅游区有国际、国内旅游吸引向性的旅游点37处，占评价旅游点总数的62.7%。其中国际旅游吸引向性旅游点19处，比重为32.2%，国内吸引向性旅游点18处，比重为30.5%。这说明本区的旅游地资源吸引向性的水平较高，具备较好的发展国际、国内旅游业的资源基础。

(2)旅游开发潜力级层次结构。依据定量评价的结果，呼和浩特旅游区的旅游资源开发潜力级层次中，有一级旅游点4处，比重为6.8%；二级旅游点20处，比重为33.9%；三级旅游点35处，比重为59.3%。其中，国际旅游吸引向性组中，一级点4处，二级点15处，三级点14处。地方旅游吸引向性组均为三级旅游点。这充分说明，尽管本区旅游地资源独特性较强，但受到环境因素、区位因素的限制，综合反映出的旅游开发潜力水平不高；尤其是缺乏旅游价值高、旅游区位好的一级旅游点。

(3)旅游开发限制型在各等级层次的旅游资源分布状况。旅游开发限制型是从制约旅游开发的角度来反映旅游资源的开发价值的，限制因素的多少与组合状况直接影响其开发价值的高低。它代表着旅游开发的难易程度。呼和浩特旅游区的各类各级旅游点的开发限制型不尽相同，表现在限制因素的数量和组合状况方面，从而构成了较多的限制型。归纳起来有12个旅游开发限制型。从总的方面来看，旅游环境的季节性是最普遍的限制因素，尤其以草原、山地、森林、沙漠、湖泊等自然景观旅游资源最为突出。旅游限制因素的多少与旅游地资源的等级成反相关关系，从旅游地资源的属性层次来看，以草原风光、民族风情为主要内容的旅游点，其旅游开发资源方面的限制因素较少，旅游区位方面的限制因素较多(主要是旅游地理位置偏远)。而以寺庙、古塔为代表的人文景观，则以景点规模、旅游功能方面的限制为主。

呼和浩特地区旅游资源开发的方向,应以蒙古草原为依托,以蒙古族文化为灵魂,辅之以宗教文化,大力发展观光、娱乐旅游,并进行各种形式的民族风情旅游和会议、购物游。在旅游资源开发方向确定的前提下,运用旅游资源开发价值系统评价成果,将呼和浩特旅游区的资源开发层次结构列于表9-5。这样,本区旅游开发的资源类型结构、资源等级结构、资源功能结构和旅游市场结构就十分清楚了。

表9-5 呼和浩特旅游区资源开发层次结构及内部对应变换分析表

<table>
<tr><td>旅游资源类型结构</td><td>1. 雄浑壮阔的草原风光与典型浓郁的蒙古族风情。主要旅游点:希拉穆仁、灰腾锡勒、葛根塔拉、成吉思汗陵园与行宫、库布齐银肯响沙等</td><td>2. 绚丽多姿的民族历史文物古迹,主要旅游点:白塔、五塔寺、昭君墓、大召、乌素图召、赵长城、秦长城、内蒙古博物馆等</td><td>3. 体现塞外风光的山地、水体为主的自然风光。主要旅游点:九峰山、金釜山、大青山公园、梅力更峡谷、虎头山瀑布、哈素海、岱海、南海公园、黄河等</td></tr>
<tr><td rowspan="2">旅游资源等级结构</td><td>1. 具备三重旅游吸引向性(国际、国内、地方)</td><td>2. 部分旅游点具备三重旅游吸引向性以国内向性为主</td><td>3. 部分旅游点具备国内、地方双重旅游吸向性,大部分仅为地方旅游吸引向性</td></tr>
<tr><td>1. 以一级旅游天然点为主体,部分为二级旅游点</td><td>2. 仅有一处一级旅游点,其皆为二、三级旅游点</td><td>3. 大部分为三级旅游点</td></tr>
<tr><td rowspan="3">旅游资源功能结构</td><td colspan="3">1. 一般的旅游观光</td></tr>
<tr><td>2. 娱乐旅游:骑马、摔跤、射箭、沙漠中乘骆驼、滑沙等。民族风情专题旅游:谒成吉思汗陵、访问民族食品、观赏民族歌舞、体育活动、观赏蒙古族宗教节日与婚礼等</td><td>3. 蒙古族宗教文化专题旅游,民族历史访古专题旅游</td><td>4. 娱乐旅游:登山、狩猎、游泳、划船、垂钓等</td></tr>
<tr><td colspan="3">5. 休疗养、健身、科学考察访问、体育比赛等专门旅游</td></tr>
</table>

续表 9-5

<table>
<tr><td rowspan="3">旅游市场结构</td><td colspan="3">1. 国内外一般观光旅游的游客</td></tr>
<tr><td>2. 专门体验民族风情,骑马、度假的国际游客,以及国内(尤其是区内)“节假日”旅游的游客</td><td>3. 国内外对蒙古族宗教、民族历史文化有浓厚兴趣的专门游客</td><td>4. 当地以及部分国内游客</td></tr>
<tr><td colspan="3">5. 国内外来呼和浩特、包头进行商业、经济和文化交流活动及其他方面活动的游客</td></tr>
</table>

2. 单纯矩阵评价方法

王家骏运用美国著名数学家塞蒂(Seaty)的解析递阶过程,提出一种处理定性因素定量化的单纯矩阵评价方法①,以我国六处拟开发海滨旅游区(兴城、东山岛、北海、凤城、上川岛、朱家尖)为例,用以确定开发的先后顺序。此方法有如下优点:其一,原理简单,计算方便。只要详尽占有资料,深入研究客观事物,求得本质理解,即使定量数据不多,甚至完全没有定量数据,也可对方案进行全面评价。其二,该方法使评价者完全避开评价因素之间错综复杂的相互关系,顺应人脑对事物评价所持的固有形式,集中思考、判断因素两两之间的相关关系(或权重关系,或优劣关系),使评价者在评价过程中思维条理化、系统化,从而有助于对方案作出全面系统、恰如其分的论证,结论也较公正、可靠。其三,此方法不仅适用于同类风景资源的方案评价,也适用不同类型旅游资源之间的方案评价,可用于评价相关因素较少的方案,也能适应大规模的方案选择;既适用于大范围(如全国),也适用于小区域(如省内、地区范围)。通用性大,系统性强,具有较高的实用价值。因此,在这里加以推广,希望在今后的旅游开发评价中,能经常用到这一方

① 王家骏:《论风景资源开发次序的确定》,《社会科学家》,1987 年第 6 期。

法。

此方法的第一步，也是确定评价因素的体系。王家骏在评价我国六处拟开发海滨先后次序时，将目标层分为社会效益、经济效益和生态效益三类，经济效益又分为资源条件、客源条件、交通状况、建设难易四个决定方面，下分12个决定因素。其评价体系如图9-5所示。

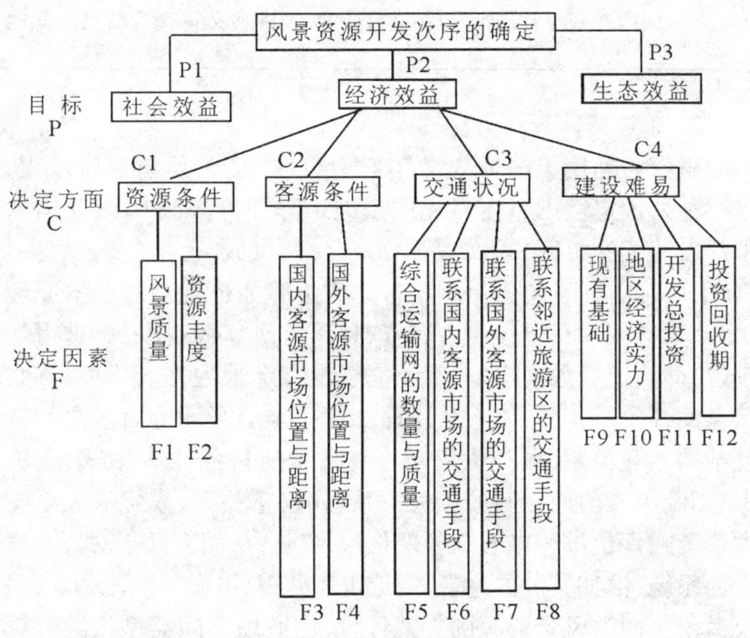

图9-5 单纯矩阵评价模型

上述各项评价因素对于风景资源开发次序的确定影响强弱程度不等。这就需要根据各因素影响程度的大小，给予不同的权数。权重的确定，仍然采用特尔菲法。对获取的专家的赋值进行统计平均，然后参照统计平均值，按表9-6所示标度方法进行相对重要性评定。如果评价者详尽占有资料，且对评价因素作过深入研究,也可直接依据标度评定。

表 9-6 标度及标度定义

标度	权重定义	因素值定义(单因素影响下)
1	两因素相同重要	两地相同优
3	一因素比另一因素稍微重要	一地比另一地稍微优
5	一因素比另一因素较强重要	一地比另一地较强优
7	一因素比另一因素强烈重要	一地比另一地强烈优
9	一因素比另一因素绝对重要	一地比另一地绝对优
2,4,6,8	两相邻判断的中值	两相邻判断的中值
倒数	权重与因素值定义不变,相应的标度次序为 两相邻判断的中值为	$\frac{1}{9},\frac{1}{7},\frac{1}{5},\frac{1}{3},1$ $\frac{1}{8},\frac{1}{6},\frac{1}{4},\frac{1}{2}$

权重确定的具体步骤是,按照标度定义逐个评价 m 个因素之间的两两关系,即评价 $F_1/F_1, F_1/F_2, \cdots, F_1/F_m$,然后依次评价 $F_2/F_1, F_2/F_2, \cdots, F_2/F_m$,直至 $F_m/F_1, F_m/F_2, \cdots, F_m/F_m$,由此形成矩阵 A。

$$A = \begin{bmatrix} F_1/F_2 & F_1/F_2 \cdots F_1/F_m \\ F_2/F_1 & F_2/F_2 \cdots F_2/F_m \\ \vdots & \vdots \qquad \vdots \\ F_m/F_1 & F_m/F_2 \cdots F_m/F_m \end{bmatrix}$$

进行矩阵运算,可求得权重 $W_k(1,2,\cdots,m)$,且

$$\sum_{k=1}^{m} W_k = 1$$

因素值的确定方法与权重值确定法原理相同。在占有、深入分析资料的基础上,按照标度定义评定每个评价因素对于拟开发地(以 $P_1, P_2, \cdots, P_n$ 表示) 的相对重要性,据此建立若干个矩阵 β(矩阵个数等于评价因素个数)。

$$\beta = \begin{bmatrix} P_1/P_1 & P_1/P_2 \cdots P_1/P_n \\ P_2/P_1 & P_2/P_2 \cdots P_2/P_n \\ \vdots & \vdots \quad \vdots \\ P_n/P_1 & P_n/P_2 \cdots P_n/P_n \end{bmatrix}$$

进行矩阵运算，可求得各项因素值 $\gamma_{jk}(j = 1,2\cdots,n)$，且

$$\sum_{j=1}^{n} \gamma_{jk} = 1$$

在上面运算的基础上，进行旅游点总体优度评价。以加权和的方式建立总评价指标，代表定性因素的优度(用 D_j 表示)。

$$D_j = \sum_{k=1}^{m} W_k \cdot \gamma_{jk}$$

D_j 值的大小较真实地反映了拟开发风景资源的总体优度大小，可以作为确定开发次序的依据。

为了具体阐明这套单纯矩阵评价方法，特以各地拟开发的六处海滨旅游区实例为佐证。兴城(辽宁锦州市)以 P_1 为代表，凤城(山东烟台海阳县)以 P_2 为代表，朱家尖(浙江舟山市普陀县)以 P_3 为代表，东山岛(福建漳州市东山县)以 P_4 为代表，上川岛(广东江门市台山县)以 P_5 为代表，北海(广西)，以 P_6 为代表。

首先，确定影响海滨旅游区开发次序的评价因素及其权重。考虑到海滨旅游区的特点和掌握的资料，对 12 个通用评价因素进行适当的归并、化解，确定下述 7 个指标作为评价因素：

C_1 ⟨ F_1 海水浴与水上运动条件；F_2 风景组合特点与旅游资源丰度

C_2 ⟨ F_3 邻近地区人口密度与平均生活水平；F_4 接待国外游客的可能性

$$C_3 \left\langle \begin{array}{ll} F_5 & \text{旅游设施现有基础} \\ F_6 & \text{所在地与邻近地区经济实力} \end{array} \right.$$

$C_4 \sim F_7$　通达条件与可进入性

上述7个评价因素，F_1 最重要，F_2 次之。F_3 与 F_4 重要性大致相同。F_6 与 F_5 密切关联，前者似略重要于后者。F_4 重要性最低(我国海滨度假地对国外客源市场吸引力不大)。

根据上述分述判断，得出权重矩阵：

表9-7　权重矩阵

	F_1	F_2	F_3	F_4	F_5	F_6	F_7	W_k
F_1	1	2	3	7	5	4	3	0.3346
F_2	$\frac{1}{2}$	1	2	6	4	3	2	0.2223
F_3	$\frac{1}{3}$	$\frac{1}{2}$	1	5	3	2	1	0.1375
F_4	$\frac{1}{7}$	$\frac{1}{8}$	$\frac{1}{5}$	1	$\frac{1}{3}$	$\frac{1}{4}$	$\frac{1}{5}$	0.0284
F_5	$\frac{1}{5}$	$\frac{1}{4}$	$\frac{1}{3}$	3	1	$\frac{1}{2}$	$\frac{1}{3}$	0.0551
F_6	$\frac{1}{4}$	$\frac{1}{3}$	$\frac{1}{2}$	4	2	1	$\frac{1}{2}$	0.0846
F_7	$\frac{1}{3}$	$\frac{1}{2}$	1	5	3	2	1	0.1375

按方根法首先计算矩阵每一行的方根 M_k。

$$M_k = \sqrt[7]{\sum_{j=1}^{7} F_{jk}} \quad k = 1,2,\cdots,7$$

对向量 $m = (m_1, m_2, \cdots, m_7)^T$ 正规划

$$W_k = \frac{W_k}{\sum_{j=1}^{7} mj}$$

则 $W = (W_1, W_2, \cdots, W_7)^T$ 为所求向量，其分量 W_k 作为对应元素 F_K 的权重。计算结果见表 9－7W_k 栏。

其次，确定六处拟开发海滨旅游区对于上述 7 项评价因素各自的因素值。

因素值确定的具体方法如下：

第一，围绕各项评价因素，选取若干充分反映该因素的评价因子，以表格的形式逐项比较评价；

第二，在比较评价的基础上，用标度方法确定拟开发海滨旅游区对于每个评价因素的相对重要性，建立 7 个因素值矩阵；

第三，通过矩阵运算（计算方法与权重矩阵同），确定各地各项评价因素的因素值；

第四，以加权和的形式进行总体优度评价，如表 9－8 所示。

表 9－8　总体优度评价表

权重(nk) 因素值(γ_{jk}) 地点	F_1	F_2	F_3	F_4	F_5	F_6	F_7	$D_j = \sum_{k=1}^{7} W_k \cdot \gamma_{jk}$
	0.3346	0.2223	0.1375	0.0284	0.0551	0.0846	0.1375	
兴城 P_1	0.0759	0.3206	0.4023	0.0472	0.3988	0.2674	0.4201	0.2557
凤城 P_2	0.0759	0.1338	0.1797	0.0260	0.1665	0.3925	0.1934	0.1496
朱家尖 P_3	0.1315	0.3206	0.2422	0.0913	0.0675	0.1788	0.0784	0.1808
东山岛 P_4	0.2389	0.1338	0.0551	0.4043	0.1665	0.0436	0.0784	0.1524
上川岛 P_5	0.2389	0.0313	0.0834	0.1853	0.0343	0.0871	0.0361	0.1178
北海 P_6	0.2389	0.0599	0.0373	0.2460	0.1665	0.0305	0.1934	0.1437

根据总体优度评价，开发次序应为：兴城、朱家尖、东山岛、凤城、北海、上川岛。

3．模糊数学评价法

将模糊数学方法引入旅游地资源的开发评价，在我国始于 20 世纪 80 年代中期。模糊数学方法之所以在旅游地资源评价中有它生存的土壤，其原因在于在资源评价中存在着一些模糊因素。所谓模糊因素，是指那些无从评判、无法预料的捉摸不定的因素，如社会效益与生态效益的评价，游客兴趣爱好变化及其对客流量的影响等等。运用模糊数学方法能使这些模糊因素量化。当然，这一方法并非只针对模糊因素，对其他因素也一概适用。杨汉奎 1987 年以贵州省为例对贵州的风景资源进行了模糊评价，徐金发 1988 年运用相同方法对新疆乌鲁木齐南山、天池、东山以及阿尔泰山喀纳斯湖风景区进行了模糊评价。现将杨汉奎的研究成果作一介绍①。

风景资源评价给分法：

对风景资源的评价分为三个层次：第一级为风景点的质量评价；第二级为风景区质量综合评价；第三级为风景区开发的技术经济可行性评价。

风景点的质量评价，选用 4 个参数作指量进行模糊数学的 10 分制数列记分。

—— 美感指量 I_b 及其权重 W_b

美感指量是度量风景点优美程度的尺度，虽然人们审美观不同，但对多数人来讲，总能找到接近的评分。实践所知，对于两极的分歧不大，争议较多的是中间档次。由于它是首要的尺度，主观给予权重 40% 。

—— 特殊性指量 I_d 及其权重 W_d

特殊性指某类景色在世界各地出现的几率。几率低者 I_d 值高，反之 I_d 值则低。此指量是招引游客的重要参数，举世罕见，对

① 杨汉奎：《论风景资源的模糊评价》，《自然资源学报》，1987 年第 1 期。

国际客源吸引力大。特殊性指量要依靠从事相应专业的专家给予评分。此项主观给予权重20%。

—— 规模指量 I_{sc} 及其权重 W_{sc}

指风景画面尺寸,几何形体大小的尺度。不同类型的构景体采用的单位不同;只能对同类构景体进行类比。如峡谷以高深与长度,洞穴以长度,洞厅以面积,瀑布以高×宽×平均流量×崖坡坡度,石林以高度与密度度量。一般而言,规模大者容纳游客量大,接待能力强。它可作风景点容客量的指数,主观给予权重20%。

—— 科学意义指量 I_s 及其权重 W_s

这是度量观赏体科学价值的尺度,与以上三指量可能统一,也可能矛盾。其主观权重给予20%。

根据对贵州及相邻风景的考察,以上4个指量的模糊数学给分的等级,用表9-9表示。

表9-9 风景资源质量模糊记分表

参数	权重 \ 记分等级	10～8	8～6	6～4	4～2	2～0
美感度 I_b	W_b 40%	非常美	极美	较美	美	不美
特殊度 I_d	W_d 20%	罕有	少有	较少	普遍	极普遍
规模度 I_{sc}	W_{sc} 20%	宏大	很大	较大	中等	不大
科学价值 I_s	W_s 20%	极高	很高	较高	中等	不高

采用公式 $PI_m = \sum_{i=1}^{n} PI_i \cdot W_i$ 计算。在此,该公式改写为:

$$PI_m = \frac{1}{5}(2I_b + I_d + I_{sc} + I_s)$$

在实际评价过程中,美感度采用专家咨询法或游客意见统计法,特殊性及科学意义采用专家咨询法,规模度直接测量。对于新考察区,由于交通等的制约,则采取考察队成员的集团"主观给分法",这也是一种专家集团评分法。为了避免差错,可以通过照片、幻灯片和电视录像组织有关专家咨询,将其结果与"主观给分法"比较,求出改正系数 k,对主观给分法进行必要的修订,即使用公式:

$$PI_m = \frac{k}{5}(2I_b + I_d + I_{sc} + I_s)$$

在对风景点质量进行评价后,进入第二层次的评价,即风景区质量综合评价。风景区质量综合评价,选用以下 4 个参数作为指量。

a. 风景区的风景资源质量评价指量 I_m

每一个风景区可以有几个风景点,各点的记分是不同的。如果仅用算术和来评价此指量,将降低其价值。因为一个风景区有一关键的主要风景优异,即能吸引游客,因此对 N 点的资源质量评价采用加权平均法,即用公式

$$PI_m = \frac{1}{n}\sum_{i=1}^{n} W_{mi} \cdot PI_{mi}$$

其中主要风景点权重 $W_{\text{mbest}} > 70\%$

b. 风景区的绿地率 G_r

它是衡量某风景区内绿地的占有率尺度。绿地包括草地、森林及园林。它不仅美化环境,自身也是一种风光,缺乏绿地的风景区将使游客情绪低落,保护绿地就是保护风景和环境。这里将以其所占面积百分比给分。

c. 风景资源的离散度 D_i

一个风景区内几个风景点,彼此间的距离称为离散度。离散度大,风景点间距离长,游客疲于奔波,往往大扫其兴;离散度小,游客沿途游玩,兴致就高。对于离散度大者,应采取人工园林、游乐场或交通工具弥补。

d. 环境质量指量 E

环境保护部门对环境质量有专门的要求。

这 4 个指量的模糊数学记分列于表 9－10 中。

风景区资源的质量综合评价公式如下:

$$PI_{ln} = PI_m + D_i + G_r + E$$

表 9－10　风景区质量综合评分表

参数＼记分级	10～8	8～6	6～4	4～2	2～0
离散度 D_i	＜5km	5km～10km	10km～15km	15km～20km	＞20km
绿地率 G_r	＞60%	60%～40%	40%～20%	20%～10%	＜10%
资源质量 I_m	10～8	8～6	6～4	4～2	2～0
环境质量 E	优	良	中	差	劣

思考题:

1. 旅游资源有哪些基本定义?它的内涵和外延分别是什么内容?
2. 如何对旅游资源加以分类?
3. 如何对旅游资源进行定性评价?
4. 旅游资源的定量评价有哪些基本方法?

第十章 旅游环境承载力评价

一、旅游环境承载力的概念及其分类

(一)概念及研究状况

旅游环境承载力,又称旅游容量,指旅游地开发和发展旅游在不影响后代对旅游资源永续利用的前提下,旅游地环境和生态、旅游地社会和经济能力、旅游地居民和旅游者心理等方面所能承受的最大游人量。

旅游环境承载力的概念来源于环境承载力。

哈丁在他的《公地的悲剧》(The Tradegy of the Commons)一文中,讲述了这样一个事实:有一个对所有牧民都开放的牧场。在这个草地生态系统中,草场是公有的,畜群则是私有的;由于每个牧民都力求使个人的眼前利益最大化,于是,公地的悲剧发生了。

环境承载力(environmental Carry Capacity)就派生于牧场的家畜承载能力或合理载畜量,指的是一定的草地系统能够稳定支持的畜群规模大小。尽管没有严格定义,但承载能力允许范围内的畜群规模显然具有可长期维持的特点,即这样的牧业压力不至于损害牧草的再生能力。后来,有的学者将这一概念引入环境对人口的承载能力的研究,取得了令人瞩目的成就。从"公地的悲剧"的描述中,我们姑且抛开所有制问题不予讨论,但我们认清了一点,如果环境的承载力不控制在合理范围内,不进行人为的规划和调控,那就将对环境带来毁灭性的灾难。在"环境承载力"这一概念里,有两个问题值得注意:其一,环境承载力指环境在合理限度内所能容纳的极限量,是环境的负担能力。其二,环境的这一容纳的极限量是以能持续再生为前提的,所以环境的再生性与永续性就成为环境承载力的关键内容。

从20世纪80年代中后期以来,随着旅游业的发展及其对环境造成的威胁和破坏,旅游学界也开始将环境承载力的概念引入研究领域。研究的重心也应当是旅游环境容量的极限及其对策,以及有关旅游环境的再生性和永续利用问题。

国外对旅游环境容量的研究起于20世纪70年代。一直到1977年,劳森(H.Lawson)等写出了《旅游和休闲的发展:旅游资源评价手册》,其中专门探讨了旅游容量问题;皮尔斯(D.Pearce)等1986年在联合国环境规划署的出版物《产业与环境》中专文论述了"旅游海岸的承载能力";林赛(I.J.Lindsay)1986年在同一刊物中专文介绍和研究了"美国国家公园的旅游承载能力";谢尔比(B.Shelby)1987年写有《游憩背景中的承载容量》一书,对此问题作了较为详细的论述。但是,世界上至今对旅游环境承载力的概念无一公认的确定的认同,表明对这一问题的研究才刚刚开始。

我国对这一问题的研究始于20世纪80年代,开始也是对概念和计算方式进行初步的探讨。时至今日,这种理论的探讨仍然是十分肤浅的。在实际运用方面更是如此。保继刚于1987年对北京颐和园的旅游环境容量作了详细的研究,楚义芳于1989年对旅游环境容量的概念体系、量测方法和实用方向作了较系统的研究。他们的研究取得了令人瞩目的成就。

到目前为止,对旅游环境承载力的概念作过探讨的学者不少。如匡林认为,从旅游地角度看,旅游容量乃是旅游地在认识到旅游业的消极影响之前所期望吸引旅游者的能力,表现为所期望的最大游人数而非实际有能力吸引的人数。显然,这种考虑侧重于东道社会和居民。从旅游者角度来看,当旅游业资源利用超过某一程度时,旅游者感觉到这种利用已经过度,原来的好奇心和兴趣荡然无存,因而他们必然会另觅他方从而引起该地旅游规模的下降。这一特定利用程度即旅游容量。它是旅游者寻求其他旅游地之前所愿意接受的最低享受程度,也就是能吸引并保持旅游者前往的旅游业资源的最高利用程度。崔凤军则认为,旅游环境承载力指在某一旅游地环境(旅游环境系统)的现存状态和结构组合不发生对当代人(包括旅游者和当地居民)及未来人有害变化(如环境美学价值的损减、生态系统的破坏、环境污染、舒适度减弱等过程)的前提下,在一定时期内旅游地(或景点、景区)所能承受的旅游者人数。

这些定义各持一说,看来在很长一段时期内还难于统一。如前面所举二例,两者定义各有其长,但前者失之精练,后者又缺乏综合性的考虑。两者比较,后者又更准确一些,既表述了旅游环境承载力的可持续性,又阐述了旅游地居民和旅游者的心理容纳量。

下面,根据前述对于旅游环境承载力的定义,来分析这一概念的特征。

(二)旅游环境承载力的特征

1. 旅游环境承载力的核心之一,是旅游地生态环境的可持续性(Sustainability)

可持续性指的是将环境的容量控制在合理范围之内(不能超过极限),使环境得以再生的性能。因此,旅游环境承载力的最大极限就是不得损害旅游地资源的再生能力。对于旅游地环境和生态的承载能力来说,就是保证环境和生态能够被后代永续利用,为后代留下可资利用的旅游资源。至于旅游环境承载力的最大极限,从定性的角度而非定量的角度来分析,如果从旅游地资源的再生能力出发,则可将其最大极限分为两个层次。第一层次是承载力的饱和,即旅游者人数达到合理的饱和度,如果旅游地人数被控制在这一合理饱和度之内,则旅游地资源的永续利用问题将不会受到威胁。第二层次是承载力的超载,即旅游者人数超过了这一合理的饱和度。如果旅游地的旅游者人数长期超载，那么，旅游地资源的再生能力将遭到破坏，旅游地将像“公地的悲剧”那样出现不可避免的悲剧。因此，这里所说的旅游环境承载力的最大极限，实际上应当指旅游地的旅游者人数达到合理的饱和度，而不能超过这个饱和度。

2. 旅游环境承载力的核心之二，是旅游地居民和旅游者的心理承载能力

在旅游地开发之初，旅游地居民对发展旅游业大多怀着兴奋的心情，对旅游者的到来抱着欢迎的态度。旅游给他们带来了可观的收入，改善了他们的生活，所以，他们对旅游者热情友好。这段时间，旅游者与当地居民友好相处，气氛融洽。随着旅游业的发展，旅游地居民的商业意识更趋浓厚，对旅游者的新奇感渐渐消失，在旅游者身上赚取更多的钱成了他们追求的目的，因此对旅游者的态度表现为冷淡。另一方面，由于成群的外地人的不断涌入，旅游地宁静的环境受到破坏，有限的生活空间受到挤压；外地开发商的大兴土木，尽管增加了当地居民的就业机会，但却打破了原有的心理平衡和生活方式。因此，旅游地居民对旅游者和旅游业都渐渐不满起来。特别是在旅游旺季到来的时候，当地居民反倒显得“无立锥之地”，被挤压在自己屋内，生活变得极不方便。由于旅游地集中着一大批高消费旅游者，致使物价上涨，使当地居民难以承受，水、电等生活必需品也显得紧张。旅游地居民对旅游者的厌恶情绪也逐渐浓烈起来，有的性急的当地居民甚至产生敌对情绪。由于对旅游者越来越不耐烦，在与旅游者的交往中，过火言语和行为时有发生，与旅游者间的冲突也间或存在。旅游地在旅游者的冲击下，千年不变的传统的社会观念、道德观念也受到冲击，从而给旅游地居民带来痛苦。所以，西方有的学者将旅游者到旅游地旅游称为“新的殖民”，将旅游地称作“新的殖民地”，也有一定的道理。

据联合国教科文组织的研究表明,大多数旅游地居民对待外来游客的态度,普遍经历了欢迎—冷淡—不满—厌恶四个阶段。实际上,现在世界上一些旅游地居民已从厌恶发展到敌对状态,出现了第五个阶段的演变。

意大利的威尼斯,被称为“水上城市”,以风光绮丽而闻名于世。因世界游客蜂拥而至,人满为患,引起了当地居民的强烈不满,大量居民外迁。据统计,威尼斯 1945 年居民有 15 万,现在不足 8 万人。旅游业的飞速发展,搅得当地居民不得安宁,加上咖啡店、餐馆价格飞涨,超过了市民的承受能力,引起了市民的极大不满。与其相似,法国的一些城市居民也普遍认为旅游者给他们的生活带来了“灾难”。每年到法国旅游的国际游客高达 4 000 万到 6 000 万人,即使在经济不景气,失业率高达 12.8%的情况下,旅游业仍创造了最多的就业机会。但是,如潮的游客给法国特别是旅游地居民带来了极大的不便。以巴黎为例,每到旅游旺季,总是人满为患,交通堵塞。特别是以法国大革命闻名并能俯瞰巴黎全城的蒙马特尔高地,更是游人如织,成千上万的游客从这块具有划时代历史意义的高地上走过,使这里成了人的海洋,当地居民苦不堪言,怨声载道,对游客总是怀着敌对情绪。有的居民躲在家中咒骂游客,有的居民外出躲避游人潮。在闻名的游览胜地,已很难见到当地居民。所以,西方有学者这样诙谐地说到:在捷克布拉格造型优美的查尔斯桥上,行人可以听到全世界所有的主要语言——可能只有捷克语例外。

由于以上原因,使得旅游地居民的心理承载能力越来越脆弱。也正因为如此,旅游地居民对旅游者的态度,越来越成为旅游者对旅游地抉择的重要因素。所以,旅游地居民的心理承载能力被纳入了旅游资源这一系统之中,在对旅游地进行开发或再开发的时候,不得不将它作为一个重要的部分来加以考虑。实际上,决定旅游地居民心理承载力的关键原因是旅游获益的流向。如果旅游地居民能享有旅游的大部分收益，则其心理承载力就不会那么脆弱。然而事实上，多数旅游地居民并未从旅游中获益，旅游收益大多流入了政府部门或外来开发者、经营者手中，特别是大多数外来开发者和经营者将旅游的获益又转移出去，使当地居民不能获益。所以，西方有学者称旅游开发实际上是一种新的殖民方式。

旅游地居民心理承载能力，以当地居民对旅游者普遍产生不满情绪为限。倘若一旅游地居民有不满情绪者超过了当地居民人数的60%，那么，对旅游者的人数就要进行适量控制。这是旅游地长期和永续发展旅游业的一个较为关键的限度。如果对旅游不进行限制性发展，则可能毁坏旅游地的声誉。

旅游者的心理承载能力也是旅游环境承载力的重要组成部分。倘若旅游地的旅游者人数长期饱和，主要景点总是超载，到处人满为患，拥挤不堪，旅游者的旅游体验质量就会大大下降。旅游者的心理承载能力与旅游者的旅游体验质量的关系十分密切。旅游者心理承载力以旅游者内心感到拥挤和不畅快为限。这一限度通过问卷调查就能测量出来。如果旅游者的心理承载力受到影响，对旅游地的感受就差，这既会影响旅游地的声誉，又会使旅游地的回头客大大减少。因此，旅游者的心理承载力也会影响旅游者对旅游地的抉择行为。但这里需要弄清楚的是，并非旅游地的旅游者数量大，旅游者的心理承载力就小。换言之，二者不一定成反比关系。这既要看旅游者对不同旅游地的心理需求（如在海滨浴场和娱乐场所，人多则更有可能增强旅游者的旅游感受质量，而在游览观光旅游地，大多数旅游者则喜欢宁静），又要看旅游者在旅游时的心情（旅游者在心情特别好时，有可能更喜欢人多）。如果旅游者心理承载能力融入了旅游者的主观心情，就对我们量测旅游者心理承载力带来了诸多麻烦。但一般情况下，是能够通过旅游者对旅游地游人数量的心理需求和心理感受加以量测的。

3. 旅游环境承载力具有综合性特征

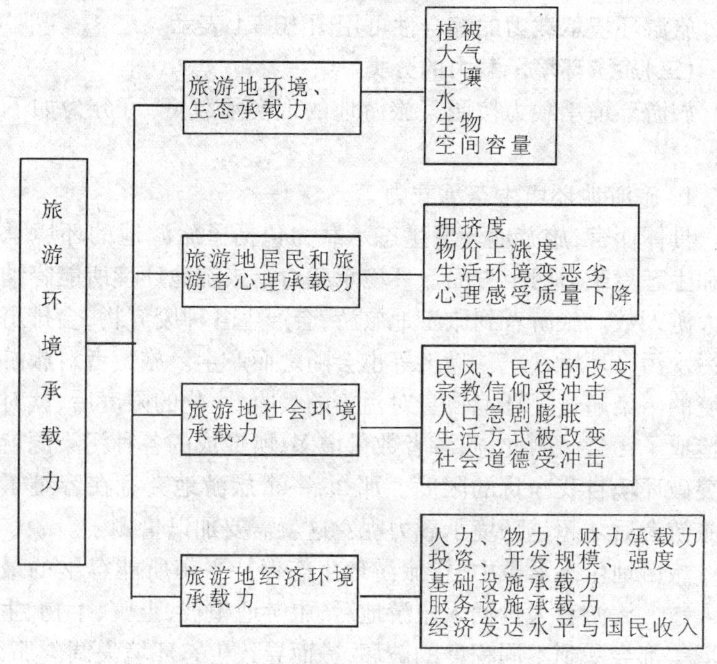

图 10－1 旅游环境承载力的综合性

它不仅指旅游地的环境、生态承载能力、旅游地居民和旅游者的心理承载能力，还包含了旅游地的社会和经济等各方面的承载能力。旅游地的社会承载能力，指旅游地在发展旅游业时，旅游地的民风、民俗、生活习性、宗教、生活方式、社会道德等各方面的承载能力。比如，旅游地居民有执着的宗教信仰，教规和禁忌很多，且非常严格，大批游人拥入后，由于不了解当地人的宗教信仰，容易与当地居民发生冲突。旅游地的经济承载能力，指旅游地开发和发展旅游业，旅游地的基础设施和服务设施能否承受旅游业发展的压力，能否与旅游业协调发展，人力、物力、财力的投入力度和规模能否满足或基本满足旅游业发展的需要。

旅游环境承载力的综合性可用图 10－1 表示。

(三)旅游环境承载力的分类

旅游环境承载力按照某旅游地的现实承载量,可分为如下几类:

1. 旅游地环境生态承载力

具体而言,旅游地环境生态承载力包括了旅游地的环境承载力和生态承载力两个方面。环境承载力指旅游地环境所能容纳的最大游人数。旅游者到旅游地旅游,会产生各种废弃物,会排出各种污水污染环境,废气、噪声等也会随之而产生。旅游者对旅游地环境的污染超过了环境自身对污染的吸收、净化的限度后,就对环境造成了污染。因此,旅游者数量增多,所造成的各种污染源就可能突破环境自我净化的限度。那么,一个旅游地究竟在容纳了多少旅游者后才超越环境承载力呢?这就需要加以量测了。

旅游地生态承载力,指旅游地生态保持平衡所能容纳的最大游人数。旅游者大量涌入旅游地后,旅游地植被、土壤、生物、生活环境等都会受到不同程度的破坏,进而导致生态环境失调。那么,旅游地究竟容纳多少游人,才能保证生态不失调呢?

有学者将环境生态承载力所能承载的游客数量用函数式表示如下:

$$EEBC = MIN(WEC, AEC, SEC, EEC)$$

式中,$EEBC$—— 环境生态承载力。它取决于四个分量值:

WEC—— 水环境承载量(以水面为主要旅游资源,取 WEC = 水环境容量 / 人均废水产生量,不以水面为旅游景点或不构成主要环境要素,则取无穷大);

AEC—— 大气环境承载量(对于不产生大气环境污染的旅游活动类型,可取无穷大;产生大气污染时,AEC = 区域大气环境容量 / 人均废气产生量);

SEC—— 固定废弃物作用产生的容纳量,其公式为:

$$SEC = (\sum_{i=1}^{n} S_i T_i + \sum_{i=1}^{n} Q_i) / \sum_{i=1}^{n} P_i$$

式中,S_i——第 i 种污染物自然环境净化量(量/日);T_i——第 i 种污染物的净化时间(日);Q_i——每日由人工处理掉的第 i 种污染物量;P_i——每位旅游者一天内产生的第 i 种污染物量。

EEC—— 自然植被(土壤)承载量,取决于自身接受践踏并恢复的能力,须通过现场监测获得数据①(下引几个公式也出自该文)。

2.旅游地资源空间承载力

旅游地资源空间承载力,指旅游地的资源空间面积所能容纳的最大游人数。一般可用如下公式计算:

资源空间承载力=资源空间总面积/人均基本空间标准

这样求得的旅游地资源空间的容纳量实际上还不是此旅游地空间的真实容量。因为,一个旅游地有不同的景区和景点,著名景区、景点吸引的游人多,而其他景区、景点吸引的游人少,在一个旅游地内,容量并不平均,此其一;其二,由于景点的层次不同,层次多的景点容纳游客多,反之则少。所以,上列公式在空间容量上不能求得真实值。必须算出每个景区、景点的容量,再求出总空间的和值,才是较为真实可靠的。后面将详细论述和介绍这个问题。旅游环境承载力可以用旅游地环境的可恢复度来表示。其公式如下:

$$G = \frac{P}{F}$$

式中,G 表示旅游地环境的可恢复度;F 表示旅游地环境的永久性破坏度,包括永久性建筑、道路、毁林、水源枯竭等致使旅游

① 崔凤军:《论旅游环境承载力》,《经济地理》,1995年第1期。下引几个公式也出自该文。

地环境永远不能恢复的程度；P 表示可恢复破坏度，包括临时性建筑、可恢复性植被、可清除污染等旅游地环境自我恢复和人为恢复的程度。永久性破坏度越大，旅游环境的可恢复度越小，环境承载力就越小；可恢复破坏度越大，旅游环境的可恢复度就越大，环境承载力也就越大。

3. 心理承载力

包括旅游目的地居民的心理承载力和旅游者的心理承载力。旅游目的地居民的心理承载力，指旅游目的地居民在心理感知上所能接受的旅游者数量。具体地说，指旅游地接待的游客每天不能超过的游人数。旅游者心理承载力，指旅游者旅游时在不影响感受质量的情况下所能容忍的拥挤程度。

游客的过度密集导致当地居民的排斥心理，主要来源于由此引起的交通拥挤、物价指数上涨过快、商品供给不足、社会治安不稳定、环境污染、对城镇的基础设施冲击过强或占用过多(如水资源、电力资源、生存空间等)。对于远离居民点的旅游地可以视为无穷大。但一般的景点旅游或多或少地与当地居民点有关，因此，调查确认当地居民的心理承载量不容忽视。

4. 经济承载量

经济承载量指旅游地开发和旅游业发展中，当地经济条件所能承载的限量，既包括了人们的基本生活条件，也包括了基础设施和服务设施条件，以及投资力度和规模等，它主要指主副食供应，旅馆床位，水、电、煤气、热力、电话、交通车辆、停车场等诸方面的供给水平所能承载的旅游者人数。其计算公式为：

$$DEBC = \mathrm{MIN}(DEBC_1, DEBC_2, \cdots, DEBC_i)$$

式中，$DEBC$——经济承载量(人／日)；$DEBC_i$——第 i 种基本要素供给量形成的经济承载分量；$DEBC_i = S_i / D_i$；S_i——第 i 种要素的日供给量(量／天)；D_i——第 i 种要素的人均日需求量(量／人·天)。

5. 旅游地社会环境承载力

旅游地社会环境承载力，指旅游地的人口、民风民俗、宗教信仰、生活方式、社会道德等方面所决定的当地居民可以承受的旅游者数量。旅游地社会环境承载力是一个十分复杂的综合体，很难以一个公式进行量测，通常可以通过民意调查、问卷调查等方式综合分析出一定的数据，以反映出社会环境承载力的大小。

6. 旅游环境承载力的综合实现

关于旅游环境承载力的综合实现，崔风军认为，从理论上讲，应等于上述前四类的最小值。但由于各分类对它的贡献程度不同，即每超出各承载量值一个单位所引起的消极后果不同，各承载量最适合人数与极限人数之差相去甚远。因此，对于重要性程度（即限制性程度）较低的承载量值，应乘以一个大于 1 的系数，此系数应根据 AHP 专家调查或社会取证等方法，针对各分量指数的具体内容来确定。即：

$$Tebc = \min(x_1 \cdot EEBC, x_2 \cdot REBC, x_3 \cdot PEBC, x_4 \cdot DEBC)$$

式中，*Tebc* 表示旅游环境承载力；*EEBC* 表示环境生态承载力；*REBC* 表示旅游地空间承载力；*PEBC* 表示心理承载力；*DEBC* 表示经济承载力；x_1, x_2, x_3, x_4 是作用系数。

二、影响旅游环境承载力的因素

旅游环境承载力可以通过量测和计算的方法来求得其容量值，这是测量旅游环境承载力的一般方法。但事实上，并不能用一个一成不变的公式作为一把标尺，去对所有旅游地的环境承载力进行千篇一律的计算。如果这样去做，那将是十分迂腐的行为。因为影响旅游环境承载力的因素很多，其中每一个因素的变化都可能引起旅游环境承载力的变化。所以，我们在分析旅游环境承载力时，必须因时而异，因地制宜。

以下因素对旅游环境承载力都会产生影响：

1. 旅游地景区规模，即绝对空间

从理论上来说，旅游地景区规模与旅游环境承载力成正比。即景区规模越大，容纳的游人数就越多；景区规模越小，容纳的游人数就越少。所以，旅游地景区的绝对空间大小，决定了旅游环境承载力的大小。在这种情况下，旅游环境承载力的量测方法，就体现为一般量测的规律，即旅游环境承载力 = 景区空间总面积/人均空间占地面积。那么，要扩大旅游环境承载力的值，就只有一个办法——扩大景区空间总面积。这种办法在旅游资源再开发中经常用到。比如，要对青城山进行再开发，首先想到的一个办法就是扩大青城山景区的空间总面积。青城山每到旅游旺季总是人满为患，这在很大程度上是由青城山游览线路单一、游览景点不多且景点的容量小造成的。青城山的游览线路设计使游人多从建福宫—天师洞—上清宫单一线路游览，而且景点层次不多，除了建福宫、天师洞、上清宫、呼应亭等几处大景点外，其他景点不是较分散就是难于留住客人。这样的线路和景点无法有效地分散游客。也就是说，现在的青城山景区绝对空间面积很小。为了解决这一矛盾，最好的办法就是扩大景区空间。而实际上，到目前为止，青城山主峰——大面山(又称赵公山)还没有得到开发。人们现在游览的青城山，其景点不及整个青城山的 20%。青城山由 36 峰组成，其中蕴含 108 景，8 大洞，72 小洞。如果对青城山进行全面开发，将彻底改变青城山现有的环境承载力，并可大力开发吸引成都市及周边地区的度假游客，同时，将使其产品层次和品位大大提高，对国际、国内市场具有更大的吸引力。所以，在有的风景区，以扩大旅游景区绝对空间的办法来增大旅游环境承载力，显然是行之有效的。

2. 旅游地的相对空间规模

以旅游地景区的总面积来量测旅游环境承载力，存在着一个显而易见的问题，即它与旅游地景区的实际承载力是不相符的。

因为对一个景区来说,并非所有的地方都能供人游览,如悬崖、峭壁、深谷等就是人所罕至的地方。实际上,游人一般只分布在有限的空间范围内,即景区的主要景点及沿途。从这个意义上来说,旅游地景区的承载力主要取决于景区的相对空间的面积,而非绝对空间的面积。因此,相对空间的容量就显得特别重要。要增大景区的环境容量,就必须想法增大相对空间的环境承载力。增大相对空间的环境承载力的办法很多,但对主要景点进行合理布局,加大主要景点规模和增加层次,则是扩大相对空间环境承载力的主要方法。比如,在有限的景点空间内,游览线路增加层次,就自然而然加大了旅游环境容量。所以,一个旅游点相对空间的承载力加大,整个景区的环境承载力就随之而增大。由此可知,旅游地环境容量最科学的计算公式是:旅游地环境承载力＝景区相对空间总面积/人均空间占用面积。这里所说的相对空间,实际上指的是主要景点及沿途空间。因此,一个景区,只要主要景点布局合理、数量多、层次多、规模大、内容丰富,景区的环境承载力就自然增大了。

3. 旅游地景区的功能空间规模

旅游地景区的功能空间,是对景区空间的功能用途进行的空间分类。一个景区的空间,不能只进行单一的观光游览空间功能的设计,而应当进行多功能配置,将观光游览、休闲和娱乐等各种功能融入景区的空间中。从观光和娱乐两大功能的空间容量来看,由于观光游览无参与性,又受线路的制约,实际容量小,而娱乐重在参与,即使在人均占有空间面积小、游人密度大的情况下也不会感到不舒适,所以,娱乐功能的空间容量比观光游览的空间容量大。那么,要增大一个景区的环境承载力,一个有效的途径就是增加娱乐功能的空间容量。增大娱乐空间容量的方法有两个:一是加大娱乐空间的建筑规模;二是使娱乐功能多样化,通过多功能的娱乐方式来吸引游客,并增加游人的逗留时间。这里要特别提醒的是，娱乐功能的多样化与娱乐空间建筑物的设计要协调一致，以增加层次感。娱乐功能除了一般的歌舞厅、卡拉 OK 厅、台球厅、棋牌室等外，还应根据实际情况增设游戏厅、保龄球室、网球室等各种健身性设施。

4. 旅游地的基础设施和服务设施规模对环境承载力的影响

旅游地的基础设施和服务设施的规模大小，直接影响旅游地的旅游环境承载力。如旅游地的水、电、能源容量，停车场的容量，景区的公路、索道、小径、游览线路容量及车辆、船舶输送的人流量等这些交通容量，以及景区内可供食宿的规模大小、床位容量等，都直接决定了旅游环境的承载力。即使旅游区景区的绝对空间和相对空间都很大，比如能够容纳每天 5 000 人，但景区可供床位总共只有 1 000 个，而水、电容量至多能供 900 人使用，景区离依托城市的距离要一天多路程，显而易见，其每天 5 000 人的容量只是一纸空文。因此，一个景区的旅游基础设施和服务设施对旅游地景区的环境承载力也起决定性影响。

必须声明，我们在想方设法增加旅游环境承载力时，绝不能与前面的论述相悖。即在增加建筑物容量时，在加大运输人流量（如索道）时，不能与旅游地风景的整体背景的美感发生冲突，要注意和谐及协调一致，注重整体规划和系统开发。

三、旅游环境承载力基本空间量测方法及标准

所谓基本空间标准（该部分吸收了陈传康、保继刚、楚义芳等人的研究成果）是指在旅游活动中，旅游活动的主体（人）和载体（如车、船等）在旅游目的地所占用的空间规模大小和设施量。之所以称为基本空间，是因为这部分空间所占面积在旅游目的地既有流动的人，也有固定的设施。它的确定，对于规划旅游目的地的规模关系很大。例如，在山顶观景亭，确定每人所占用空间密度直接关系着观景亭的大小；在娱乐场所，每个人和每种设施所占空间

规模确定后，场所的布局和空间规模也可随之而定；在海滨浴场，以每个人所占用的海滩面积来表示基本空间。

量测基本空间的表示方法，在测量旅游资源容量时通常用人均占用面积（平方米/人），在量测设施容量时多用设施比率（设施量/旅游者数），在量测生态容量时则用一定空间规模上的生态环境能吸引和净化的旅游污物量（污物量/环境规模），量测旅游心理容量时的基本空间标准亦用人均占用面积数的指标。此外，根据旅游场所或设施的空间特性，还常常用到长度等其他指标。

人们时常通过经验积累和专项研究来获得空间标准。在旅游规划中，基本空间标准是规划时直接应用的一项重要指标。量测旅游资源容量、旅游心理容量和旅游设施容量时用到的基本空间标准的取得，需要对旅游进行直接的调查。经过对旅游者对于同一利用场所的拥挤与否和满意程度的多项调查，即可得出这一场所的基本空间标准，然后将其用到同类型旅游场所的规划与管理之中。具体如何调查，也有各种不同的方法。例如，爱尔兰对布列塔斯湾（Brittas Bay）的调查，即是选择一个盛夏的星期日，以航空摄影得到游客的实际密度和分布状况，同时以问卷调查海滩上的旅游者的看法，经过比较、分析，所得的结论是：大多数海浴者接受每人 10 平方米的密度，而不认为海滩拥挤。法国在开发朗格多克－鲁西荣的过程中，即把对已开发海滩利用的航摄分析结论，用于新海滩的规划之中。

不同类型的旅游场所，其性质和用途不同，因此，其基本空间标准就不一致。滑雪景区所用的基本空间标准与室内溜冰场的基本空间标准不会一致，墓道游览的基本空间标准与山地观光的基本空间标准不会一致，游泳池的基本空间标准与海滨浴场的基本空间标准不会一致。1974 年，日本观光协会曾组织力量对“观光、游憩地区及其观光设施标准”进行调查，获得某些旅游活动所用的基本空间标准。如果与欧美的基本空间标准相比较，我们发现，不同旅游活动对应的旅游场所的基本空间标准差异很大。这些基本空间标准是日本和欧美国家经过研究和经验积累而获得的数据，对我国也有参考价值，如表 10－1 及表 10－2 所示。

表 10－1　旅游场所基本空间标准(日本)

场所	基本空间标准	备　考
动物园	$25m^2$/人	上野动物园
植物园	$300m^2$/人	神代植物公园
高尔夫球场	0.2ha～0.3ha/人	9～18 洞，日利用者 228 人(18 洞)
滑雪场	$200m^2$/人	滑降斜面的最大日高峰率为 75%～80%
溜冰场	$5m^2$/人	都市型的室内溜冰场
码头：小型游艇	2.5ha～3ha/只	$25m^2$/艘
汽艇	8ha/只	系留水域 $100m^2$/艘
海水浴场	$20m^2$/人	沙滩
划船池	$250m^2$/只	上野公园划船场 2ha，80 艘
野外比赛场	$25m^2$/人	
射箭场	$230m^2$/人	富士自然休养林
骑自行车场	$30m^2$/人	
钓鱼场	$80m^2$/人	
狩猎场	3.2ha/人	
旅游牧场、果园	$100m^2$/人	以葡萄园为例
徒步旅行	400m/团	
郊游乐园	$40m^2$～$50m^2$/人	
游园地	$10m^2$/人	
露营场：一般露营	$150m^2$/人	容纳 250 人～500 人
汽车露营	$650m^2$/人	容纳 250 人～500 人

表 10-2 旅游设施基本空间标准(欧美)

住宿设施	旅馆	$10m^2$～$35m^2$/人
建筑面积	海滨假日饭店	$15m^2$/人
	山区旅店	$19m^2$/人
饮食	超过500床位,旅馆外餐饮用地	$24m^2$/人
娱乐	海滨胜地	$0.1m^2$/人
	山区滑雪旅游地	$0.25m^2$/人
	室外电影场	最多1 000人/场
	夜间俱乐部	最多1 000人/处
开敞空间	海滨或乡村旅游地	$20m^2$～$40m^2$/床
(户外娱乐、赏景用)	滑雪旅游地	$5m^2$～$15m^2$/床
行政和中心	集中服务(洗衣和食物处理等)	最少$0.3m^2$/床
服务	行政、健康与卫生服务	$0.2m^2$/床

我国旅游设施的基本空间标准主要借用西方的同类指标,但经过多年实践,积累了不少数据。如我国古典园林游览的基本空间标准,以每人20平方米左右为宜(北京市园林局);山岳型旅游胜地中的观景点,游人的人均占用面积应达8平方米(湖南南岳管理局);风景旅游城市之自然风景公园,游人人均游览面积应达60平方米(谭元星,广西桂林市计委)。在《现代海港城市规划》一书中,有学者对我国海水浴场(分一般公共浴场和专用浴场)设施提出基本空间标准建议值域。如表10-3所示。

表 10－3 海水浴场设施基本空间标准(中国)

标准 设施	公共浴场 (m^2/千人)	专用浴场 (m^2/千人)	备注
更衣室	20～40	150～200	包括办公室、值班室、卖票室等
保存室	10～20	包括在更衣室内	
净身室	15～30	50～100	
管理室	5～10	30～50	
仓库	10～15	30～50	
厕所	5～10	包括在净身室内	
停车场	100～150	500～1 000	

四、旅游景区总环境容量量测方法

(一)园林环境容量量测

陈传康、保继刚等人编写的《北京旅游地理》一书,用数学方法对北京旅游资源评价、旅游环境容量和国内游客数量预测作了定量分析和计算,推进了旅游环境容量研究的深入。其方法是先计算出景区内每个景点的容量,再求出和值,从而获得景区总环境容量的量测数据。其计算步骤如下:

1. 先计算旅游区各旅游点的环境容量(人次/日),公式如下:

$$D_{ai} = \frac{S_i T}{SK_i t}(i = 1,2,\cdots,n)$$

式中,D_{ai}—— 第 i 类旅游点的环境容量(人次 / 日);S_i—— 第 i 类旅游点的面积(平方米);T—— 旅游区每天开放的时间(小时);SK_i—— 具有代表性的某种旅游点游人最低限度活动面积(平方米),如我国古典园林每人最低限度活动面积为 20 平方米;t—— 游人平均游览时间(经过对数百位乃至上千位游人调查统计后,取其平均值)。可供游人游泳或行船的水面单独计算。

2. 计算出该旅游区的总旅游环境容量(为该旅游区各旅游点环境容量之和)

$$D_a = \sum_{i=1}^{n} \frac{S_i T}{SK_i t}(i = 1,2,3,\cdots,n)$$

式中，D_a ——为该旅游区的环境容量，代表该旅游区在人为控制下，每天能接待游客的合理数量。

若旅游区内，饱和区和未饱和区并存，则饱和区按公式计算，未饱和区按实测人数计算。

若计算同一时刻旅游区的环境容量，则用如下公式：

$$d_a = \sum_{i=1}^{n} \frac{S_i}{SK_i}(i = 1,2,\cdots,n)$$

3. 利用上述公式计算颐和园的环境容量

(1)计算颐和园旅游分区面积(按 1∶10 000 地形图量算)

表 10－4　颐和园旅游分区面积

游览面积		非游览面积	
616 316.77m²		39 283.23m²	
饱和游览区	非饱和游览区	陈列面积	客房、办公室面积
192 316.77m²	424 000m²	16 282.5m²	23 000.73m²

(2)饱和区旅游环境容量的计算

$$D_{a1} = \frac{S_1 T}{SK_1 t}$$

其中，$T = 13$ 小时；$t = 4.1$ 小时(依 1 500 份抽样调查表，计算其平均值)；$S_1 = 192\,316.77$ 平方米；$SK_1 = 20$ 平方米／人(北京市园林局调查统计)；$D_{a1} = 30\,480$ 人／日；$d_{a1} = S_1/SK_1 = 9\,616$ 人。

(3)非饱和区旅游环境容量的计算

根据实测,非饱和区的人均活动面积大于 200 平方米,则 SK_2 取每人 200 平方米为当前值。

$$D_{a2} = \frac{S_2 T}{SK_2 t} = \frac{424\,000 \times 13}{200 \times 4.1} = 6\,722(\text{人}/\text{日})$$

$$d_{a2} = \frac{S_2}{SK_2} = 2\,120(\text{人})$$

假如今后非饱和区也变成了饱和区,则:

$$D'_{a2} = \frac{S_2 T}{SK_2 t} = 67\,220\ \text{人}/\text{日}(SK_2\ \text{用}\ 20\text{m}^2/\text{人})$$

$$d'_{a2} = 21\,200(\text{人})$$

(4)水面环境容量计算

依据颐和园现有船只能容纳的游客计算。在计算时,该园有各类小船、电动船、游览船;按旺季载人计算,同一时间内最高载人量为 2 438 人。早晚无人划船,按周转系数乘 2,则全天载人量为 4 876 人。即:

$$D_{a3} = 4\,876(\text{人}/\text{日})$$

$$d_{a3} = 2\,438(\text{人})$$

(5)计算总环境容量

$$D_a = D_1 + D_2 + D_3 = 42\,087(\text{人}/\text{日})$$

$$d_a = d_1 + d_2 + d_3 = 14\,174(\text{人})$$

于是得出结论:颐和园全天合理游人数量为 42 087 人,同一时间在园游人数量以 14 174 人为合适。

颐和园是北京最为重要的风景区之一,旅游流量大,季节性强,在旅游旺季常处于饱和与超载状态。颐和园总面积 296.7 公顷(4 450 亩),其中陆地面积 76.7 公顷(1 150 亩),水域面积 220 公顷(3 300 亩)。园内古建筑占地 53 600 平方米。一年之中,4 月~5 月,7 月~8 月,10 月为旅游旺季。1985 年旺季日平均超过 3

万人次，当年接待游人总量达943万人次，旺季时人如潮涌，游客普遍感觉拥挤。根据实测，游人进园的高峰时间为上午9时—10时，出园高峰时间为午间12时—中午2时，中午2时左右游人在园量达全天最大值，此时在园人数约占全天游人总数的2/3。

颐和园全天开放时间为13小时。调查表明，人均游览时间为4.1小时。园内的旅游活动景区大致可分为三个：以昆明湖和西湖组成的水域、古建筑区和以万寿山为主的非古建筑区。据保继刚（1987年）的计算表明，颐和园的时点旅游容量在14 170人左右，而日容量在42 090人左右，如表10－5所示。

表10－5 颐和园旅游环境容量（1986年）

	古建筑景区	非古建筑景区	水域	全园总计
时点容量（人）	9 616	2 120	2 438	14 174
日容量（人）	30 489	6 722	4 876	42 087

事实上，在旅游流量旺季时都有很多天未超过3.5万人次，但由于全天的旅游流量在时空分布上的不均匀，旺季时中午的旅游流量大都超过2万人，仍然出现拥挤不堪的现象。表10－6所示的不同景点时段旅游密度表明，上午10时到下午3时左右，为古建筑区内最拥挤时间（调查时间为1986年10月5日，当日旅游流量为38 762人）。

如果以北京市园林局认为的古典园林基本空间标准以每人20平方米为宜来衡量，颐和园内古建筑区只有从开门到上午8时左右（6时开门）处于未饱和状态，8时以后大部分景点出现超载。因此，古建筑景区成为颐和园经常性超载的景区，这里必须成为加强旅游分流管理的重点。

表 10－6　颐和园不同景点分时段旅游密度(m^2/人)

时　段	长廊	对鸥舫	逍遥亭	后大庙	铜牛	码头	智慧海东
7:00—8:00	20	50	100	12.50	12.50	25	12.50
8:00—9:00	4.00	12.50	25	5.00	3.60	12.50	8.30
9:00—10:00	200	6.70	910	2.60	2.50	12.50	5.00
10:00—11:00	100	4.00	6.25	2.90	1.80	5.00	2.80
11:00—12:00	0.56	200	4.00	2.90	3.10	6.30	6.30
12:00—13:00	0.63	2.50	2.80	2.40	1.50	1.60	5.00
13:00—14:00	0.66	2.50	3.10	3.40	1.10	2.50	2.30
14:00—15:00	1.33	4.20	3.30	2.60	1.20	2.80	6.30
15:00—16:00	1.66	5.30	4.50	4.10	1.00	2.10	8.30
16:00—17:00	2.50	6.70	4.50	2.70	1.70	3.10	∞
17:00—18:00	5.00	14.30	25	25	5.00	6.25	∞

(二)旅游目的地极限容量的量测

以目的地的空间规模除以每人最低空间标准,即可得到目的地的极限时点容量。再根据人均每次利用时间和目的地每日的开放时间,就可求得目的地的极限日容量:

$$C = T/Ta \times A/Aa$$

式中,C—— 极限容量;

T—— 每日开放时间;

Ta—— 人均每次利用时间;

A—— 旅游目的地空间规模;

Aa—— 每人最低空间标准。

刘汉洪等人 1991 年对南岳衡山绝顶的祝融峰景点的极限容量进行了研究。祝融峰总面积为 477 平方米,一天开放 12 小时,每人游览时间取 15 分钟，人均最低空间标准 5 平方米，则祝融峰的极限时点容量为 95 人次，极限日容量为 4 580 人次。事实上，在每年 7 月～10 月的旅游旺季，这里的日均游人已达 4 600 人次。已记录到的高峰日游人达 3.1 万人次，游览时人均占用空间只有 0.73 平方米。景点的严重超载，导致了严重的环境后果。

在实践中，为了从各方面掌握旅游目的地的环境承载力，还要具体测算各设施的环境容量。如对旅游目的地的水、电、停车场等极限容量进行测量，也有助于对整体旅游环境承载力的把握。如果旅游地供水有限，则接待游人最大极限按以下公式量测：

$$G = W/P$$

式中，G—— 接待游人极限；W—— 可资利用的水供给量；P——每人每天耗水量。

如果停车场地有限，则接待游人极限量用下面公式量测：

$$G = C/T \times Y$$

式中，G 为接待游人极限量；C 为某一时刻可停留车辆总数；T 为每一时期每个游人平均逗留时间；Y 为每辆车平均载人数。如某停车场可同时停车 100 辆，每位游人停留大约 30 分钟且人均 1 辆小车，那么 10 小时内可接待 2 000 名游人。如每辆车载 3 人，接待量为 6 000 人（匡林，1995 年）。

五、旅游感知容量的量测

影响旅游者个人空间的因素特别复杂，个人的性格、年龄、性别、学识、经历、喜好等因素都对旅游者的个人空间感知度产生影响。因此，大多数情况下难以有一个使所有旅游者都能满意的个人空间值（基本空间标准）。总的说来，旅游的心理容量要比旅游地资源极限容量低得多，这有深刻的环境心理原因。所以，旅游者平均满足程度达到最大时的个人空间值，就被作为旅游地资源合理容量或旅游感知容量计算时的基本空间标准。其测量公式为：

$$C_p = \frac{A}{Q} = KA$$

$$C_r = \frac{T}{T_0}C_p = K\frac{T}{T_0}A$$

式中,C_p—— 时点容量;C_r—— 日容量;A—— 旅游地空间规模;Q—— 基本空间标准;K—— 单位空间合理容量;T—— 每日开放时间;T_0—— 人均每次利用时间。

仍以祝融峰为例,游览占用时间和每日开放时间分别为 15 分钟和 12 小时,而基本空间标准取每人 8 平方米,则祝融峰的合理容量或旅游感知容量为时点容量 60 人次,日容量 2 862 人次。

六、旅游地生态容量的测量

旅游地的生态容量,指旅游地的生态环境在维持生态平衡和不使生态退化,以及生态遭到旅游活动破坏后能很快恢复原状的前提下,所能承载的最大旅游人数。

生态容量确定的目的,是使生态环境能够永续利用,维持原有的自然生态质量。生态环境的容量,指生态自身的再生能力,即生态环境在遭到游人破坏后可以通过自我纳污和净化等方式恢复原状;又指生态环境的破坏与保护措施趋于平衡、正负抵消,使生态环境出现良好的稳定状态。

生态容量的测定,以旅游地为基本的空间单元。旅游地对污染物的内部处理、吸收和净化能力,对生态容量的测定非常重要。因而,某旅游地生态容量的大小(以可容纳的旅游活动量为指标),取决于自然生态环境净化与吸收旅游污染物的能力,以及一定时间内每个游客所产生的污染物量。

对于无须由人工处理方法处理部分旅游污染物的旅游地,其旅游的生态容量量测公式为:

$$F_0 = \frac{\sum_{i=1}^{n} S_i T_i}{\sum_{i=1}^{n} P_i}$$

式中，F_0—— 生态容量(日容量)，即每日接待游人的最大允许量；P_i—— 每位旅游者一天内产生的第 i 种污染物量；S_i—— 自然生态环境降化吸收第 i 种污染物的数量(量 / 日)；T_i—— 各种污染物的自然净化时间，一般取一天，对于非景区内污染物可略大于一天，但累积的污染物至迟应在一年内完全净化；n—— 旅游污染物种类数。

显然，生态容量的测定，最重要的是确定每位游客一天所产生的各种污染物量和自然环境净化与吸收各种污染物的数量两个参数。但对于旅游地自然环境对污染物的净化能力，目前国内研究尚属空白。

在绝大多数旅游地，旅游污染物的产出量都超出旅游地生态系统的吸收与净化能力，因而一般都需要对污染物进行人工处理。在用人工方法处理旅游污染物的情况下，旅游地可以接待旅游量的能力会明显扩大，这种扩大了的旅游接待能力同原有生态环境限制下的旅游接待能力(生态容量)已不一样，可以称之为扩展性旅游生态容量。计算式如下：

$$F = \frac{\sum_{i=1}^{n} S_i T_i + \sum_{i=1}^{n} Q_i}{\sum_{i=1}^{n} P_i}$$

式中，F 为扩展性生态容量(日容量)；Q_i 为每天人工处理掉的第 i 种污染物量；其他符号同前公式。

七、旅游地经济承载力的测量

旅游地经济承载力，指旅游地开发和发展旅游业其经济水平所能承受的旅游业规模的极限量。主要由旅游地基础设施、基本设施和投资力度、规模等决定。旅游地经济承载力,反映出旅游的其他产业水平和人们的生活水平。就满足旅游者的基本要求而论,当地经济发展容量的大小可以食宿与娱乐设施的供给能力为指标,其中又以食宿为最基本的方面。二者所决定的旅游容量的计算方法如下:

$$C_e = \frac{\sum_{i=1}^{m} D_i}{\sum_{i=1}^{m} E_i} \qquad C_b = \sum_{i=1}^{i} B_i$$

式中,C_e—— 主副食供应能力所决定的游客容量(日容量);C_b—— 住宿床位所决定的旅游容量(日容量);D_i—— 第 i 种食物的日供应能力;E_i—— 每人每日对第 i 种食物的需求量;B_i—— 第 i 类住宿设施床位数;m—— 游人所耗食物的种类数;i—— 住宿设施的种类数。

在我国的一些著名旅游地,由于旺季时间内游客的绝对量大,旅游设施常常超载运行。而一些刚开发的旅游地,即使在游人不太多的情况下,水、电等基础设施也严重不足。所以,增大环境容量和在开发时配套开发,仍是我国目前旅游地开发中一件举足轻重的大事。

前面介绍了多种环境承载力量测方法。在实践中,以量测基本空间容量及旅游地环境总容量为最基本的方法。其他方法只是从不同角度对旅游地环境容量进行量测,在旅游地规划时也常运用到,不可不作了解。

这里需特别提出的是,目前我国尚未把旅游地环境承载能力作为旅游业发展水平的评估指标,在国家旅游局的各项统计指标中,仍然把各旅游点接待的游客数作为旅游业发展水平的标志,似乎接待游客数量越多,旅游业就越发达。这种统计方法易形成误导,因为它与旅游地环境承载力的评价及旅游地资源永续利用和持续发展战略不相适应。旅游地游客接待人数超过了旅游地的环境承载力，这不仅不能说明旅游地的旅游业发达，反而说明旅游地旅游业发展状况糟糕，旅游管理不善。因此，基于旅游地资源持续发展、永续利用原则，科学的统计方法应当是将旅游地承载力纳入指标体系。可用公式表示如下：

$$T = X/E$$

式中，T 表示旅游业发达程度；X 表示旅游地接待游人数；E 表示旅游地环境承载力。如果旅游地接待人数与环境承载力的比值在 100% 以内，表明此旅游地旅游业发达且发展合理，管理得力；如果二者比值超过 100%，尽管旅游收益大，但这种发展趋势的结果是带来旅游地资源的耗竭，不能认为此旅游地旅游业发达。这样的统计方法，使各省市的排列名次会发生变化。当然，二者比值在 80% ~ 90% 左右可认为旅游业发达，低于此数则不认为发达，因为离饱和度还差得较远。

思考题：

1. 什么是旅游环境承载力？
2. 影响旅游环境承载力的主要因素有哪些？
3. 如何进行旅游环境承载力的基本空间量测？
4. 怎样控制旅游景区的环境容量？环境容量超载后可采用哪些办法来缓解容量矛盾？

第十一章 旅游接待设施、基础设施和人力资源规划

一、旅游接待设施规划

1.床位、客房数规划

一个风景区的住宿接待设施的预测、规划受制于以下几个要素：

(1)一定时间内的游人总人次；

(2)平均过夜时间；

(3)这段时期内的总过夜数；

(4)客房出租率。

其计算公式如下：

$$所需床位数=\frac{一定时间内的游人总人数\times平均过夜时间}{该时间内的总过夜数\times客房出租率}$$

如果编制的是区域总体规划，则要预测该区域在近期、中期、远期的床位需求数，根据区域旅游规划的经济发展目标规划，在近、中、远期接待的游人，国内的游客、海外游客的接待总人次数和各自的平均逗留天数，客房出租率以及总过夜数都预测出来了，则近、中、远期的床位需求数也可以分别计算出来。

若该区域有若干个风景区，则要将床位数具体落实到该区域的旅游城镇和各风景区。

同理，风景区所需床位数预测仍然受制于以上的几个因素。

如以一年为例，风景区的接待规模即一年接待总人次等都是一定的，只不过客房出租率一般取60%，这是经验值，即景区的淡、旺、平季平均下来，60%以上的出租率是一种保证有盈利的常态。另外，一年内景区的总过夜数根据每个景区的具体情况而定，因气候等条件有的景区全年开发，则总过夜数为365天，有的则只有300天，有的只有200多天。

另一个很关键的问题就是要确定客房的档次和饭店类型，这涉及今后投资规模的大小，与投资预算直接相关。客房的档次，饭店的类型是受游客的需求所决定的，这要求我们根据具体情况研究客源的结构、消费水平等，正确估算低档、中档、高档客房的数量。如无星级饭店、从一星到五星级饭店、度假公寓、度假别墅的需求量。

游客对星级酒店的客房需求率一般情况下受制于两方面的因素：一是游客的消费水平和消费习惯；二是对不同的地区需求不一样。一般情况下，对经济发达的城市和地区，游客的星级饭店的需求率高，对经济不发达且地方特色、民族特色浓厚的地区，游客对星级饭店的需求率要低一些。如游客对北京市的星级饭店需求率要高一些，而对民族地区的星级饭店需求率要低一些。另外，国际游客和国内游客对星级饭店的需求率差距很大。

对国内游客而言，由于大中城市的非星级饭店的硬件设施目前普遍过得去，所以国内游客对大中城市的星级饭店需求率较低，而对偏远地区和小城市的星级饭店需求率较高。

星级饭店的需求率，还得参照当地几年来市场消费的现状来确定。

通过以上的分析，我们认为，一般而言，游客对星级饭店的需求率：海外游客为90%～100%之间，国内游客对星级饭店的需求视具体情况而定，一般从7%到30%不等。

确定了游客对星级饭店的需求率，就能估算出星级饭店的床位数。再通过游客对一星级到五星级饭店的需求率的预测,可以分别测算出游客对一星级到五星级饭店的床位需求数。就国内游客而言,一般对二星级、三星级的床位需求率高,可达30%~50%,对其他星级的需求率较低。二星级可高达40%多,三星级可达30%多,其他星级大多在10%以内。

所需客房数的预测采用以下公式:

$$所需客房数=\frac{床位数}{平均每间客房居住人数(人/间)}$$

平均每间客房入住人数一般取1.5人,但一、二星级饭店可取平均值1.7人,四、五星级饭店和商务饭店可取1.2人。

2. 其他接待设施规划

其他接待设施可谓项目多样,如有各类餐饮设施(餐厅、茶楼、酒吧等),各种娱乐设施如夜总会、影剧院、各种体育健身设施如游泳池、网球场、滑雪场、高尔夫球场等,各种生活设施如厕所、卫生站、医疗站等,还包括其他如购物商店等。

以上所有的旅游设施,包括宾馆饭店,在规划时还要严格考虑其空间布局、用地布局、选址、外观风格、层高、容积率、环境关系。这些在其他章节都曾叙述过。

这些设施的需求预测,仍然与景区的接待规模、游客的逗留时间、游客的周转率、高峰系数等有关系。

如预测餐饮服务点的接待能力(座位数)的公式如下:

$$餐饮服务部座位数=\frac{(接待总人次-总人数\times未入座率)\times入座次数}{日平均周转率\times高峰系数}$$

餐饮服务部的未入座率可通过现状调查和经验值求得,未入座率还与选址、口岸及餐饮的类型等因素相关,根据这些因素,未入座率从20%~40%不等,也可能更高。所谓入座次数指每日每人平均入座次数。日平均周转率指每日平均周转次数,与服务部连续供应时间及餐饮类型有关。如连续供应 8 小时,餐厅的日周转率可能仅有 2 次~4 次,而茶楼的日周转率则可能有 6 次。

以上是预测景区餐饮设施所需的总座位数,近、中、远期的标准也不尽相同。这个总座位数还要分配到各个服务接待点,按各区接待游人的比例进行推算。

二、基础设施规划

基础设施规划包括了给排水、交通系统、通讯设施、污水处理、停车场等方面的内容。不同的设施预测的标准不一样。

1. 停车场规划

停车场面积按下列公式计算:

停车场面积=高峰游人数×乘车率×停车场利用率×单位规模 /每台车容纳人数

其中乘车率和停车场利用率可取 60%~80%。

各类车的单位规模:

小轿车:17m²/台~22m²/台(2 人)

小旅行车:24m²/台~32 m²/台(10 人)

大巴车:17m²/台~36 m²/台(30 人)

特大型大巴车:70m²/台~100 m²/台(45 人)

单位规模按生态停车场标准。

2. 供电规划

供电规划要特别注意高峰负荷预测,电力单位能否满足高峰负荷的要求,电力系统设施的走向及景观环境的关系等。

景区的供电负荷=宾馆建筑面积×单位建筑面积用电指标

其中单位面积用电指标取 20W/m²~25W/m²。

3. 给排水规划

用水量标准按居民用水、游客用水,以及国内游客与海外游客采用不同的用水定额确定。

居民用水量＝居民数×居民生活用水定额

其中居民生活用水定额取150L～250L/人·日。

国内游客用水量＝国内游客数×国内游客人均日用水定额

其中国内游客人均日用水定额取200L～300L/人·日。

海外游客用水量＝海外游客数×海外游客人均日用水定额

其中海外游客人均日用水定额取400L～500L/人·日。

当日游客用水量＝当日游客数×人均用水量

其中人均用水量取10L～30L/人·日。

排水规划中，雨水和污水排放管道应分开，其排水方向视地形及污水处理场的选址而定，管径的大小受制于游人规模和高峰期的日用水量。

4．道路交通规划

区域旅游要对该区域的旅游道路交通系统作出规划，包括公路的等级、公路类型(是新修还是改扩建)、实施的时序计划、投资预算等。风景区的交通规划包括两个方面：一是从风景区所依托的城镇到景区的道路规划；二是景区内的游道规划。景区外的公路规划依然涉及公路等级、类型等，还包括公路的环境规划，公路两旁建筑物的控制等。景区外的公路规划较重要，因为它是进入景区的引景空间。

游道规划在景区详规中得到解决，包括游道的组织系统、宽度、用材、投资预算等。

其他基础设施规划不再一一叙述。

三、人力资源规划

人力资源规划以旅游目的地的接待人次数为基础，可以推算出人力资源的需求量,以及淡、旺季的需求量变化和培训量的大小。

当我们计算出所需客房数以后,按国际标准,客房与员工之间不同星级饭店应有不同的比例。如五星级酒店客房数与员工数比为1:1.8,四星级数为1:1.5,三星级为1:1.2,二星级为1:1.1,一星级为1:0.8。当然还得根据地区的实际情况以及不同的时期,对该比例作出调整。

酒店员工的总数确定后,再根据国际标准和地区实际,确定经理级、主管级、技术工人、熟练工、半熟练工在员工总数所占的比例。

所需导游人数(地方陪同)按平均每天每名导游接待人数的标准来预测,每名导游每天平均接待人数可取50人以下的标准。风景区管理人员和服务人员也可根据平均每天每人管理、服务游客人数来求得。

此外,对人力资源的培训体系和经费也要作出规划,培训体系包括学历教育、职业教育、公众旅游教育、岗前培训、短期培训等。

思考题:

1. 试述旅游接待设施规划的基本方法。
2. 如何把握基础设施规划的基本原理?
3. 宾馆的床位容量如何计算?如何测算游客对宾馆的需求?

第十二章 老旅游地的规划与开发

老旅游地的规划与开发是中国旅游业目前面临的重大课题。所谓老旅游地是相对于近几年来新开发的新兴旅游地而言的,这类旅游地从中国改革开放后作为中国旅游业的主力军至少已经历了22年的历程,而且它们大多是名山大川,往往是一个大的区域范围内旅游产品的杰出代表。其中有的名山大川近代旅游业开始就已成为著名的旅游胜地,如泰山、黄山、庐山、峨眉山、青城山等。但是当现代旅游业的浪潮席卷中国大地后,旅游业作为产业,已不可避免地被商业化、市场化。旅游业的运行必须遵循市场法则,旅游市场的需求和选择同样决定着旅游地的兴衰,老的旅游地也不得不收起自己的老面孔去寻找新出路——当然有的尚未完全意识到。那些一流的老旅游地还可凭借其品牌效应、形象效应吸引国内外游客,但众多的二流的老旅游地则开始感受到了举步维艰,“衰落”一词正在向他们袭来。我们纵观中国20世纪80年代初期、中期开发的旅游地,其中不乏省级、国家级风景名胜区,大多感到了经营的压力,特别是在近几年众多新旅游地的冲击下,已有日薄西山的味道。其实,这些老旅游地的资源条件、区位条件都不差,特别是许多旅游资源条件还比新开发的旅游地好,但就是吸引力不大。

问题出在哪里?如何进一步开发老旅游地使其重新焕发出活力?如何对老旅游地进行再规划和再开发?如何在开发新旅游地时让老旅游地生机不断,以盘活老的旅游产品,使国家的旅游资源总量在新一轮开发热潮中不被损减？这些问题在目前尚缺乏理论研究。

目前，我国老旅游地普遍存在下列问题：

(1)旅游地形象老化；

(2)旅游产业结构不合理；

(3)旅游产品单一、老化，旅游产品组合不成体系；

(4)管理体系需要深入改革；

(5)人力资源明显匮乏，不能适应市场竞争的需要；

(6)许多旅游地在竞争中处于劣势；

(7)以往的老规划理论过时，如景区的城市化严重，所依托的中心城市未发挥出旅游业产业中心地位的作用等等。

一、旅游地生命周期的三种状态

毫无疑问，旅游地存在着生命周期，旅游地的发展也有着开发期、发展期、巩固期、衰落或再度复苏的过程。但如何评估旅游地的生命周期呢？

我们想到了 Butler 卓有影响的旅游产品生命周期曲线。旅游产品有一个从资源发现—开发启动—快速增长—平稳发展—衰落或复苏的过程，是每一个旅游产品都逃避不了的，对这一规律的描绘，正是 Butler 的重大贡献。

我们在这里看到了旅游地的生命周期与旅游产品的生命周期有一种内在的逻辑关联。特别是对老旅游地而言，旅游产品的生命周期与旅游地的生命周期基本上是同步的。Butler 在 1980 年又用旅游产品的生命周期模型来分析旅游地的生命周期。中国旅游地的开发是与旅游产品的开发同时进行的，对老旅游地而言，旅游产品的生命周期走向衰落也就意味着旅游地在走向衰落，除非在旅游地的老旅游产品走向衰落前，老旅游地又开发出了其他新的旅游产品，而且新的旅游产品要足以改变老旅游地的形象和产品特色，否则仍然无法挽回老旅游地与旅游产品同步走向衰落的命运。

因此，一般情况下老旅游地的生命周期与旅游产品的生命周期是同步的，我们可以用 Butler 的旅游产品生命周期曲线来分析旅游地的生命周期曲线。

图 12－1 为 Butler 的旅游地生命周期曲线：

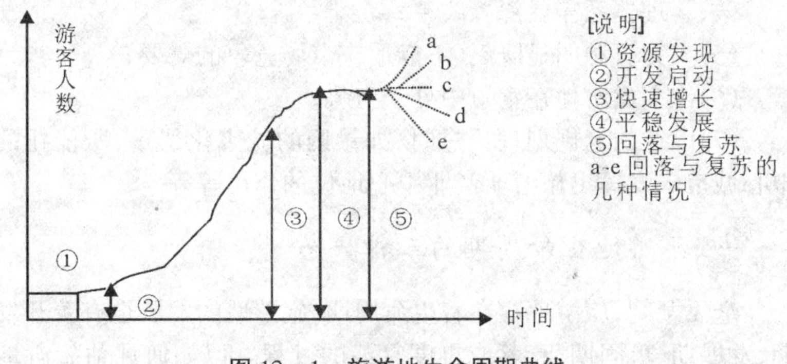

图 12－1　旅游地生命周期曲线

第一个时期为旅游地的资源发现期，这个时期多是少量的探险者、科考者进入旅游地，由于开发尚未起动，旅游资源还未成为旅游产品。此阶段可以看到有一些关于旅游地资源的摄影作品、科普和科研文章、绘画作品等面世，是纯粹的介绍，毫无商业营销意味。

随着旅游产品进入开发启动期，旅游地也随之进入开发期（当然前提是该旅游地以前并未进行过旅游开发，目前我国的老旅游地多属此种类型）。开发期的特点是外来资本大量进入，旅游地进入一个"资本殖民"时代。在这个时期，资金投入量大，产品销售额低，旅游资源正在转化为旅游产品，伴随着旅游地基础设施和旅游设施建设的投入，旅游地社区居民获得了较大的利益，他们在就业、为建设者和游客提供服务方面都获得了前所未有的效益，因而对旅游开发满腔热情。投资者为了得到回报和滚动开发资金，开始了大规模的营销，旅游地的知名度大增，游客大量涌入，但所获利润较小。此时对社区环境的损坏已经开始了。

之后，进入了快速增长期，即旅游地旅游产业发展期。这个时期的特点是旅游地旅游产业快速增长，回笼货币量大，旅游业对当地经济系数的拉动大，游客人数也快速增长，各旅游景区普遍超过环境容量，资源、环境、设施的压力大，旅游地的形象已牢固树立起来。投资资本大规模进入，新的投资项目不断出现，旅游地的房地产升值快。社区居民的生活条件得到基本改善，但与他们的期望值相差较大。特别是外地投资者的大量进入，社区居民的就业受到来自外地训练有素的管理者和技术人员的威胁，他们的就业环境反不如开发期好，所从事的多是知识含量不高的工种，在经济地位上更深入地沦为“被剥夺者”，外地商人的进入也使他们低水平的商业服务在竞争中占不到便宜。因而不满情绪在滋长，特别是对投资者和游客的不满情绪大增，影响了游客与社区居民的沟通。

第四个时期为“平稳发展”期，这个时期是从巩固期至停滞期的过渡时期。此时，游客增长率已经下降，但游客人数总量依然增长，社区的经济、社会性、环境问题产生，到了停滞期，游客数量达到最大，多年来停滞不前，人造景观在大量取代自然、文化吸引物，接待设施出现过剩，酒店之间抢夺客源现象严重，市场混乱，低价竞争导致社区服务质量大幅下降。社区居民对游客产生反感。此时在旅游地的开发战略上、在生态环境保护和治理上、在服务质量和市场规范上若不作出及时的调整，旅游地将进入衰落期。反之若进行了针对性的再开发过程，旅游地可能重现生机，进入复苏阶段。

第五个阶段就是衰落或复苏期。在衰落阶段，游客被新的目的地所吸引，已不将该目的地作为旅游的选择，社区接待多是慕名而来的大尺度远距离的游客，何况远距离的游客数量也将越来越少,因为旅游地的形象已遭破坏。大批旅游设施被改用作其他设施,房地产转卖程度高,社区居民又满怀激情地投入到旅游设施的收购行为之中。投资者的资金大规模从本地撤走。另一方面经过重塑旅游地的形象和精神,重新确立旅游地的特色,使旅游地进入复苏期。

Butler 给出了在衰落或复苏期的五种走向,即图 12－1 中 a, b,c,d,e 五种形态。a 为旅游地经过再开发,很快进入上升期,进入新的一轮生命周期;b 为游客数量小幅增长,复苏幅度缓慢,但资源得到保护,市场得到整治;c 为游客数量得以维持,避免出现下滑,旅游地继续平稳发展;d 为资源过度利用,游客数量大减;e 为游客人数剧降,旅游地元气大伤,作为旅游地渐为人们所遗弃。

Butler 的旅游地生命周期曲线有两个问题有待完善:

其一,若旅游地发展过程中,在快速增长期,旅游地又开发出了新的旅游产品,而且这个新产品具有强大的吸引力,在很大程度上,改变了旅游地的特色,则旅游地吸引力也就大增,旅游地将进入高速增长期,巩固和停滞期也就迟迟不会到来,旅游地生命周期延长,运行的轨迹也将大大改变。

其二,若在旅游地的"平稳发展期",旅游地又推出了新产品,且这次新产品的推出是旅游地预先经周密策划,旨在调整旅游地生命周期的运行节奏的。即此次新产品的推出改变或更进一步强化了旅游地形象,旅游地产品结构得到了较大的调整,致使旅游地吸引力大增。于是,旅游地的"平稳发展期"很快结束,又进入"快速增长期",衰落或复苏期在较长时期内不会出现。

这两种情况的出现,是旅游地的高层管理人士有计划地预先调整的结果,当然也可能是新的高品质的旅游资源被发现以及投资者的快速的大规模开发,改变了旅游地生命周期的轨迹。当然从总的来看,Butler 的生命周期的运行规律,任何旅游地都逃避不了,但由于出现前两种情况,生命周期的具体运行轨迹会发生变

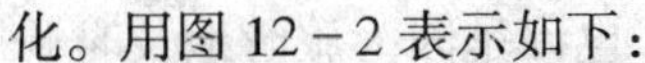
化。用图 12-2 表示如下：

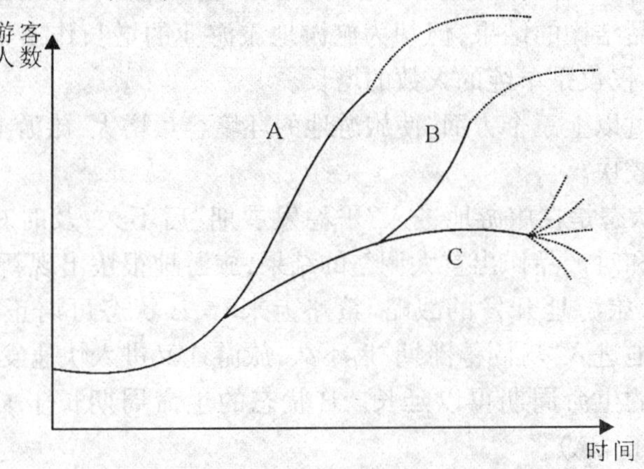

图 12-2　旅游地生命周期的三种状态

图 12-2 是旅游地生命周期的三种状态。C 曲线即 Butler 生命周期曲线。A 状态是因为在“快速增长”期又有新的产品大规模开发出来，旅游地产业结构和产品结构得到大的调整，旅游地继续快速增长，将其生命周期延长。在 A 状态下，旅游地可获得最长的生命周期，在 C 状态下，旅游地获得的是最短的生命周期。因为旅游地在已出现衰落迹象时才开始调整和再开发，所耗的人力、物力、财力大姑且不论，调整和再开发能否成功，风险较大，关键在于此时旅游地的一轮周期行将结束。A 状态是最佳状态，起到了防患于未然的效果，使旅游地提前调整和再开发，旅游地的旅游业会持续高速增长。而此时旅游地的容量不会因为游客人数的快速增长出现负荷加大，这主要取决于以下几个方面：

(1)新的景区、景点、线路的开发增大了环境容量，使旅游地的饱和容量数增大。

(2)旅游地并不一定要在游客的绝对接待人数增加上做文章，可能新的产品的推出增加了每个游客的人均消费值。

(3)回头客的增加和回头率的增长,也许是因为旅游地及时调整了产品结构的结果,但却为旅游地旅游业的增长作出了重要贡献,而不仅仅是单纯的人数的增长。

通过以上三个方面,使旅游地的环境容量增大,旅游业收入的增长率较快。

B状态是在旅游地进入“平稳发展期”后不久,及时对旅游地再开发和对产品作出重大调整的结果,旅游地很快出现新面貌、新形象,从旅游地开发的战略、策略上来看,B状态可谓正得其时。在旅游地进入“巩固停滞期”后不久,旅游地又进入快速发展期,使旅游地的生命周期得以延长。B状态的生命周期长于C短于A(即C<B<A)。

C状态可以说是旅游地的自然生命周期,每一个旅游地总的说来都逃不过这一生命周期的命运。A和B往往是人为控制、调整的结果即通过人为的努力,或者说通过人们有计划、有策略的努力,使旅游地生命周期得以延长,从而改变了旅游地在“自然生长”状态下的运行轨迹。随着旅游地越来越商业化以及旅游地的管理能力的加强,旅游地通过人为干涉而延长生命周期的可行性越来越大,并将成为必然的趋势。这也是旅游地可持续发展的需要。因为A和B更能带来旅游地的可持续发展。

二、老旅游地生命周期的评估和对策

在为老旅游地作规划时,为了使老旅游地的再开发有章可依,有据可循,并使区域规划能对老旅游地的再开发提出正确的对策,应首先对老旅游地处于生命周期的哪一个阶段进行评估。

一般说来,老旅游地会处于生命周期的“快速增长期”、“平稳发展期”或“衰落、复苏期”。从我国的老旅游地来看,处于后两个阶段的居多。对老旅游地处于生命周期的哪个阶段,应对下列因素进行调查和综合评估:

(1)旅游地从最初开发至今经历了多久的时间；

(2)接待的游客人数状况,每年接待的游客人数在总量上的变化；

(3)游客人数的年增长率；

(4)外来投资者投资规模的变化；

(5)旅游地社区居民就业状况的变化；

(6)社区居民对投资者和游客态度的变化；

(7)旅游地社区环境受损状况；

(8)旅游接待设施供求关系的变化。

通过对以上因素的系统调查和分析,再对照图 12－1 旅游地生命周期曲线图和笔者对每个阶段特征的描述,就可以判断出旅游地正好处于哪个阶段,并能很快发现旅游地目前存在的主要问题,然后就可以研究出对策。

若旅游地处于“平稳发展期”(即巩固、停滞期),就要立即决定对旅游地进行再开发,针对旅游地存在的主要问题,比如老形象已模糊不清、环境破坏严重、旅游产品结构不合理、市场不规范、服务质量差等,作出相应的对策,以使旅游地生命周期尽快从图 12－2 的 C 形态转化为 B 形态。若旅游地已开始出现衰落迹象,应尽快作出相应的决策,使旅游地出现图 12－1 中的 a 或 b 的形态,而不能出现 d 或 e 的状态。

若旅游地还处于“快速增长期”,就应未雨绸缪,对旅游地不完善的方面作出及时的调整、整治,并使其能不断推出新产品,增加市场竞争力。这样,该旅游地可能按图 12－2 中的 A 状态运行,生命周期得以延长。

所以,我们得出结论:一个旅游地的生命周期是可以进行人为的控制和调整的,调整力度大,旅游地的生命周期就可能延长,如果旅游地管理层管理科学,且旅游地储备的旅游资源量大,则旅游地的生命周期将是非常长久的。

三、老旅游地产业结构的调整

1. 旅游地的产业结构

旅游地的产业结构指构成旅游地旅游业的框架和体系，在这一框架和体系中，有六大重要因素，这就是人们所熟知的吃、住、行、游、购、娱。这六大因素的协调发展，形成了旅游地的旅游业。

目前，我国旅游业产业结构存在两个方面的主要问题：

旅游业的六大要素未能协调发展，六大要素的每一要素内部未形成完善的体系。兹分而论之：

(1)旅游业六大要素未能协调发展，是从全国面上来看的。其中，东部发达地区旅游业六大要素基本上已协调发展，而广大的中西部地区六大要素还远没有同步协调起来。

吃、住、行、游、购、娱这六大要素，在旅游产业结构中可分为两大类：吃、住、行、游这四大要素是旅游业的基础要素，而购物、娱乐这两大要素是旅游业的提高要素。其关系如图 12－3 所示：

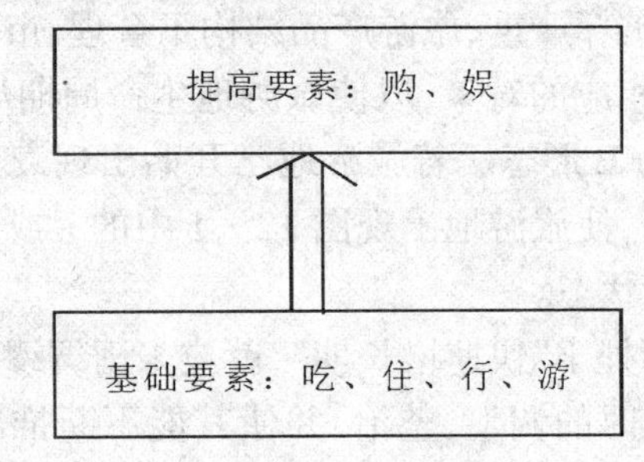

图 12－3　旅游产业结构

只要有旅游行为的存在，吃、住、行、游四大要素缺一不可。在旅游业的起步阶段，旅游者的消费能力有限，对购物和娱乐的需求十分有限,有的游客实际上在旅游过程中基本上不发生购物和娱乐的消费行为。在旅游业的初级阶段,基础要素的消费构成在旅游业中所占的比例远大于提高要素的消费比例。随着旅游业的不断发展和游客消费能力的提高,特别是旅游业从观光旅游为主转化为观光、度假、专项旅游齐头并进之后,提高要素在旅游业收入中所占比例会越来越大。只要去查查《中国旅游年鉴》,比较一下东部旅游业发达地区如深圳、广州、杭州、上海、北京等地与西部欠发达地区如青海、甘肃、新疆、西藏等地旅游业六大要素的构成,就会十分明显地看到,西部欠发达地区旅游业六大要素的消费结构中,游客仍然将主要的花费用在了餐饮、住宿、交通、门票(游)上,购物、娱乐在其中所占的比例仍然很小。这一方面反映了西部欠发达地区旅游产业结构不合理,外地游客去后难以购买到如意的旅游商品和娱乐产品;另一方面反映了这些地区的主要市场——一级市场的消费能力有限。

据国家旅游局对 2000 年入境游客的消费构成统计(《中国旅游年鉴》),入境游客在中国的消费构成如表 12-1。

表 12-1　入境游客的消费构成统计

长途交通	30%	游览(门票为主)	2.9%
住宿	15.5%	餐饮	8.9%
娱乐	9.0%	购物	17.3%
其他如通信等	16.5%		

在这一消费构成中,吃、住、行、游四大要素占消费总量的 57.3%,超过了一半。其中长途交通(主要是机票)的支出占去了 30%,明显偏高,表明中国的航空机票价格太昂,已成为中国旅游业发展的障碍,旅游门槛太高。而娱乐仅占 9%,购物仅 17.3%,所占比例太小。在旅游业发达国家或地区,游客在购物一项的消

费支出应占旅游总消费量的30%以上,像中国香港地区、美国等已超过60%;游客的娱乐支出在旅游业发达国家和地区,已超过20%。由此可知,中国旅游业产业结构从总体上看,仍不合理,需要作出大的调整。

在国内旅游方面,以四川省为例。四川省是西部国内旅游发达地区,1999年统计国内游客的消费构成如表12-2。

表12-2 国内游客的消费构成统计

长途交通 13.18%	住宿 24.67%	
餐饮 18.91%	游览 9.5%	
娱乐 8.53%	购物 14.7%	其他 11.5%

其中,吃、住、行、游四大要素占游客总支出的66.26%,占2/3以上,这适合四川旅游业的基本情况:一是观光游客占绝大多数,二是旅游产业结构明显不合理。特别是游客在娱乐消费和购物消费上低于全国平均水平。这不是游客的消费能力问题,它反映出四川在旅游产业结构上娱乐业和旅游商品业发展水平低下,没有让游客满意的产品供游客购买。

在西部其他欠发达地区,旅游产业结构更不合理。

以上是从需求的角度(消费构成)说明了我国旅游业产业结构的不合理,产业结构六大要素发展失衡,以下从供给的角度来阐述。

(2)六大要素的每一要素内部未形成完善的体系。旅游业产业结构不合理,一个突出的原因就是六大要素的供给体系失衡了,没有建成一个均衡协调的供给体系。比如购物,前面曾说到中国的旅游商品业离发达国家差距还很大,这不是因为没有市场需求,也不是因为中国没有旅游商品的生产能力,而且在千百年来的传统手工艺发展过程中,中国已培育出了在世界上驰名的众多旅游商品，如苏绣、蜀锦、景泰蓝、文房四宝、书法美术等等。然而，这些旅游商品至今未能引起多大的市场需求，这明显是产品供给体系出了问题。概而言之，有以下原因：

(1)生产规模小而分散，未形成旅游商品生产的企业集群；

(2)旅游商品的包装、外观设计大大落后于一般的工业品；

(3)未建立科研、生产、供应、销售一条龙的体制；

(4)缺乏资本和民营企业的大规模介入；

(5)缺少统一的大市场和完善的营销体系；

(6)缺少将传统手工艺生产与观光旅游结合起来的机制。

所以，旅游商品业目前的状况是小、散、弱、差，既缺乏产品更新换代的设计能力、新产品开发能力，又缺乏营销能力，更缺少资本，提供给旅游者的产品千篇一律。尤其是西部地区、民族地区的土特产品和特色产品十分丰富，但却缺乏生产、设计能力。所以我们在九寨沟看到出售的金银饰品与杭州西湖大致差不多，因为它们可能同出于浙江省的某个厂家。这样的旅游商品能引起游客的购买欲吗？

如娱乐业，由于中国旅游业度假、专项旅游才刚起步，所以娱乐设施不完善、娱乐项目单一。在景区，适宜家庭、儿童娱乐的康乐产品太少，地方特色的娱乐游戏活动没得到很好的挖掘，目前娱乐业存在的问题是：

第一，产品体系不完善；

第二，适合大众参与的娱乐项目少；

第三，节庆活动大多由政府操办，严肃有余，活泼不足，没有办成大众参与的、大众娱乐的旅游节庆活动。将节庆活动与招商引资连为一体，既未招到什么商，也没把旅游节庆搞好；

第四，适合青少年、儿童和家庭共同参与的娱乐活动太少。

由于旅游业结构内部产品供给体系不完善，消费者也难以购买到称心如意的产品。同时也由于产业结构内从深层上没有协调发展,所以使整个旅游产业结构不合理。

2. 老旅游地产业结构的调整

上述中国旅游业产业结构不合理的情形在老旅游地普遍存在,甚至可以说老旅游地就是这一现象的典型代表。在当初规划与开发这些旅游地时,基本上是按照观光旅游体系进行规划设计的,没有想到还有度假旅游、专项旅游这些旅游形式,更没有听说过“生态旅游”这类的新概念、新理念。因此在产业结构布局时,主要考虑的是观光游客的需求,就是在观光游客方面,也主要考虑的是外宾和国内公差人员的需求,所以使产业的供给体系很不完善。当我们再回头审视老旅游地的产业结构时,就发现了结构的普遍失衡。所以才有娱乐业和旅游商品业的大大滞后,旅游业六大要素中娱和购的消费比重迟迟上不去;才有游客的消费构成中住宿费、交通费、门票费的普遍偏高,形成旅游价格的高门槛。

所以说,老旅游地的产业结构必须进行调整才能适应市场竞争的需要。如何对老旅游地的产业结构进行调整又必须根据每个旅游地的实际情况,对症下药,才有针对性。但以下大的原则需要把握:

(1)酒店业的布局。我国酒店业主要布局在大都市,在大都市内星级酒店过多,竞争激烈。相反在客流量大的旅游胜地,特别是著名风景区所依托的中心城镇,星级酒店明显不够,四星级、五星级酒店十分稀少。这些星级酒店没有形成大型的酒店集团,更未形成连锁经营,所以客房利用率低,抗风险能力弱,在与外国连锁饭店集团的竞争中,明显处于劣势。

酒店业还缺乏根据目标市场的差异进行合理布局,使目前的酒店业供给的产品多为观光型酒店。度假酒店正在兴起,但星级度假酒店太少,特别是尚未形成商务宾馆、行政宾馆、会议宾馆、度假饭店、度假公寓、青年旅馆、汽车旅馆等一系列的产品体系。

(2)交通运输业的布局。中国的交通运输业特别是在飞机票价上应实行低门槛策略，让游客在心理上能感受到从客源地到目的地是很容易的，不能在交通费用的支付上让游客感到明显的经济压力。

通过旅游电子商务实现民航、铁路、航运、公路交通票务和网络预订系统，提供方便快捷的服务。

旅游中心城市特别是西部旅游中心城市的航空港应增加直航航班和到国外的包机。

铁路客运在提速基础上多增加夕发朝至列车车次，特别是要着力改善列车的设施和服务。

逐步改善中心城市到各大景区的道路交通系统，加强道路交通系统的配套建设（如停车场、厕所、汽车站、汽车停靠点等）。对旅游汽车、公共汽车进行改造或换代，提高旅游专用车辆的档次，尽快解决旅游车辆老化陈旧、数量不足的矛盾。提高导游和司乘人员的服务质量。

(3)餐饮业的调整。为了提高旅游者的餐饮消费在旅游消费中的比重，应突出以下几点：

①加强对餐饮产品的文化包装，在餐饮产品开发中，重点挖掘民族文化和地方传统文化，使之对餐饮产品实施全方位包装，增加餐饮产品的附加值和吸引力。

②在中心城市和风景区依托的中心城市应形成餐饮企业集群，在地域上相对集中，并进行园林、生态的环境营造。

③挖掘地方名食，并对传统品牌提高其工艺水平，不断推出新品牌。

(4)娱乐、旅游商品。前已论述。

(5)旅行社业。旅行社是旅游市场运作的主力军，旅行社业的布局和调整与整个旅游产业结构的布局和调整密不可分。

旅行社业目前在布局上“小、散、弱、差”的状况特别突出，缺乏抗市场风险的能力。从组织体系上，将其划分为国际旅行社和国内旅行社，是按经营范围来划分旅行社的性质，没有按市场法则以国际惯例划分为旅游批发商和零售商，导致中国旅行社开拓旅游市场特别是国际旅游市场的能力很低，无法在国际国内形成庞大的分销网络系统。

组建旅游集团，以旅行社为龙头，向酒店业、景区开发渗透，并加强对国际市场的拓展，以抵御加入 WTO 后的风险。

组建中外合资旅行社，以整合国内旅行社业的资源，引进外国资本和市场，提高国内旅行社的经营管理水平。

增加旅行社融资渠道，提高其融资能力。提高旅行社网络服务水平，尽快使旅行社的产品与电子商务全面结合。

四、老旅游地形象的再定位

关于旅游地的形象定位问题，在第一章已进行了系统论述，基本原理在此不再赘述。老旅游地形象的再定位，主要因为出现了下列情况：

(1)老旅游地形象模糊不清；

(2)老旅游地的传统形象产生了危机；

(3)由于市场竞争的原因，市场需求发生了大的变化；

(4)发现了新的更高品位、更具吸引力的旅游资源。

老旅游地形象模糊不清，主要原因是长期以来没有导入形象战略，形象定位不鲜明，旅游产品的特色也不太明显，旅游产品组合体系混乱。这类旅游地在旅游业发展的初期，形象不清晰并无大害，而且有的旅游地可能有一二个品牌产品在作支撑，不会感到危机。但随着市场竞争的加剧，不导入形象战略就会受到众多的竞争者的威胁，就是老的品牌产品也应导入形象战略。因而，对形象模糊不清的老旅游地应重新进行形象定位。如四川的峨眉山、都江堰，湖南的张家界等地都面临这种情形。

老旅游地进行形象重塑，最根本的动力来自市场的竞争，市场的竞争使老旅游地产生了形象危机。一般情况下,旅游地形象的再定位仍然要以旅游产品质量和营销能力为基础。但在这两方面都差不多的情况下,关键就要看旅游地形象。

旅游地的产品销售依然遵循 AIDMA 法则,即消费者从广告媒体认识产品到购买行动的产生要经过注意、兴趣、欲望、记忆、行动的五个过程;反过来消费者对旅游地形象的认识也要经过从感知到认知、好感、信赖、购买的过程。在旅游地的竞争中,在产品质量和营销能力相当的情况下,一个良好的旅游地形象往往能相对容易使旅游者产生 AIDMA,并使旅游者产生认知、好感、信赖和购买,也就是说,当旅游地之间发生竞争时,旅游地形象能产生"形象屏蔽"的效果。

所谓"形象屏蔽"指在旅游地之间发生竞争时,有良好形象的旅游地可以通过形象构成防卫屏障,以阻止竞争对手的攻击,并能通过形象博得消费者的好感,而无良好形象的旅游地则将自己的心脏袒露给了竞争对手,会因缺乏竞争力而败下阵来。

四川是中国目前列入《世界遗产名录》最多的省,共有九寨沟、黄龙、峨眉山－乐山、青城山－都江堰四大遗产。最近,几大旅行社联盟向国内外游客推出"世界遗产之旅",其号召力无疑较强,但冷静一分析,这四大遗产地之间存在着较大的市场竞争:两条线路的竞争。由于时间、成本等方面的考虑,旅游者很少有一口气游完所有的世界遗产地,许多游客要在两条线中选择一条,这就使两条线路的世界遗产地之间存在着竞争。从世界遗产的分布来看,九环线上有三个,九寨沟的形象正处于上升期。因而在竞争中峨眉山－乐山将处于劣势。在此时,峨眉山－乐山导入形象战略,强化自己的形象显得尤为重要。

另一方面,即使在九环线的同一线路上,三个世界遗产之间也存在着明显的竞争。如青城山－都江堰要努力强化形象,尽量让游客多逗留一段时间。特别是黄龙风景名胜区,与九寨沟相邻,但由于多方面原因,黄龙在与九寨沟的竞争中处于劣势,有的团队到九寨沟后放弃到黄龙旅游,甚至在团队计划中就已放弃黄龙景区。因而黄龙导入形象战略已迫在眉睫。在形象策划上,黄龙与九寨沟不能捆绑成姊妹关系,应告知游客:黄龙与九寨,一山之隔,一样的水,不一样的感受。

在对旅游地形象再定位后,由于产品组合和产品结构发生了变化,也要对产品进行特色定位。产品的特色定位要重点放在品牌产品和重要产品上,使产品体系更加鲜明。如一个有特色的产品有一个奇特的名字,并有一种独到的表达、展示方式,对树立产品形象都是十分有意义的。

五、老旅游地产品结构的调整

老旅游地产品结构的调整是根据市场需求的变化和竞争者的状况而作出的应对之策,其目的是增强产品结构在市场上的竞争力,增加旅游产品对市场的吸引力。旅游产品必须随市场的变化而作出相应的调整,旅游地才具有长久的生命力。

在旅游地产品结构调整中,首要的、也是关键的是品牌产品的重新定位。

1. 品牌产品的再定位

旅游地品牌产品的再定位是旅游地的重大事件。要对旅游地的品牌产品重新定位,除非出现了以下原因:

第一,竞争者推出了一个品牌,其定位与本旅游地品牌相同或相近,侵占了本旅游地品牌的部分市场,使本品牌产品的市场占有率下降,并足以影响本旅游地的生存和发展。

第二,品牌产品在市场上通常具有垄断性,旅游品牌产品更是如此,竞争对手推出的品牌使本旅游地品牌产品的垄断性丧失。

第三,旅游者的偏好和需求发生了变化,他们原来喜欢的旅游产品现在正变得越来越不喜欢,市场对本旅游地品牌产品的需求在减少。

出现了这些情况,品牌产品的市场定位势在必行。

旅游地可实施以下两方面的再定位策略:

(1)多品牌定位。虽然旅游地老品牌产品受到较大威胁,但在市场上仍有一定威望,还有相当份额的市场占有率。此时可以根据市场需求推出多个品牌,形成品牌的集团化优势。

(2)抛弃老品牌重塑新品牌。在推出什么样的新品牌的时候,必须对客源市场的偏好进行周密的市场调查和分析,才能掌握市场的需求。

图 12-4 是对观光农业旅游产品的市场调查图。

观光农业产品价格较便宜,能适合大众回归自然的休闲需求,某公司曾经创立了园林式的观光农业产品,获得了巨大的经济效益,后来跟随者众,使其品牌产品出现危机。

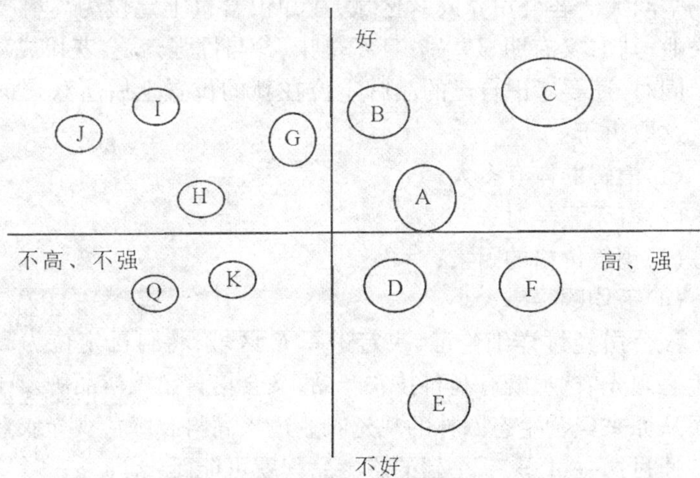

图 12-4 客源市场对观光农业产品的偏好

如图所示,横向表示观光农业产品的经济含量(可能是民俗文化、农耕知识、园林绿化知识或农业现代高科技知识)高与不高,参与性强与不强;纵向表示观光农业产品的环境好与不好。

据市场营销研究,对客源市场就观光农业产品偏好进行了调查,其结果是:图中 J,I,G,H 的圆圈所在位置表示产品的环境好,知识含量不高,参与性不强,因而其产品最容易被模仿和追随,所以在这个区域竞争者众多。目前,中国观光农业产品的实情也是如此。在 Q,K 圆圈区域,环境既不好,知识含量不高,参与性不强,一般不愿去投资。在 D,E,F 圆圈附近区域,知识含量高,特别是 F,但生态环境不好,需要大量的绿化投入,风险较大。在 A,B,C 圆圈附近,表明产品的知识含量高、参与性强,且生态环境好,是值得投入的区域。A 正是该公司目前所处地位,但面临着 B 的强大竞争。而 C 区域知识含量最高、参与性最强、生态环境最好,且市场空间大。若公司介入 C 区域,在知识含量上定位为高科技观光农业,与 B 又有明显差别,且新奇味、参与性强,就会获得成功。

同时,还要考虑自己的品牌定位在新的位置上后所获得的收入。这取决于:

(1)消费群体有多大;

(2)有无竞争对手;

(3)销售价格的因素;

(4)平均购买率大小。

该公司经过详细论证,决定进军 C 区域,将自己定位为高科技生态观光农业,既有高科技农产品,又会培育出旅游品牌。于是公司从原来经营生态园林的观光农业迈入高科技绿色观光农业。

通过这一过程,一个新的旅游品牌就可能诞生了。

2. 旅游产品布局体系的调整

老旅游地旅游产品布局大多不成体系,长期以来靠一二个著名的景区,一二个品牌产品支撑着当地的旅游业,除品牌产品外,大多数产品不成体系,空间布局也不一定合理。旅游产品组合中产品的宽度、长度、深度及关联性都有问题。为了适应新的形势和市场的需要,在对旅游业结构及空间布局调整的基础上,应对旅游产品结构及空间布局进行调整。

(1)优化旅游产品体系。促使老产品的升级换代,开发新的旅游产品,是优化旅游地产品体系的核心,使产品体系形成品牌产品、重要产品、配套产品的体系结构,从而形成具有世界级品牌(要有这样的资源条件)、国家级精品、区域旅游产品的格局。更为重要的是,要丰富每一类旅游产品的内容,使每一类旅游产品形成自己的产品体系。

——观光旅游产品

●观光旅游产品要进一步优化升级,对老产品进行环境整治和改造,丰富和完善产品的内容。如原有的国家级景区要创国家级精品,撤除违章建筑及损坏环境的建筑,休息设施和路牌要完善,提供优良的管理和服务等。

●观光旅游产品要形成完整的体系。可在以往单一的自然风光、人文景点、文化风情观光的基础上,开发出新的观光产品如都市观光、观光工业、观光农业等。

●还可在原基础上进行新产品开发,在老景区未开发的区域进行有规划指导的科学开发,既扩大了景区的容量,又丰富了老产品的内容,增加了老产品的吸引力。

——度假产品

●建立起国家级、省级和城郊休闲度假区的产品体系。国家级度假区要有优秀的度假资源和度假条件,如海滨、优质温泉、高山滑雪等。目前,我国大都市城郊休闲度假带基本形成,国家级、省级度假区的布局尚未完善。

●度假产品应进行体系完善,形成度假饭店体系,如度假别墅、度假公寓、青年旅馆、度假酒店、度假村、露营地等,以及娱乐体系，如垂钓、荡舟、徒步、滑雪、温泉、滑翔等（当然要有资源条件）。

——专项旅游产品

专项旅游产品正处于开发阶段，自身不成体系，属于新一类旅游产品，不属老产品范围。专项旅游产品体系前已论述。

(2)旅游产品空间布局的调整：

——观光旅游产品空间布局

形成大都市市内观光、城郊农业和工业观光，中大尺度的自然及人文观光，大尺度的精品观光产品观光的空间布局体系。这一布局体系也符合客源市场“舍远求近”，以短距离旅游为主的规律。其空间布局如图 12－5 所示。

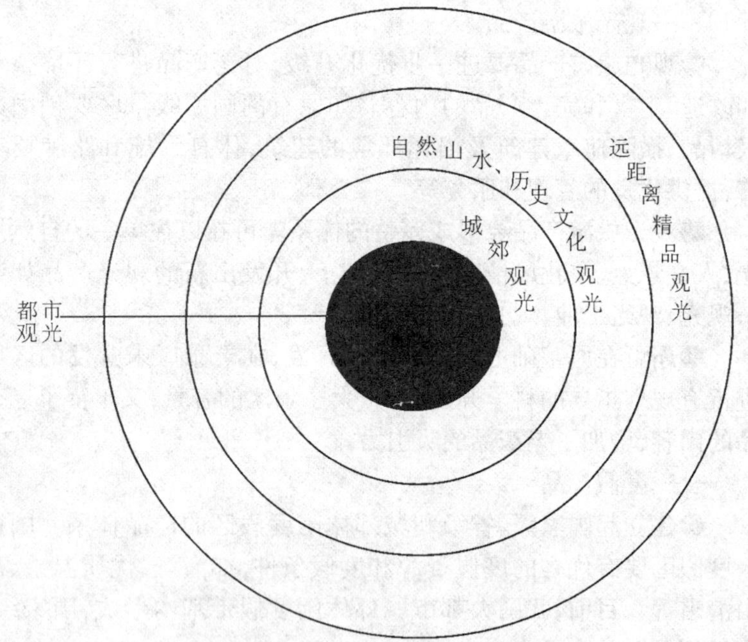

图 12－5　观光旅游产品的空间布局

第一个空间层次是都市观光。都市观光的客流量最大,大都市既是旅游目的地,又是游客前往周边景区的中转站和口岸,游客的聚散都集中在都市,都市的文化、商业、通信、交通、建筑等成为都市观光的重要内容。

第二个空间层次是城郊观光。城郊观光以田园风光和工业观光为主,主要客源是大都市的节假日观光市场和休闲市场。其特点是客源量大、回头客多、价格低廉。

第三个层次是自然山水、历史文化观光。在这一中大尺度的空间内,分布着众多的观光产品,各个级别的观光产品都有分布,也是吸引海外、外地游客的重要观光产品,同时也是大都市市民节假日观光旅游的目的地。

第四个层次是远距离精品观光。这一类观光产品分布在范围空间,要吸引海外和大尺度市场的旅游者,其旅游资源的高品位和旅游产品的高级别是基础,否则由于时间、成本、交通等因素的原因,游客难以前往。大尺度、远距离观光产品一定是精品旅游产品。

根据这一空间布局规律及游客的出行规律,对旅游地的观光产品的空间布局进行调整。如城郊观光和自然山水、历史文化观光这两个层次,应进行重点布局。因为要考虑大都市的市场需求,它始终是一级客源市场,是旅游地旅游业发展的基础。至于第四个层次,还得看旅游资源的品质和开发条件。对于第三个层次的观光产品,要对景区进行重点调整,在如何突现景区特色上做文章。

——度假旅游产品空间布局

●旅游目的地的城市,特别是品牌风景名胜区所依托的中心城镇,一般环境优美,是度假旅游产品布局的重中之重。这样,无论在度假设施还是在娱乐项目上,都可依托城镇设施,避免了重复性建设和资源浪费。

●都市城郊环境良好的区域可形成度假产品供应区,城郊应形成度假产品供应带。这主要是供给廉价度假产品。

●在风景区外围环境条件好的区域,在不影响风景区环境的前提下,可形成度假产品供应带。

●在有特色的度假资源的区域,形成度假产品供应区。

度假产品的空间布局原则,是根据度假旅游资源的分布和市场需求,进行空间布局的调整。如都市市民对日常度假旅游产品的需求,一般是在城郊环境好,或田园风光、或山水风光好的区域,在这些区域布局中低价位的度假产品颇受欢迎。在一定区域范围内,还要形成度假旅游产品的供给体系,这也是调整空间布局应遵循的原则。

——专项旅游产品

专项旅游产品的空间布局一般是分布在大中尺度和大尺度空间。它的分布要依据旅游资源的条件。只是在中小尺度范围内根据资源条件适当布局该类产品。

案例1:成都市旅游业"十五"计划和2015年发展规划纲要

笔者作为该文本的主研人员之一,撰写了"旅游产品结构优化升级"和"旅游市场营销"两章,现将前一章录于后。

一、优化旅游产品体系

1. 观光旅游产品的升级

旅游业的发展和市场竞争的加剧,使旅游业进入了品牌竞争时代。优化配置观光旅游资源,对观光旅游产品内部结构进行优化组合,在全市形成世界级、国家级、省市级产品结构体系。

——创造世界级品牌。抓住特色、突出重点,着力开发包装高品位的拳头产品。搞好成都大熊猫繁育研究基地、青城山-都江堰,使之成为两大世界级旅游品牌;借助三星堆提高我市在国际、国内客源市场的竞争力，形成以成都为中心向周边地区九寨沟、黄龙、乐山－峨眉山、卧龙等世界级旅游景区辐射的格局。

●成都大熊猫繁育研究基地。它是省旅游总规划确定的六个优先开发重点项目之一，应参照其规划设计方案，结合生态环境建设，积极投入建造大熊猫主题公园，包装成为世界级品牌，尽快推向国际旅游市场。

●青城山－都江堰世界文化遗产。它是世界级旅游资源，应在产品包装上下功夫，使景区的环境和管理同国际接轨，尽快成为世界知名的旅游品牌。

●古蜀文化旅游产品。成都平原以三星堆为代表的古蜀文化，是继秦始皇兵马俑之后中国又一闻名世界的考古发现。利用近期发现的古蜀国船棺和新津龙马古城遗址、都江堰芒城、郫县(三道堰)古城遗址、温江鱼凫城、崇州双河城等古蜀国文化遗址，开发具有地方历史文化特色的旅游精品与三星堆形成一体，包装成为国际旅游品牌。从整体上打造成都口岸旅游区的品牌形象。

——建国家级旅游精品。国家级旅游精品在旅游产品结构中起着支撑的作用，将对国际国内市场产生较大的吸引力。着力开发一批旅游精品，从根本上改变旅游产品结构的粗放状况，促使产品换代升级。

●创建三个国家级文化旅游品牌。武侯祠、杜甫草堂、刘氏庄园。进行深度开发，扩大规模，增加文化品味，美化环境，把武侯祠、杜甫草堂建成全国知名的文化园林，把刘氏庄园开发为闻名中外的民俗文化旅游精品。

●创建三个国家级精品景区。龙门山、鸡冠山、西岭雪山景区。加快基础设施和接待设施建设，促使正在申报国家级风景名胜区的龙门山和正在开发之中的鸡冠山争创三个国家级旅游品牌。

●建成三个国家级观光农业示范区。包括龙泉花果山示范区、温江－郫县－都江堰示范区和蒲江示范区。以农科村和龙泉花果山为代表的观光农业旅游已引起国内外的关注，在一定程度上代表了中国农业结构调整和农村经济发展的方向，应加以重点扶持和培育，将其建成为中国观光农业特别是大城市城郊观光休闲农业的示范基地。同时加快蒲江国家生态农业区的建设，将其发展成为观光农业旅游产品。

2. 丰富度假旅游产品

度假产品是旅游产品结构的重要组成部分。随着城市居民物质生活水平的提高(恩格尔系数的下降)，度假出游的需求将迅速增大，以大城市为依托，开发度假旅游产品是世界旅游发展的主流方向，应着力开发一批度假旅游地，完善和优化产品结构体系。

——建立两个国家级旅游度假区。优化都江堰省级旅游度假区的产品结构，建成国家级旅游度假区。综合利用西岭雪山高山滑雪、花水湾温泉度假旅游资源，借鉴国外游憩区开发的经验模式，建成夏季避暑、冬季滑雪和温泉浴疗保健及森林疗养等多功能的复合型国家级旅游度假区。

——新建六个省级旅游度假区。即银厂沟、九龙沟山地避暑，温江金马休闲娱乐，双流牧马山体育休闲，蒲江朝阳湖湖泊型度假等不同类型的度假旅游地。同时加快龙泉花果山市级旅游度假区建设，力争产品升级换代，建成省级旅游度假区。

——发展近邻、远郊农家休闲产品，开发适合家庭度假和小型聚会的度假产品，适应不同市场的需求。如结合毗河综合整治的生态环境建设，配置度假休闲旅游项目和设施，使其发展成为国家级休闲农业示范区。

3. 开发专项旅游产品

专项旅游产品将是未来旅游发展的一大方向。要大力培育专项旅游产品，把成都发展成为国内外游客开展专项旅游的中转站和大本营。

——培育生态旅游产品体系。在都江堰的龙溪－虹口国家级自然保护区、大邑西岭雪山、彭州龙门山、崇州的鞍子河自然保护区、邛崃的天台山森林公园等地，开发森林浴、登山、漂流、探险、露营、科考、科普等生态旅游产品。在都江堰芒城、新津龙马古城、郫县(三道堰)古城和其他几个古城遗址开发科普、科考旅游产品。

——开发成都通向西藏、川西高原的专项旅游产品。开发成都到拉萨、康定、贡嘎山、亚丁、九寨、黄龙、王朗、唐家河、蜂桶寨、四姑娘山、泸沽湖等地的自驾车越野、探险、科考和民俗风情等专项旅游产品，增大其对国际市场和沿海市场的吸引力。

借助成都体育中心和足球球市，培育成都市体育旅游和球迷旅游产品。利用牧马山国际高尔夫球场和青城外山高尔夫球场，开展休闲体育旅游；普及网球、卡丁车等项目，促使体育运动与旅游活动的密切结合。

——深层次开发龙泉国际桃花节、西岭雪山滑雪节、丹景山牡丹节、都江堰放水节等节庆专项旅游产品。可将“国际熊猫节”与全国糖酒会相结合办成旅游节庆精品。

4. 发展都市旅游产品

都市旅游，是旅游者在目的地城市开展的旅游。成都作为四川省会城市，应大力发展都市旅游产品，形成四川乃至我国西部旅游的目的地。

——开发文化旅游产品

●充分利用市内的博物馆、艺术馆、展览馆等场所开发、包装文化旅游品牌，鼓励有条件的大学(如四川大学、成都理工大学)博物馆、陈列馆向游人开放。

●以建设酒业博物馆为主题，对全兴酒坊遗址进行深度的开发，将其包装成为酒文化旅游品牌。

●建设府南河水文化观光旅游环带。在环府南河两侧增设小型休闲广场，沿河两岸增加步行游道、茶座、水吧、酒吧，增加经常性露天表演内容，展示市井文化。

●结合城市建设，把天府广场建成具有浓厚文化氛围和休闲功能的都市旅游的聚会中心广场。

——大力发展商务、会展旅游

●积极与国际接轨，对成都国际会展中心的软、硬件设施进行规范化建设，扩大容量，提高服务水平，建成国际一流标准的会议与会展活动中心。

●努力建设商业游憩区，加快旅游购物一条街或旅游超市的建设，设置购物免税商场，配置旅游功能设施，形成集购物、餐饮、娱乐、茶馆一体的商业游憩区。

二、旅游线路产品结构调整

科学合理地布局设计，抓住主体、突出特色、精心包装旅游线路产品，在市区和辐射区间，重点推出观光、度假和专项旅游线路精品。

1. 市区精品旅游线路

——成都—青城山、都江堰世界文化遗产旅游线路。

——成都—刘氏庄园—花水湾—西岭雪山观光、度假旅游线路。

——成都武侯祠、杜甫草堂、永陵—三星堆连接的蜀文化观光、科考旅游线路。

——成都大熊猫繁育研究基地—崇州鸡冠山大熊猫生态公园生态旅游线路。

——成都府南河(活水公园)—都江堰—紫坪铺水库水文化旅游线路。

——成都—龙泉花果山、成都—郫县农科村、成都—温江汪家湾生态农业及农家休闲旅游线路。

2. 市区主要观光与度假旅游线路结构

——成都市—丹景山—龙门山旅游线路。

——成都—大熊猫基地—升庵桂湖—三星堆旅游线路。

——成都—白塔湖—九龙沟旅游线路。

——成都—白鹤山—天台山旅游线路。

——成都—五津—朝阳湖旅游线路。

——成都—黄龙溪—牧马山旅游线路。

——成都—金堂(野生世界)—云顶石城旅游线路。

——成都—十陵—洛带—龙泉花果山旅游线路。

3. 辐射省内主干旅游线路

——成都—九寨沟—黄龙世界自然遗产旅游线路。

——成都—乐山—峨眉山世界自然与文化遗产旅游线路。

——成都—自贡恐龙世界、蜀南竹海观光旅游线路。

——成都—卧龙—四姑娘山—宝兴蜂桶寨大熊猫生态旅游线路。

——成都—海螺沟—康定自然生态与民族风情旅游线路。

——成都—西昌—泸沽湖民族风情旅游线路。

案例2:四川省都江堰市旅游发展总体规划(摘要)

(由四川省旅游规划设计研究所编制,课题组副组长、技术负责人杨振之,以下所引部分由四川大学旅游学院杨振之、西南财大工商管理学院叶红执笔。)

都江堰市的规划是典型的老旅游地规划,根据它的生命周期和发展的特色,我们决定将规划重点放在产业结构和产品结构的调整上。

一、任务要求

(1) 正确评价都江堰市旅游资源价值和旅游市场开发潜力,为都江堰这个已发展成熟的旅游地找准未来的发展方向。

(2)对都江堰的旅游业结构进行合理布局,找准新的增长点。

(3)制定都江堰市旅游业可持续发展并与《四川省旅游发展总体规划》相衔接的规划实施方案和对策措施。

二、该规划的重点和特色

(1)特别注重都江堰城市和城镇规划,并以都江古堰及城区为重点和突破口,认为旅游经济的主体是城市、城镇经济。

(2)注重可持续发展,城镇、城市规划、风景区规划都以这一原则贯穿始终,并注意对都江堰旅游资源的储存。

(3)重点对都江堰的旅游产业结构和产品结构进行了调整。

(4)对古堰水文化和道教文化进行了深度挖掘,使其能够得到较高水平的展示。

三、旅游发展战略规划

1. 旅游主题形象定位

都江古堰文化观光旅游和生态度假旅游目的地

● 生态旅游与文化旅游将是21世纪世界旅游发展的两大趋势,都江堰市在这两方面都占有资源优势。历史文化是世界级资源,生态度假又被确定为都江堰市的旅游新形象。

● 都江堰市千百年来一直享有世界上惟一现存并发挥作用的无坝引水工程的美誉,是世界上水利工程建设史的奇迹。

● 中国、四川的度假旅游正在兴起,四川地处内陆,缺乏结构合理的度假旅游产品,都江堰的生态度假将提供度假旅游的新形式:有别于海滨、温泉、高山等形式的度假。

● 山、水、城、文化浑然一体,旅游者在现代文明与良好生态间保持着若即若离的关系,既可享受城市生活,又享有良好的生态环境,这一主题形象全国罕见。

● 都江堰市是历史文化观光和生态度假的中心,现在的城市规划已向这一方向迈进。

● 这一定位使都江堰成了旅游目的地,而不仅仅是一个旅游过境地和中转站,它必将大大提高本地旅游业的产出值。

2. 品牌战略

● 都江堰水利工程和青城山道教文化是都江堰市所有旅游

产品的典型代表,是都江堰市的旅游精品和拳头产品。

● 对这一具有世界遗产价值的世界独有的古生态水利工程及其文化,继续在国际、国内客源市场培育品牌,使其充分发挥品牌效应。

● 青城山作为道教的发源地和天师道的祖庭,在中国道教名山中占有独特的地位。

● 把青城山-都江堰建成世界级的、在国际上有影响的历史文化观光旅游胜地。

必须说明的是,青城山-都江堰申报世界文化遗产的成功,也不能改变它作为观光旅游产品的市场形象,只不过是具有了观光旅游产品较强的国际吸引力。由于都江堰市所处的特殊的区位,这一优势可能成为都江堰市旅游经济的一个劣势。因为作为国际观光旅游产品,在这样的区位条件下,必须要与其他产品组合在一起来销售,而且其销售方式又主要是旅游线路的销售。不幸的是,都江堰又正好处于九环线上,且距成都口岸区最近。这些都决定了都江堰几乎不能成为国际、国内观光旅游市场的目的地。这是市场法则所决定的。

也就是说,都江堰的观光旅游产品主要是为都江堰市提供一个品牌,以品牌效应来对市场产生巨大的感召力。既然都江堰市的观光旅游产品不能使都江堰市成为旅游目的地,那么,都江堰市又如何实施旅游目的地战略?难道都江堰市注定了会成为过境地?我们认为,要使都江堰市成为旅游目的地,必须实施生态度假战略。

3. 生态度假战略

生态度假型旅游地指依托良好的生态环境,即有山、有水、有田园风光进行的度假旅游。都江堰正好具有这一条件,适合这种度假旅游方式。

都江堰的山地环境、水环境、空气质量、植被很好,又由于都江堰处于龙门山与成都平原的结合地带，山景、水景和田园风光融为一体，在紫坪铺水库建好后，又以大面积的水体将古堰城区与龙池景区连为一体，为生态度假提供了更好的条件，使都江堰适应开发各种形式的生态度假旅游。

都江堰的生态度假战略，应将度假旅游与会议旅游结合在一起来开发，使度假与会议相互促进，互为补充，二者相得益彰。都江堰良好的生态度假条件，又为开发会议旅游提供了良好的前景。所以，规划提出了要将都江堰市建成四川省的商务会议旅游目的地和成都市的会议中心，以及将都江堰建成四川适宜居住的旅游城市的目标。

都江堰市的生态度假应实施下列战略：

● 把都江堰市建成中国西部典型的文化生态度假型城市。

● 把都江堰市建成四川省会议旅游目的地和成都市的会议旅游中心，使其具有举办国际、国内重大会议的能力。

● 把都江堰市建成中国城市人居环境的典范。

● 把都江堰市培育成川西生态旅游片区的前沿旅游地。

● 使都江堰市在川西北生态、文化旅游线上具有强大吸引力。

● 依托都江堰市良好的自然生态大环境，走度假旅游的可持续发展道路。

● 使观光旅游产品与度假旅游产品和谐统一，相得益彰。

● 把握好产品设计、环境容量和旅游产出之间的关系。

● 生态度假旅游的重点地区是城区及其附近，青城前、后山，都江堰—玉堂—青城—大观沿线直到外山附近，龙溪—虹口地区。

● 生态度假旅游的发展必将带动房地产开发，带动相关产业的大发展。

4. 旅游开发总体布局

一个中心、两个片区、两条环线、五条主线。

*一个中心——古堰城区

是该区域的生态度假、古堰及水文化观光中心和各种专题旅游的接待中心、信息中心、购物中心、娱乐中心和游客聚散中心。

主要景点及功能:以都江堰广场为中心所辐射的几大节点绿化广场。景福街、杨柳河、西街、南街等步行购物街,二王庙、松茂古道、离碓公园、伏龙观、灵岩寺等,使游客充分感受水与现代城市的交融,为游客提供餐饮、购物、娱乐、观光、休闲、度假的各种舒适场所及丰富的夜生活。

*两个片区

——青城山片区:宗教文化观光、度假区

主要景点:青城前山诸景点、青城后山、青城外山、普照寺、天国山、赵公山、南华山、翠月湖、徐渡生态农业等。

主要功能:宗教文化观光、生态休闲度假。

——龙溪-虹口片区:自然旅游与度假旅游区。

主要景点:龙池各景点、虹口乡农家乐、虹口白沙河风光、深溪沟瀑布、紫坪铺水库等。

主要功能:自然观光、生态科考、科普和探险、山地生态度假。

*两条环线

都江堰—龙池—深溪—白沙—都江堰;

都江堰—青城外山—天国山—青城后山—青城前山—都江堰。

*五条主线

都江堰—龙池:自然观光和生态度假旅游线。

主要景点:戏猴园、御龙园、龙池湖、杜鹃园、野生动物园、龙王庙、自然保护区博物馆、滑雪场、响水洞、紫坪铺水库等。

主要功能:多种多样的自然观光和生态度假旅游都可在此开展,还可开辟龙池—深溪的徒步森林游、森林浴,龙池—深溪的连接构成了龙池—虹口的旅游环线,但这条连接线以不修公路为宜。

还可开辟龙池—响水洞骑马旅游线。

都江堰—虹口—廖叶坪—和尚桥:生态科考、探险旅游线。

主要景点及功能:白沙河风光(山景、水景)及白沙河漂流,原始生态区科考、探险。

都江堰—蒲阳—向峨:休闲度假、文化旅游线。

主要景点:中科院花溪植物园、般若寺、莲花湖。

都江堰—青城山(前、后山):历史文化观光、度假旅游线。

主要景点:都江堰、二王庙、松茂古道、离堆公园、伏龙观、青城山、青城后山。

都江堰—大观—两河:生态休闲度假旅游线。

主要景点:青城外山、普照寺、天国山、玉堂至青城山的度假带。

都江堰市各区的功能、主题、范围等要素(项目开发后面论述)见表12-3,以五条线路为骨干,形成了旅游产品的空间布局。

表12-3　都江堰市旅游开发分区布局表

旅游片区	范　围	功　　能	主　　题
古堰城区	都江堰市区、玉堂镇	是餐饮娱乐中心、购物中心、度假中心、水文化观光中心。是游客休闲、度假的主要场所,为游客营造休闲、度假、购物的气氛和环境。	文化旅游及生态度假的支撑中心。
青城山片区	青城山镇、泰安镇、大观镇、徐渡乡	宗教文化观光旅游,山前地带休闲度假、农业观光旅游,青城后山的度假、避暑旅游,青城外山的高消费度假旅游。	道教文化观光与度假旅游。
龙溪-虹口片区	龙池镇、虹口乡	自然观光、生态科考、科普旅游、探险旅游和山地度假旅游。	生态旅游与度假旅游,专项旅游。
紫坪铺水库	龙池镇、白沙乡、麻溪乡	良好的亲水环境,度假、休闲、娱乐。	度假旅游。

四、旅游产品开发规划

1. 旅游产品结构的调整

都江堰的精品产品是青城山－都江堰的以水文化和道教文化为核心的文化观光旅游,它是都江堰市的品牌。

在这一世界级品牌的感召力作用下,大力发展生态度假旅游产品,是都江堰市应着力发展的重点旅游产品。生态度假旅游产品主要集中在三个片区,即古堰城区、青城山片区和龙溪－虹口片区。古堰城区是度假旅游的支撑中心,集休闲、度假、会议、购物为一体。青城山片区主要依托青城山镇,青城后山、前山到外山的山前地带,青城外山形成度假旅游带,以登山、徒步、会议、避暑、高尔夫为主。龙溪－虹口片区主要依托新龙池镇和紫坪铺水库以及虹口乡,主要开展湖边度假、水上娱乐、登山、徒步、骑马、漂流、探险、科考、科普、滑雪、森林浴等旅游活动。第二个层次主要体现在对都江堰旅游产品结构的调整上,是今后旅游经济增长的关键。如此,都江堰市的旅游产品组合既有它的长度,也有它的广度,同时也具有深度。如表 12－4 所示:

2. 旅游产品项目规划

(1)规划的原则和目标。旅游产品项目规划依据资源特色原则和市场导向原则,重点要解决以下问题:

● 青城山－都江堰历史文化观光旅游需要深度开发,其文化内涵深厚,但缺乏深入挖掘和充分展示,历史遗迹的物质形态难于为游客所接受和理解。

● 对古堰工程和水文化的表现以及道教文化的专题开发显得尤为重要。其核心是要突出古堰、古城、古文化三大主题。

● 古堰城区使游客体验现代城市文明与水生态、文化的高度融合,使都江堰广场周围到南桥、玉垒山公园一带形成休闲、娱乐、购物和夜生活中心。

● 从青城前、后山到青城外山,到龙池一带形成功能布局合理，能适应高、中、低档各类游客休闲、度假的产品结构，使目前较混乱的产品结构和市场管理得到合理的调整。

表 12－4 旅游产品组合的特征

产品组合的广度→				
产品组合的深度↓	文化观光	休闲度假(包括专项旅游)	会议购物	节庆活动
	水文化	科普、科考	商界峰会	放水节
	古堰工程	徒步、登山	政界会议	二王庙庙会
	道教文化	探险	学术会议	兰花节
	灵岩寺	漂流	各种论坛	中华猕猴桃节
	城隍庙	骑马	行业会议	青城山天师会
	玉垒关	森林浴	单位集会	罗天大醮大法会
	二王庙	水上娱乐	中药类商品	灵岩山观音会
	伏龙观	滑雪	道家纪念品	龙池冰雪节
	离堆园林	高尔夫球	地方工艺品	
	青城山	田园漫步		
	普照寺	观光农业		
	般若寺	斗牛娱乐		
		道家养生		

(2)都江堰水利工程和水文化的项目开发

● 古堰水文化艺术中心。建一个世界一流的水文化艺术中心，使其具有以下功能和内容：

①古堰水文化博物馆。博物馆主要通过展示的手段来反映都江堰的过去、现在和未来，都江堰水利工程的科学性和工程学原理，世界各国在都江堰水利工程前后所建的水利工程及其与都江堰的比较，通过现代科技手段加以展示。馆内可设置环幕电影，放映放水节大型活动、李冰修堰的过程、纵目人卡通片等。选址在都

江堰广场(都江堰广场规划已选定地址)。但博物馆只是水文化艺术中心的一个部分,只靠博物馆的展示功能对游客的吸引力会大打折扣。

②古堰水文化雕塑广场。设计世界一流的水文化雕塑广场,用现代艺术表现手法来表现都江堰的传统水文化,以突出水的神话气息和古蜀文化的神秘气氛。宗旨是突出表现都江堰不朽的水生态和水文化。广场上建议应有以下石雕:石人(据《华阳国志·蜀志》记载,李冰曾置三石人于江中),塑西王母、大禹、蚕丛、鳖灵、杜宇、李冰、二郎等石像;石犀五只,据《蜀王本纪》载,李冰曾置五石犀于江中,犀牛为古蜀人的神物,杜甫有《石犀行》诗,岑参有《石犀》一诗;石马,李冰在渠首埋石马,作为深淘滩的标准。作好说明介绍和导游。

艺术中心应经常举行各种形式的艺术展览和围绕生态、文化的艺术主题活动,以吸引游客参与。

● 都江堰游人中心。都江堰游人中心是全市的游人问讯中心,选址在市客运中心。其具体功能见“旅游组织机构规划”一章。重点推出电子触摸屏系统和“都江堰人机对话电脑游戏软件”。

“都江堰人机对话电脑游戏”软件　为了增加游客的参与性,深刻地理解都江堰水利工程,建议开发一套人机对话电脑游戏软件,这一项目如果开发成功,既可放置于游人中心的问讯系统里面,又可作为旅游商品,还可作为高科技工业产品推向市场,收到一箭三雕的效果。

具体做法是,以水利工程参数为基础,通过参与让游人充分感受人与大自然的关系。基本规则是,只有正确地选择参数才能保证成都的安全,否则就是水淹成都。因此,让游人调节、选择,如鱼嘴、飞沙堰、宝瓶口的位置,分水堤的参数,水的流量。让游人自己来调动修堰的人马和修堰的工具。在水中寻找李冰埋下的五只石犀,让游人降龙过索桥等,使游人在趣味和娱乐中了解都江堰。

都江堰时光隧道　采用高科技声、光、电等技术，运用迪斯尼乐园的技术成果，使游人在刺激、娱乐和参与中充分感受从洪荒时代到李冰治水的全部历史进程，包括《山海经》记载的神话传说、禹治水、鳖灵治水、李冰治水等，感受洪水滔天的悲壮场面。时光隧道选址在原"水官"内。

斗牛场　恢复古代蜀人民俗。据传，李冰治水时曾变牛斗牛杀水怪，都江堰原有斗牛台，在庙会期间要上演斗牛戏，还有斗牛表演。现恢复斗牛台建成斗牛场，作为惊奇、刺激、娱乐和参与性强的度假旅游项目。选址有两套方案：一是选在青城大桥旁的黄家河心，一是选在蒲阳镇山前地带。

古堰文化演艺中心。在广场上（广场规划已选址于广播电视局后）建古堰文化演艺中心，在节假日举行"放水节仪式"表演和其他表现地方特色的民俗及文艺节目，使放水节表演和道教歌舞、音乐、武术表演经常化。

放水节　都江堰放水节已举行过几届，但还需做好以下工作：

①时间应固定每年举行一次，不能中断，并在节庆活动中打出品牌；

②作为四川省大型的旅游节庆活动，并与经贸活动连为一体，不能作为一般的文化活动来展示，并恢复旧制，放水节要由副省长以上级别的领导来主持；

③放水节之前要举行较大规模的促销宣传，如召开新闻发布会等，使之作为旅游吸引物；

④表演经常化，所有的节假日都应在都江堰广场的群众演艺中心举行放水仪式的表演活动；

⑤仪式应做到原汁原味，服饰不能穿一般性的古人衣饰，应以氐人服饰为标准，展示李冰对山神、水神的祭祀场面，仪仗、仪式恢复如旧，如放铁炮、砍杩槎、吼放水号子、打水脑壳、舀水头等；

⑥目前都江堰还缺少一个大型的群众集会广场，都江堰广场

没有群众集会功能,可考虑在玉垒山公园大门外或者在离堆公园大门外修建一个大广场供放水节和其他节庆活动使用。

● 二王庙庙会。恢复旧制,时间定在每年农历六月二十四日李二郎生日至六月二十六日李冰生日举行。

(3)会议旅游:

● 国际会议中心。在都江堰建一个规模较大的国际会议中心,为已经饱和、无发展空间的成都国际会展中心分流。借助都江堰市良好的环境和区位优势,使都江堰市成为四川省的会议旅游目的地和成都市的会议中心。

(4)青城山道教文化的开发。青城山作为中国的道教文化名山和道教的发祥地之一,地位很高,但游客入山后很难感受到道教文化的气息,游客对青城山道教文化的印象不深,停留时间短。因此,必须对青城山的道教文化进行深度开发。建议在青城山的建福宫、圆明宫、上清宫、天师洞等处开展下列旅游活动:

● 青城山道教科仪罗天大醮大法会。这是道教最隆重的大型宗教活动之一,可定于每年秋季举行,主题是祈求平安和吉祥。以此来吸引游客和打出道教品牌。

● 青城山"天师会"。传统日期在农历端午节举行,相传此日为张陵天师的诞辰日,也可定于每年的"五一"节举行。

● 青城山道教音乐欣赏和研修。青城山道教音乐在中国道教界独树一帜,兼具北韵和南韵之妙,而且继承了巴蜀巫师歌舞娱神的传统,具有浓厚的地方特色。青城山道士蜀派古琴大师张孔山谱的古琴曲《流水》,1977 年被美国录入镀金唱片,由太空飞船"旅行者二号"带上太空,在宇宙寻找人类的知音。

● 青城山武术、剑术欣赏和研修。青城剑术是全国四大剑派之一,其"雌雄剑"更是名扬天下,青城拳术深受剑术影响,有"剑拳"之称。

● 青城山养生气功研修。主要研究、传授、培训青城山火龙神功、青城山轻功。清代“福将”杨遇春幼年曾在青城山研习此术。

● 青城山养生药膳、养生食品。可作为旅游商品来开发,推出特色食品,使游客到青城山能够对道教文化进行全方位的感受。除青城“四绝”之外,还可推出“燕窝蟠寿”、“玫红脆饯”、“刘海饯饼”、“荇藻仙蔬”、“金钩肉芝”、“瑶柱蕨苔”、“翡翠羹”、“玲珑羹”、“仙桃肉片”、“韭菜肉丝”、“红蕨畹”等。

● 青城山道家健身美容术和女子形体健身功。青城山道教有其独特的健身美容方法,可加以推广。其“女丹法”,即“太阴炼形”在国内外均有影响,特别是法国“中国道教研究中心”的学者德斯玻在法国出版了《中国女丹》一书后更是影响深远。

● 青城山道教医药之旅。青城山道教医药沉淀极厚,名家辈出,孙思邈的《千金要方》也在青城山写出,川芎等药材的培育更是对中国医药的重大贡献。可推出青城山寻访道教名医、道教医药研修。

青城山道教文化专题旅游项目的开发,实际上是在增加观光旅游的吸引度的同时,增加青城山度假旅游产品在市场上的吸引力。

都江堰市旅游活动项目的分阶段实施如表 12－5 所示:

3. 旅游线路规划(略)

三、城镇旅游规划

都江堰市城区旅游规划:

1. 规划城区的意义

● 有利于城区的合理建设和可持续发展。提高和有效处理好集中投资建设,提高企业规模效益。

● 适应当今世界度假需求的发展方向。近城镇区的交通方便,服务内容和服务项目更加完善,有利于充分满足旅游者的多方面需求。

表 12-5 都江堰市旅游活动项目规划表

旅游片区	旅游活动项目	分阶段开发时期		
		近期(2000—2005)	中期(2006—2010)	远期(2011—2015)
古堰城区	水利工程及水文化	古堰水文化艺术中心(水文化博物馆),市游人中心,放水节,二王庙庙会,古堰文化演艺中心。	古堰水文化艺术中心(水文化雕塑广场),二郎神-纵目人之迷卡通片,人机对话电脑游戏软件。	都江堰时光隧道
	生态度假	都江堰广场-南桥-玉垒山公园休闲、购物带,杨柳河沿街和景福街休闲购物带,玉垒山城市公共游憩地的建设,内江四条河道沿岸度假公寓、度假旅馆的建设。	西街的整治,斗牛场,玉堂休闲区道路建设,灵岩山山前地带度假设施的建设,国际会议中心。	
青城山片区	道教文化	道教文化的专题展示。	建金鞭岩—祖师殿的游道,形成山门—月城湖—圆明宫—上清宫—天师洞—祖师殿—金鞭岩大环线。	寨子山游道,赵公山、南华山生态环境的继续培育和保护。
	生态度假	青城山景区的建设,青城后山度假环境整治,青城外山休闲度假地建设。	青城外山休闲度假地的建成。	天国山一带生态环境的继续培育和保护。
龙溪-虹口片区	生态度假	建设虹口生态旅游示范区,虹口镇建设,龙池景区建设。	龙池镇建设,扩大龙池自然博物馆并完善其功能。	
紫坪铺水库	休闲度假	紫坪铺水库生态环境的培育和建设。	龙池镇建设,紫坪铺水库度假设施建设。	

● 有利于丰富旅游者的旅游经历,提高旅游者的满意程度。旅游者受城区旅游环境的吸引自然进入与当地人相同的消费购物环境消费购物,有利于旅游者对当地人文风情的充分了解和接触,也减少了一般景区以外来人口服务的专门性带来的物价升高,虚假货、劣质商品泛滥对旅游者旅游经历的不利影响。

2. 规划思路和内容

● 重新认识规划城区内旅游产业空间。

(1)旅游企业的布局既要考虑空间范围,也要考虑空间环境的美化和环境的质量。

(2)城区最适宜旅游企业布局的空间环境是城区内的沿山的山前地带,这里空气清新度、观赏和运动条件是全市最好的地区,体现着都江堰生态环境的优势。其次是城区河流两侧。都江堰水利工程的防洪和泄洪的特征,使这些河流的水渠很深,平面观水效果不好,但清洁的水体和河水的流动性,也使市区内四条支流两侧的生态条件成为次之于山前地带旅游产业布局空间。而区域内旅游企业布局最差的环境是外江侧。这里由于江中河水减少,乱石分布,观景效果差,空气调节的优势也无法充分体现。因此,都江堰市区内山前地带的合理保护,对都江堰旅游产业的可持续发展意义重大。

● 营造良好的旅游企业生产环境。目前,世界和中国都进入了散客市场,散客已占旅游者比例的70%,所以旅游城市应该是一个开放的城市,而不是一个封闭的城市。因此信息的充分对满足旅游者的需求具有十分重要的作用。

完善对旅游者的牵引通道建设,促使旅游者进行更多的消费。

①首先是重视迎宾大道的建设,提高街道的美化效果,吸引过境客人对市区内的关注,进入城区进行消费,以扩大本地的消费量。

②重视客运中心车站和停车场的建设,车站和停车场是旅游

者的第一印象区,所以不仅应有充足的空间适应现在和未来的需要,而且应有美好的环境。应依据人流的主要流向和牵引目的设置停车场,尤其是在主要消费区建设路和幸福大道的交汇处附近应有宽大的停车场。

③构建旅游产业区与城镇消费区的通道。如建设宾馆区到建设路以内的通道,方便旅游者的消费。整治规划商业街到内江之间的环境,将商业街只保留一半的空间,而将靠江一侧的空间留出作为绿地空间,可设露天茶社和酒吧以及餐饮店。这样既形成了将公园区与仰天窝广场区串联的通道,也扩大了观水景的空间。

④完善指示路牌的牵引作用。

● 运动休闲空间的充分营造。度假客人需要充足的休闲运动空间。现有的上灵岩山的道路也是主要的公路干线,开辟新的具有观赏、游览、运动的道路是十分必要的,而且新山路的建设应考虑旅游者登山、骑车、观景、散步等多方面的运动需求。

● 重视规划城区内旅游公共产品。公共旅游产品是城区居民和度假旅游者需求旺盛的产品。

广场应有良好的功能定位。“节点”广场形象效果好,但由于与交通干线相伴,既不安全,也不卫生,不利于休息放松。都江堰市民和旅游度假者需要在自己的周围有更多安全、卫生、空气质量好、风景美丽,而不用买门票的公共休闲空间。

宽大公共空间的建设和保留极有必要。都江堰举行盛大节庆活动,大型集体活动,青少年的锻炼成长都需要充足的公共休闲空间。

四、可持续开发旅游风景名胜区及旅游项目

(一)都江古堰及城区

1. 古堰城区的特色

● 区位条件优越,它是都江堰所有景区中最靠近大都市的旅游区。

● 市场条件优越，它是过境客人和度假客人的必经之地。

● 都江堰城区自身条件优越，空气清新、水质优良、森林茂密、古树参天，古堰古迹，再加上近年来都江堰市区内城镇美化建设，都江堰城区的旅游发展条件越来越好。

2. 古堰城区规划目标

● 将本区逐步调整为全市重要旅游产业中心，利润增长中心。

● 逐步将本区建成邻近大都市的四季休闲度假地。

● 通过对旅游生产环境的营造，充分发挥旅游产业的投入乘数和收入乘数的连动作用。

3. 分区规划

——古堰观光精品区

该区包括离堆公园、古堰工程、二王庙以及玉垒山公园城墙以内、西街、南桥。

*古堰观光区的特色

● 都江堰水利工程世界知名，蕴含丰富的科学知识和哲学思考，是都江堰市旅游发展的拳头产品。今后依从旅游者的需求合理保护和合理营造，对进一步提高都江堰水利工程的旅游价值是非常重要的。

● 产品主体的内涵和魅力未能充分展示。都江堰主体工程在一般旅游者眼中太简单朴素，观赏内容较少。

● 游路设计不尽合理，尤其是其中观景点和观景面的配置方面缺乏营造。

● 景区内从业人员的素质有待提高，人员结构应有调整。

*规划思路和规划内容

● 游路规划，依从旅游者的行为规律和旅游者资源欣赏的心理，游路设计按离堆公园—金刚堤—安澜索桥—二王庙—松茂古道—西街—南桥—离堆公园，形成闭合性线路将都江堰的古文化遗迹全力展现。

● 离堆公园外的停车场面积应进一步扩大,不仅能停小汽车,还能停大巴和方便公交车停靠,但不能占据游客停留的公共空间。

● 游人咨询中心设置在靠近停车场的公园前的建筑中。目前,该部分建筑已建成但是作为商场使用。该咨询中心的核心功能是介绍古堰景区的景点分布状况和游路的走向,不是介绍整个都江堰的景区景点。

● 离堆公园中心的园林盆景应重新规划,能展示一条从公园大门到伏龙观的绿色大道。

● 从离堆公园到金刚堤的线路应改进。首先是通道门太小,形成线路的分割,游客的牵引度降低。其次,是飞沙堰一带应在涨水季节(水位不超过 0.6 米)时,在飞沙堰上安全踏实的地段设立铁链通道,以增加游客的参与性。

● 在金刚堤上设置休息设施。金刚堤是整个景区的中间地带,是惟一个能充分观赏都江堰工程山景和水景的地段。在该处的树林中和树林旁设置休息设施和两处具有独特建筑风格、观景性强的茶坊是非常有益的。另外可在飞沙堰上金刚堤的路旁修建一些石级台阶,作为游人休息和戏水之用。

● 金刚堤视野范围内的植被景观应有效调整,增加秦雁楼及玉垒山的成树植物的数量和种类,使金刚堤观水和观景的四季内容更加丰富。金刚堤上的植物种类也应有所调整,这里的树林应减少森林神秘的气氛,让人难以亲近和进入,可选择林冠大的植物与林相变化丰富的植物,增强游客对森林的亲近,也提高秦雁楼的观景效果。

● 秦雁楼内几层都应设置较开阔的空间,以充分满足旅游者的游览需要。该楼也可设夜晚灯饰。

● 从秦雁楼至松茂古道,直接西关,应选择合适的观景点加以适当维护,让游客更充分地体会古堰的风景和都江堰城市景观。

● 西街是都江堰一处极有历史价值的老街区,将它同都江古堰、松茂古道相串联,仿佛把游人带进了历史的长河,回味悠久,意味深长。随着社会的发展,这条街区的价值将越来越高,对后人的震撼力会愈来愈强。但街区目前房子开间太小,商业性的大规模利用条件较差,而老房屋的保护和重建工作投资大,科技含量高,对此,该街区强调在近期以原住居民的旅游商品销售和小型餐饮服务为主。中、后期则要求新投资者必须修旧如旧,按照传统样式和材料进行内部更新、外部重建。

——城区度假产品生产区

都江堰城区作为中高档度假产品的生产地是这次旅游规划布局调的整重点。

*都江堰城区度假产品生产的条件与优势

● 都江堰是离大都市最近的有大森林的县城,空气清新,水体洁净,山地风光清幽古朴。

● 城区交通便利,是都江堰市的交通枢纽,通过高速公路从成都到城区仅需25分钟;也是四川旅游九环线的枢纽中心。

● 符合国际度假向中心城镇集中的发展趋势,并且与房地产发展规律相适应。

● 都江堰市区的城市建设的超前性,使都江堰市度假旅游产品的生产条件更好,更成熟。

*城区度假规划目标

● 使城区度假产品日益成熟,成为大都市四季休闲度假地。

● 以旅游产业带动区域其他产业的发展,提高旅游业的经济效益。

● 有效发挥旅游投入乘数和旅游收入乘数对都江堰区域经济的重要作用。

*城区度假产品生产存在的问题

● 度假产品的生产环境条件已受到破坏。度假产品不同于观光产品,既需要一定的观景内容,又需要良好的空气条件和运动休闲条件,以舒缓身心,达到休闲放松的目的。

◇都江堰度假条件最好的是城区沿山前地带,这里由于山体较高,绿化环境好,空气清新,具有一定的观景和休闲运动条件。

◇城区灵岩山上的建筑环境也发生了极大的变化。目前该片地区已被工业片区分割,若在以后的城镇土地规划中不将这部分土地纳入统一规划的范围,并对其加以合理规划保护,会对都江堰旅游产业的发展及城镇发展造成巨大的负面影响。

● 度假产品生产的配置条件不好。

◇度假的设施单一,缺乏吸引力。现有的设施常常同观光旅游混同,只强调对过夜客的服务设施。而度假客人主要以家庭为单位,停留时间偏长,设施在设置与布局时,应考虑这一特点,无论是价格还是设施内容上能充分满足旅游者的需求。

◇度假者缺乏充足的休闲运动空间。这种空间应具有都江堰的特色,空气清新,环境优美,并且有适应不同年龄层次旅游者的散步空间、锻炼空间和健身空间及相应设施。但都江堰市区内这方面的条件配置较差。

◇灵岩山森林茂密,运动健身的条件较好,但由于上山步行道与交通干线功能混同,其安全卫生的状况均受到影响。

◇其他的休闲空间大多是围着街道转,

◇广场增加了许多但缺乏停留休息的空间。

◇本市现有的巨大体育场因离城区太远,又无景可观而缺乏吸引力。

● 缺乏特色餐饮。丰富而有特色的食品、特色的餐厅在该地未形成规模和影响,而且就餐环境的管理水平较低。鼓励特色餐饮在本地开发,是吸引旅游者的重要要素,也能提高产出效应。

*都江堰城区度假产品规划的思路和内容

● 度假产业空间的规划。

◇ 以蒲阳路以北的空间逐步规划为度假产业的空间。都江堰降水丰富,植被恢复条件好,该区域范围内的被工业区、铁路分割破坏的区域,经过生态培育是能够迅速改善生态环境条件的。并且今后随着蒲阳、向峨一带产业结构的调整和环境的整治,该产业空间可以拓展和延伸。

该空间又规划为两大部分,一部分作为旅游饭店区,一部分作为公寓区,外北街以南为公寓区,外北街以北直到灵岩山上为旅游饭店区。

规定区域土地使用用途。在公寓区,允许建造的建筑物包括美术馆、博物馆、饮食店、托儿所、学校、休闲活动场、别墅住宅或公寓住宅,会堂、公共建筑、金融机构、卫生医疗机构、自由市场、车库和服务设施。在旅游饭店区,允许建造的建筑物包括宾馆、饭店、出租汽车及自行车行、收费停车场、车库、会堂、室外娱乐活动场、公共娱乐场、餐馆、夜总会、有歌舞表演的餐厅、金融机构、卫生机构。

无论是公寓区,还是旅游饭店区不得将大块土地划分为小于2亩的小地块,但允许将不同大小的地块合并成一片。并且要求室外空地最少要占分区用地的50%。旅游饭店区要求企业设施的平面面积也最多达50%。全区主体建筑之间的最短距离为30米。

全区的建筑层高应受到限制,遵循显山露水的原则通过具体的规划来确定。

需要将都江堰的工业区逐步由该区向都江堰西南面临外江两侧布局。

铁路设施也应逐步撤离。或在中后期逐步将铁路的工业作用转化为旅游服务,如仿古火车站、小火车旅行,并同彭州的旅游点相结合。

该空间性质的调整也对于促进城镇建设向东北部地区扩展，为山区的休闲资源充分利用奠定了基础。

◇城区四条河流两岸，也可规划为度假产品生产区。

以公寓式产品生产为主。

主体建筑与河岸之间至少应有30米的绿化带。

●度假的活动空间规划。度假者不再是观光者，对景区景点的关注程度降低，他们直接关注视野范围内的景观与设施状况。因此度假活动空间的规划非常重要。

◇ 依据都江堰的气候特征和资源优势，都江堰城区的度假活动空间应充分体现展示清新空气、满目苍翠的景色，以及在这种环境中运动对人身体的巨大好处。

◇ 柳河到灵岩山脚下的200米范围内，以及外北街到柳河之间的一定范围规划为公共保护绿地，可作为公共运动场所包括成片的足球场，简易篮球场、网球场等，或者直接保留为农田或牧场，严禁修建永久性建筑。

◇ 应在灵岩山开辟游山道，将该道建设与山地度假区的建设相联系，解决区域内的交通、跑步、散步、观赏、自行车运动以及滑板运动的需要。

◇选址建一个“斗牛场”，再现斗犀台的传说。选址有两套方案，一是选在青城大桥旁的黄家河心，一是选在蒲阳镇。

● 合理规划度假旅游的服务空间。

◇度假旅游的服务空间以充分利用城区内的服务空间为基础，即杨柳河沿岸咖啡、酒吧、茶吧区，建设路的商贸活动区，以及公共休闲活动区(玉垒山城市公共游憩区)。

◇开通便利的旅游饭店区到市区服务环境的通道。

◇都江堰商业活动区的建筑应逐步将商用建筑和民用建筑分离。有效提高商用建筑的服务性，减少对当地居民生活的影响。

● 度假产品结构的调整规划。

◇从设施上看,目前都江堰提供的主要是星级饭店型的设施,适用于观光而不完全适用于度假。度假设施考虑以下四方面的需求特性:家庭客人为主;度假者之间的社会人际交流空间需求;设施要具有观景效果;度假者停留时间长,对价格比较敏感。

◇ 布局一定的高星级饭店,增加中低星级的饭店。

◇ 增加别墅型公寓和一般度假公寓,共管公寓等产品。

——城区公共休闲产品的规划

重点是玉垒山城墙以内到玉垒山公园大门外,还包括灵岩山。

*公共休闲产品规划的意义

●随着城区经济建设的加快发展,城区群众对城区休闲空间的需求越来越旺盛。城区公共休闲空间的比例直接影响城镇人居环境质量高低,影响城镇的可持续发展。

● 玉垒山作为旅游精品对省内外旅游者的吸引力度偏低,转为城区公共休闲利用,发挥作用更大。

● 有利于完善休闲度假的功能。

●玉垒山公园前的空间由于缺乏主题引导,合理定位,使其空间价值未充分体现。

*公共休闲产品规划的目标

●使这里成为城区居民和度假旅游者综合性的多功能休闲空间。

●能有效聚集商机和人气,促进社区经济社会文化的共同进步。

*规划思路及规划内容

●将玉垒山城墙以外的灵岩山部分均归入公共休闲产品空间,不再收取门票。

●开放从山门到灵岩山的通道,减少到灵岩山的线路距离,增加对灵岩山休闲资源的利用效率。

●在公共产品空间内设置一定的休息设施和充足的休闲空间,如集体锻炼,跳舞、散步、纳凉空间。

●玉垒山公园的大门的空间可成为都江堰市的集会场所,利用其地势的高低变化和道路的延伸作用可进行文艺表演、盛大活动开幕式的主要场所。

●规划公园外围的环境,将人民医院和政协大楼搬迁改造,而将都江堰的图书馆搬迁至此,并在四周布局电影院(对老电影院进行改造)、书店、旅游商品销售中心等。

●建设外江大道、迎宾广场和都江堰广场,增强引景通道和休闲空间的吸引力。

4. 重要规划项目

●城区度假片区详细规划,重点是蒲阳大道以北地区。这一带地区目前功能不明,景观混乱,需要一个详细的规划的帮助。

●游路调整和建设

◇古堰景区内的游路调整和建设。离堆公园—飞沙堰—金刚堤—玉垒山—西关—西街。

◇度假区同服务区之间的联系通道的建设。玉华酒店出口—建设路。

◇观光区到服务区和休闲区的通道。商业街口—仰天窝广场。

●设施建设

◇宾馆、度假公寓建设。

◇停车场建设(包括机动车和非机动车停车场)。离堆公园停车场、度假区停车场(2 处),建设路与幸福大道交汇处停车场。

◇公共休闲空间的建设。都江堰广场建设,都江堰水文化艺术广场、玉垒山公园、度假区公共休闲地、灵岩山山道建设。

● 斗牛场的建设:

◇充分考虑斗牛场的设施空间;

◇斗牛场的整体设计精妙、极富特色和吸引力；

◇斗牛场的展示空间应充分；

◇ 伴随该项目的开发而产生的人流聚散所导致的综合空间需求。人流聚散的通道空间、停车场(机动车与非机动车)。

(二)青城山景区。

1. 青城山景区的特色

● 青城山景区气候条件优越，相对于城区，这里的气温更低，空气更清新，水质更优良，又有一定的观景条件，是夏季度假的极好去处，也是重要的观光之地。

● 青城山景区资源结构和气候条件相似，所以度假资源分布广，只要交通条件具备，都能进行度假资源开发。

● 青城山的生态条件较好，植被茂盛，但色彩单一，加之气候阴沉天多，降水丰富，湿度偏大，所以时间稍长，会有单调的感觉。

● 青城山度假季节性强，所以企业的经营风险较大。

2. 规划目标

● 进一步丰富与提高旅游者在青城山的旅游经历，给旅游者留下更深刻的印象。

● 有效处理好本区域资源保护和旅游开发之间的关系，保证本区旅游业的可持续发展。

● 持续保持该地作为中、低档消费旅游者的度假胜地。

3. 青城前山观光精品区

——精品区的特色

● 青城山观光区是与都江堰一样，是享有最高知名度的旅游产品。

● 青城山的青与幽的特色非常鲜明突出，但“城”的内涵未能充分展示。青城山要建立新形象，并更具震撼力，“城”的内涵挖掘非常重要。

—— 规划目标

能尽现青城山的“青、城、幽”的自然风韵和深山藏古观的意境，并使这种意境和风韵得以持续保存。

● 近中期规划目标以充分展示和体味青城青幽的特色为主。

● 远期规划目标以建立完整的“青城”概念，确立青城山的新形象。

——规划的思路和内容

● 近期对游路环境再整治

◇ 游路沿线，尤其是从索道方向的下山游道成树绿化工作应得到加强。改善游路和树种结构。

◇ 对现有游路缺乏观景点进行调整，使观景效果更好。

◇ 宫观周围的环境绿化工作应进一步加强。建筑与森林之间的和谐关系，历来是道家建筑追求的崇高境界。

◇ 逐步改善从前山即现在青城山山门到金鞭岩的道路状况，加宽这段道路，提高通行能力，同时扩大金鞭岩外的停车能力。

● 中远期应逐步调整景区游路，使游客建立新的，完整的“青城”形象，同时有效提高旅游者在青城山景区的停留时间。

◇以金鞭岩为出口山门，形成大的游路环线，使游客在游程结束时能充分感受到“青城”的含义。

◇游路设计为青城山山门—月城湖—圆明宫(索道)—上清宫—天师洞—祖师殿—金鞭岩。

◇祖师殿—金鞭岩可沿袭原来的老游路，也可开辟新游路。

● 增设公共休闲设施

◇在游路上设置公共休息设施，让游客休息、赏景，充分体味青城山的“青、幽”的意境。

◇在建福宫、上清宫、圆明宫、天师洞等处设表演区，表演道家音乐或习青城武术、剑术，道家养生功、健身功。

◇可在游路上设置三、四处卖笛子点，或拉二胡的表演点，用中国古乐演绎青城的古幽之情，并且能引导旅游者，产生空谷的灵性,减少过分的清静给游人带来的单调与恐惧。

● 改善景区的服务设施的质量,满足旅游者的需求

◇道观是景区内的主要服务设施分布地,但内部相应服务设施如厕所、厨房、客房等条件和质量均较差,有待进一步提高。

◇道家的待人接物,食品、饮料都应体现青城道教文化宗师风范。道家食品应既是一种普通食品,也是一种旅游产品,应体现道家的文化精髓和道家文化的风范,在现代市场经济条件下,也应充分展示诚信乐善的本义。可增加免费的青城道家茶供应,这既能展示青城道教文化,也展示青城的生态文化。

◇青城山道教文化的充分展示和深度挖掘,都依赖于道家子弟对道教文化的弘扬和光大。

◇可在区内设置几处露营地,满足部分旅游者对青城山自然和道家文化的浓厚兴趣。

4. 青城前山度假区

——本区特色

● 夏季度假条件次于后山区,但交通条件优越。

● 没有门票价格门槛的限制。

——规划目标

● 进一步完善度假环境和改善度假设施,使这里的度假资源能持续性利用。

● 有效抑制度假产品的新供应,充分发挥该地区存量资产的作用。

——规划思路与规划内容

● 认真保护好沿青城山山前公路从青城山镇到中兴镇的旅游度假资源。这是青城山乃至都江堰旅游持续发展的资源基础。

◇应规定最低土地征用面积和土地出售面积不得低于0.67公顷,并不得将大块土地划小,但允许将小块土地组合成该面积出售,并规定在该地块上的建筑物平面面积不能超过地块面积的

50%。

● 进一步改善该地区的旅游环境。

◇山地坡地退耕还林,使青城前山地带的林地绿化率进一步提高。

◇旅游企业的绿化率,尤其是成树覆盖率,应达到20%,使该地区的夏季度假条件退化程度降低。

◇调整与改善该地区建筑设施的外观和体量。建筑设施的外墙不要使用瓷砖,玻璃不能用蓝玻,最大高度不能超过三层。

◇建筑设施的建造中应充分考虑观景效果,遵从度假者求新求异的心理,以及家庭度假者对社交活动的需求,以及不同年龄段的家庭度假者的休闲活动需求。

● 改善度假产品结构

◇山庄、星级饭店式的产品是该地的主要产品。

◇改造或增加部分度假公寓式产品,充分考虑家庭度假者的需求。

◇增加较大数量的露营产品。以充分缓解该地区旅游旺季,旅游供应不足的矛盾。同时使降低对生态环境的破坏程度。露营地建设有多种形式,但强调以稀疏林地为主,配备厕所、饮用水和淋浴设备。

5. 青城后山度假区

——青城后山度假区的特色

● 该区植被茂盛夏季气温低,降水较多,是青城山片区消夏纳凉条件最好的地区,所以该区旅游业的季节性是全区最强的。

● 该区由于度假业的发展已逐步形成带状小城镇化,门票门槛会促进度假设施向收费区外围漫延。

● 该区无统一规划的小城镇群发展,使该区的旅游环境状况发生了极大改变,持续发展受到限制。

● 该区主要以低档消费为主,中档消费为次。

——规划目标

● 规划旅游环境,提高旅游质量。

● 加强管理监督力度,引导私人中小型企业的良性发展。

● 逐步限制新增建设,提高存量资产的利用率。

——规划思路和规划内容

● 规划该区的旅游环境,努力提高该区的旅游质量。

◇应对该区作总体统一的旅游规划和小城镇规划。现在沙坪、泰安、红岩已几乎连片,又一村也形成了一定的规模。通过重新规划实现区域内资源开发、城镇特色建设和环境保护的同步实现。

◇增大该区城镇范围内的绿化率。

◇应尽量吸引分散经营的农户向现有城镇区集中,而对分散的经营农户应限制规模。如4间房,8到12间床。这种规模有利于保证农户获得一定的收益,旅游者的服务质量有保证,减轻对环境的破坏。

● 不要将区域内的有限空间均转化为经济空间,应增大区域内公共休闲空间,并使这部分空间得以持续保留。

◇增加区域内的公共休闲设施,如戏水、散步、观赏等设施。

◇增加区域内的公共休息设施,如在人流汇集之地设公共休闲林地与相应的休息设施。

◇增加区域内社交活动的空间,如集体体育锻炼、露天电影、露天烧烤的环境及空间。

——重点项目

● 城镇与旅游规划:

◇前山青城山镇的旅游产业与城镇景观规划。

◇后山片区整体旅游产业与城镇景观规划。

● 环境改造

◇增大公共休闲空间——青城山镇公共休闲空间回购、后山露天休息和表演场所改造,戏水游戏空间。

◇环保设施后山片区垃圾收集和处理、污水的治理。

● 新建项目

◇露营地的建设。厕所、公共洗浴房、卫生保健室、安全室及小商品供应室。

◇度假公寓的修建。前山度假公寓(不设餐饮设施,但增加内部厨房设备、壁炉和家庭娱乐设备)。

◇前山游路的更新和整治。青城山现有游路观景点的选择和建设,前山—金鞭岩的道路整治,金鞭岩停车场建设、金鞭岩—祖师殿的游路整治。

◇景区内公共交通设施建设,规划景区内的观光游览车10辆。

(三)龙池—虹口片区

1. 本区特色

● 本区在具有夏季度假优势的同时,还具有冬季度假的优势,随着紫坪铺水库的建成,度假优势在全市更加突出。

● 本区度假产品已在省内享有一定的知名度。

● 本区资源种类丰富,且组合较好。

● 龙池—虹口虽然划为一个区域,但两侧资源特点具有显著差异。

龙池片区的旅游优势,无论是观光还是度假条件均强于虹口片区。

● 目前交通条件的限制性较强,是本区区位条件最差的一个旅游区。

2. 本区规划目标

● 充分发挥本区冬季度假的优势。这是近、中期该区旅游规划的主要目标。

● 有利于充分发挥区域内资源优势,并能持续性地保持资源质量。

● 调整区域内的旅游产业布局,实现区域资源保护和产业发展的持续进行。

3. 龙池片区

——龙池片区的特色

● 具有冬夏度假的显著优势和条件。

● 冬季度假已在省内享有一定的知名度。

● 资源种类丰富且组合较好。有利于多种旅游度假活动的开展。

● 目前及在以后较长时间内,该区的区位条件和交通条件难有大的改善。

——规划目标

● 将本区培育成季节性的度假、观光胜地。

● 充分发挥本地的资源优势,进一步提高旅游产品的质量。

——规划思路和规划内容

● 应重新对龙池片区进行旅游规划及旅游城镇规划,以具体调整该区域内小镇的建筑特色、总体景观状况以及小镇的发展方向。

◇该区域在过去的建设中缺乏统一规划设计,因此,该区的道路建设、设施布局、建筑景观与体量等均缺乏总体协调,零乱而不方便。通过再规划进行调整。

◇随着度假业的发展,该区域内的城镇化趋势难以避免,如何通过再规划,使新龙池镇、马桑坪等处之间形成一个良好的城镇体系和产业布局中心体系,对减少资源破坏,减少环境污染,促进产业效益提高均有十分重要的作用。

● 调整区域内的产业布局:

◇严格限制在马桑坪以上或以下的区域增加永久性的住宿设施。

◇将龙池片区新增的度假设施，尤其是住宿设施逐渐调整布局到新龙池镇地区。

◇建立景区内的公共交通体系。

● 改善区域内旅游环境，提高旅游质量。

◇严格限制景区大门以内区域的永久性旅游设施布局的增加，但允许减少，从而有效地避免区域内冬季旅游资源质量的降低。

◇增加区域内公共交通设施和非机动交通工具，严禁其他车辆上山。

◇改善区域内的植被环境。龙池有许多观赏性极强的植物，但由于种植规模小，种植范围局限，未能成为龙池景区的标志性植物并有效美化马桑坪一带的旅游环境。应在马桑坪一带成片引种杜鹃、牡丹和珙桐树，使龙池丰富的生物资源能把马桑坪一带装扮得更美丽。

◇增加公共休息设施。

◇建立和增大公共休闲空间。

◇撤除滑雪场附近的动物园和住宿设施，给旅游者充分的容纳和活动空间；或保留部分设施改造成饮料和方便食品提供区。

——重点规划项目

● 龙池镇的城镇景观与产业发展规划。

● 环境整治项目：

◇杜鹃花、迎春花、珙桐树的景区普种工作。

◇增设公共休息设施。

◇增大公共休闲空间。

● 调整设施分布：

◇动物园的搬迁。

● 龙池镇的建设。停车场、公共厕所、公共休闲空间的营造，商店、饮食店、饭店等的修建。

◇龙池景区的公共交通设施,规划20辆景区交通车辆。

◇垃圾和污水处理设施。

◇人员的培训与旅游宣传教育。

4. 虹口片区

——本区特色

● 水旅游资源条件较好,适宜于以水为主题的旅游活动开展。

● 本区生态条件组合较好,地形、空气、水体、生物的组合较好,适宜观光和搞一些参与性的活动,且参与的难度不高,这种组合在全市各大景区中是很突出的。

● 区位条件较龙池优越,资源优势悬殊很大。

——规划目标

● 规划建设都江堰的绿色食品生产和供应基地。

● 充分保存资源现存的原生环境和质量,使该地的特种生产和特种旅游的条件能长存。

——规划思路和内容

● 充分发挥虹口地区现有的资源优势,建立绿色食品基地:

◇可充分利用该区的水资源优势,为都江堰市、为成都市提供优质饮用水。

◇利用该地区的山地与气候条件,种植优质的猕猴桃等水果以及多种药材。

◇发展特色生猪、山羊的生产,为旅游者提供特色食品。

◇种植特色蔬菜。

● 规划建立生态旅游区:

◇可将接待中心设在虹口镇。以该镇作为生态旅游区的入口,所有车辆到镇后即不能再进入该区。该生态区域内可步行及使用自行车、牛车、马车等非机动交通工具。

◇区域内的建筑无论是虹口镇以及各民居建筑都应以发挥地

方传统建筑方式和格局为主。材料、色彩方面可以创造性地改变，但经济、和谐、美观、古朴应是区域内建筑的主格调。这样经过多年的营造，虹口区的景观必然会更加宣明突出，更富有吸引力。

◇虹口镇的城镇景观应重新规划，尽量保存和利用旧建筑，新建筑不要寻求城市化风格，山村小镇的特色应宣明、突出。应留足充足的公共空间，如停车场、公共厕所、公共休息场所。

◇生态旅游者的消费一般不高，重在追求返璞归真的生活环境和旅游经历。所以地方性的家常食品、酒水和饮料是吸引旅游者的重要因素。

◇在该区域内推广生态的系列观念和行为，包括生态型的垃圾回收、生态厕所、生态型住宅、生态型的生活方式等。

◇创生态品牌，树生态形象，使这里的生态旅游和生态型农业生产得到较好的互动发展。

● 规划旅游环境，开发旅游活动项目。

虹口从现有资源的构成看，发展观光游和度假游的条件均不及龙池、青城山地区，但其资源特征和空间极利于发展野营、探险、采石、垂钓、远足等旅游活动。这些活动的开发，无需当地有太多的旅游设施投入，重点是提供环境，加强市场宣传。

◇建立和营造良好的野营环境。野营应有良好的近水条件和较宽阔平坦的用地。可在深溪沟、八角寨选择地点修建或保留近河边野营地。野营地可举行野炊、钓鱼、露营等活动。

◇创造远足旅游的条件。远足需要良好的空气条件和适当的观景条件，现在虹口地区由于交通不繁忙，道路又位于山谷中，比较阴凉，便于远足运动的进行。

所以，公路建设应加强，道路旁的观赏点应安排合理的安全设施。

◇贾家沟一带可进行较简单的探险活动，找奇石，攀岩洞都丰富而有趣。

◇野营、远足都需要当地有纯朴的民风民情和良好的治安环境。

◇从白沙镇以后,骑自行车旅行是一件令人难忘的经历,沿途白沙河的风光和多种旅游活动会对人有极强的吸引力。

◇白沙河的漂流可以开展,但必须训练专门人员负责,以确保有良好的安全记录。

——重点项目

● 生态普及宣传工作

◇ 生态工程普及工作;

◇ 生态项目建设工作;

◇ 生态观念宣传工作。

● 旅游项目开展工作

◇ 简易游山步道的修建;

◇ 野营点的培制。

● 虹口镇中心接待设施的改造

◇ 停车场的修建;

◇ 公共厕所的修建。

思考题:

1. 试论述旅游地生命周期的三种状态。旅游地生命周期能否通过人为因素的调整而改变?
2. 如何对老旅游地的生命周期进行评估?
3. 老旅游地如何进行产业结构的调整?
4. 老旅游地如何进行产品结构的调整?

第十三章 风景旅游区规划

一、风景旅游区总体规划

风景旅游区的规划依然要经过旅游资源的调查和评价，制定旅游区的规划原则、指导思想、发展目标，确定风景旅游区的容量、接待规模，编制基础设施（道路及管网等）、旅游设施（住宿、餐饮、娱乐设施）规划，调查客源市场需求，对客源市场进行细分，编制项目规划等。这些内容在本书的其他章节已进行了论述。

风景旅游区规划最为核心的内容是风景旅游区的定性、定位，旅游区的功能分区和用地布局。这些内容涉及风景旅游区的发展方向是否正确。如果定性、定位出现差错，则可能造成土地资源的浪费，开发的项目是一个错误的投资，并且造成环境的破坏。如果这些问题没解决好，后面的各种图纸设计再好也是没用的。

根据建设部规定（《风景名胜区规划编制审批办法》），风景名胜区总体规划包括以下内容：

(1)概况、现状、区域发展条件；

(2)总体规划编制依据和规划的指导思想、规划原则与发展方向；

(3)确定风景名胜区的性质，划定风景名胜区范围及其外围保护地带；

(4)划定风景名胜区和其他功能分区；

(5)确定合理的规划容量；

(6)游览活动的组织安排；

(7)制定自然景观和人文景观保护规划,确定保护和开发利用的措施;

(8)制定环境保护和森林绿化规划;

(9)制定土地利用发展规划;

(10)根据规划容量,配置旅游餐饮、床位、商业等服务设施;

(11)确定道路、供电、供水排水、邮电通讯等公用基础设施发展目标与总体布局;

(12)确定社会经济发展及居民点发展调控要求;

(13)确定近期发展目标及主要建设项目;

(14)研究提出实施总体规划的管理措施;

(15)其他需要规划的事项。

风景旅游区的总体规划应比照风景名胜区总体规划的要求编制。以上内容有的已经论述过,限于篇幅,兹择其要者述之。

二、风景旅游区的定位

风景旅游区的定位是一项十分复杂而重要的工作,它关系到风景旅游区被定位成什么类型的旅游地,是观光型、度假型、休闲型、专项型还是复合型旅游地。当然,不少的风景旅游地都可能是复合型的,但必定有一种主要的类型。风景旅游区的定位是风景区的资源条件、区位条件、市场条件和空间竞争等因素综合决定的(杨振之,1997 年,《观光型、度假型自然风景区的定位与开发》)。

吴必虎(2001 年)、邹统钎(1999 年)、吴人韦(1999 年)等学者已介绍过国内外关于风景区定位的诸多理论,这里不再多述。在实践中,以下要素特别重要。

1. 旅游资源的特色和资源的评价结论

旅游资源的特性是风景旅游区定位的基础。旅游资源具备度假条件才能开发度假旅游,如果旅游资源是以观光特色为主,只能在外围适当开发度假产品;倘若加大了度假旅游的开发力度,则要破坏观光旅游的资源。

2. 市场的需求

市场需求对风景旅游区的定位有很大的影响。当然对一些品牌的旅游胜地，似乎市场需求的影响不会太大，但对于娱乐类、休闲类的风景旅游区，市场需求决定着风景区的产品开发。

3. 区位条件（前已论述）

4. 空间竞争（前已论述）

我们以四川稻城亚丁为例。四川省政府决定在 3 年—5 年内将亚丁景区开发为世界知名的品牌产品。目前以“最后的香巴拉”为其形象定位，吸引了部分海外游客和沿海城市游客来旅游，自驾车游亚丁已渐成风尚。这里资源组合良好，三座呈品字形的海拔 6 000多米的大雪山撼人心魄，原始森林、冲古寺（藏传佛教）、草原、温泉、藏寨组合为一道美丽的风景线。但目前可进入性太差，从成都到甘孜州理塘 300 多公里为国家二级公路，但从理塘到稻城 300 公里路全为碎石路面，稻城到亚丁风景区还有 30 公里的马道。如修建、改扩康定到稻城公路，需几十个亿的资金。由于紧挨云南中甸，又面临着中甸“香格里拉”品牌的竞争，如何对亚丁景区进行定位，就成为一个十分重要的问题。

已通过评审的亚丁景区总体规划由北京一家设计院规划，按甘孜州意见将亚丁年接待量提升至 100 万人次，而实际亚丁景区年容量只有 30 万～40 万人次。这里出现了第一个重大问题，是按九寨沟模式以接待量的增大来提高旅游总收入，还是增加每个游客的产出值。年接待超过 50 万人，亚丁景区将不堪重负，资源将遭到破坏。第二个重大问题，为了增加接待量，使游客快进快出，水泥公路修到山下，山上规划两条索道，如此下去，亚丁景观将受到严重破坏，再也不会是“香巴拉”了。

若采用另外的定位，将亚丁定位为生态旅游地，限制游客人数，年接待量在 35 万人以内，主要开发自驾车、探险、科考、登山、徒步、露营等旅游产品，市场定位在海外高消费的生态旅游游客和成都、重庆市自驾车游客和沿海游客。这样的结果是保护了亚丁的原始生态，又能获得较高的旅游收入，避免了景区的大规模建设和大项目的投入。

两种定位，两个发展方向，所带来得结果将迥然不同。

三、风景旅游区定性

风景旅游区的定性，是确定风景区的性质和各小区的性质，并对其功能、级别进行定位。

1. 命名和分类

风景区的命名有两个主要目的：一是使景区有个雅名，并便于突出景区形象，易于接受理解。这其中有许多景区是地方俗名，若俗得很地道，很有特色，则应保留俗名；若俗得不地道，又不便于记忆，则应重新命名。二是景区的命名还应体现出景区的旅游功能，让游客一看便知这个景区的资源特色和它提供的产品类型。如"××温泉"，一看就知是疗养地、度假地，"××湖"，一看就知是观光地和度假地。比如，我们在为升钟水库作规划时，认为这个西南最大的人工灌溉水库以"水库"命名不雅，且只突出了农业灌溉功能(省级风景名胜区)，建议改为"升钟湖"，以凸现其旅游功能。

在分类工作中，通常可按景区资源的类型或功能进行分类。

如景区为山岳型风景区，则可以沟、峡谷、山峰、湖泊、瀑布等来分类。九寨沟风景区有几条沟，在命名与分类上是树正沟、则渣洼沟、扎如沟等，"地名＋资源类型"就可为景区的小区和景点进行分类。

2. 功能分区

功能分区是风景区定性最重要的工作。吴人韦(1999年)认为，风景区功能分区主要遵循两大原则：第一为资源适宜性原则，要以资源对旅游活动的适宜性用途和区位分布条件为基础，适宜观光的资源划作观光功能区，适宜水上体育活动的资源划作水上运动区;第二为一致性原则,在区划定位中要注意差异性、一致性、相邻性原则。就功能区内的旅游活动而言,要保证这些旅游的一致性和相邻性,不能使其互相排斥。

功能分区最重要的是以旅游资源的特性为基础进行定性,但还有一个重要的问题不能忽略,即各功能区在区划上应相对独立,形成一个功能特点突出的区划。因此,这既要注意到各功能区界限的划分,又要注意到各功能区在旅游活动组织上的内在联系。各功能区界域的划分,一方面是以资源的空间分布为依据的,即适应该功能区的资源的空间分布;另一方面还得考虑该功能分区旅游活动的空间组织是否科学、合理。

如升钟湖的规划就体现了这些原则。升钟湖很大,水面 5.3 万多公顷,沿湖公路达 50 多公里。显然不可能将所有的水面、岛屿、半岛都开发为旅游区,必须抓住关键的区域、代表性的资源进行规划,因而功能分区就显得十分重要。比如,大坝是景区的出入口,在功能上是游客聚散地,并且具有观光功能、接待功能等复合功能,又是景区的形象所在,环境关系的处理、环境空间的设计就异常重要。如何组织游客的活动空间,又如何处理建筑物、绿化、景观之间的关系,使出入口不要在旅游旺季显得人满为患和空间拥挤,这些都是考虑的重点。在景区的核心地带,即苟家坝、李家坝,千岛一湖,水面宽阔,这里形成两个逻辑上关联的旅游区,一个苟家坝水上运动旅游区,以各类水上体育运动和水上观光为主,在李家坝的山坡和半岛上,是度假旅游区,将旅游水上活动与度假联系起来,而又各自独立成区划。再将各功能区通过水上和陆上线路连接起来,就形成了景区的空间组织。

四、空间布局和游览组织

1. 景区的总体布局

总体布局是看整个景区的形体结构是否和谐、均衡,景区资源的空间分布与形体结构的总体布局是否趋于一致,形体结构的框架是否完善。从总体布局上,要考虑到景区的外围地带、缓冲地带、核心地带之间的关系,在空间关系上的关联。同时要使景区的出入口区、核心地带、接待服务区、行政区、中心景点、次中心地带体现出空间层次,既考虑了它们之间的关联,又考虑了它们在等级、层次上的区别。所以说,功能分区是总体布局的基础。假若没有功能定性,总体布局上就困难重重。

2. 旅游区之间的布局和游览组织

旅游区之间的布局是按功能分区而布局的。各旅游区之间在功能上是优势互补的关系,每个旅游区是一个相对独立的单元,以旅游区为单元形成各旅游区在旅游活动方面的内在关联性,每个旅游区内部又都有自己配套的旅游项目和旅游活动。

如前所述,各旅游区在功能上的相互配套,就形成景区的功能整体,旅游区通过向游客提供相关联的配套功能,让游客完成在景区的旅游活动。

比如餐饮、娱乐、住宿,按功能应在服务接待区,或称为游客接待中心,它是为游客的观光等旅游活动提供生活服务的场所,与其他功能区的关系视景区的整个形体结构框架而定。一般情况下一个景区只有一个服务接待中心,如果景区面积太大,照顾到游览空间组织的合理性,也允许有一二个服务接待中心,但离核心景点要有相当的距离,要有隐蔽性。其他的便餐、茶水服务点视景区的情况应有合理的分布。如果景区为山岳型,通常在游览线路的空间组织上,以游道连接各旅游区,但在游道上必须考虑有游人休息的地点并能使游人获得茶水、点心的补给。按经验值,山地游道常人一般每小时 3 公里的路程,每一小时左右游客就应歇息一会(当然还要看山势的陡峭程度而定),这时就应有小型服务点布于道旁。于是,亭、台、楼、阁就被选定在这些游道旁分布。游客到了下一个旅游区时,这个旅游区有各种配套项目供游客游玩,或划船,或垂钓、或观景、或游寺院等。过了这个旅游区,游客可能又要经过一段游道,才能到达下一个游览区。这样,一个景区的游览系统在空间上就被合理地组织起来了。

3. 旅游区内的空间布局

旅游区内的空间布局,是景区的微观布局,它涉及用地的具体布局,其规划不会是概念性的,对旅游区内的布局方案的思考和选定,至少是景区控制性详规的基础。

旅游区内的布局更多地要考虑景点与景点之间的关系,如景点与景点如何通过道路来连接,景点之间如何形成对景,游客在什么位置观景是最佳角度。特别是有建筑物规划的时候,建筑物与景点之间的环境关系的处理就显得异常的重要。

在建筑规划时,建筑的选址十分重要,建筑物不能遮掩景点,建筑与景点要天然和谐,与景点配搭后形成更好的景致。建筑的高度、体量和风格都要受到严格限制。外观风格要与景点的类型和周边环境协调统一,更要反映出当地的文化特性和民族特点,建筑物的高度最高不能超过树冠。比如厕所,离中心景点应有一定的距离,且要隐蔽,或者在岩石后面,或者为树木遮挡。也可建生态厕所,外观如岩石的小屋,见之如一小景,进去才知是厕所。

同时,还要考虑不同建筑物的功能在旅游区的合理布局。

另外,在旅游区内,游客游憩的休闲空间和绿化用地也要充分考虑。这实际上是对旅游区内的用地进行定性。旅游区内要考虑游客的活动、休闲的空间,空间的大小由旅游区的游客容量来决定。在空间规划中,休闲空间的规划是至关重要的。休闲活动空间要考虑到绿化用地和绿化配置。根据旅游区的功能定性不同,绿化配置就大不一样。如寺院区,栽种罗汉松和银杏是不错的选择,因为它们不但绿化档次高,林相好,更能营造庭院深深几许的氛围。

案例:成都市洛带镇“客家文化休闲区”修建性详规绿化规划(绿化规划部分由杨一川教授承担)

如笔者主持的《成都市洛带镇“客家文化休闲区”修建性详规》(王挺之任组长,杨振之任副组长、技术负责人),在古镇的中部规划设计了一个表演功能的中心广场。中心广场坐北朝南,左为广东会馆,右为江西会馆,南为“客家文化休闲区”。在该区内,在广场南部与广场相连,为占地0.8公顷的大荷塘,荷塘水渠在广场南端尾部绕行一个弧形,形成一小岛,有三拱形桥与广场相连。荷塘东边为“客家圆楼接待中心”,南边为“多功能会议中心”,西边为休闲的水榭茶楼。在多功能会议中心以南,是十多亩的绿地规划。在绿化造景方面,特别是树林的营造模拟亚热带常绿阔叶林,使其更具观赏价值和生态价值。较大规格的大叶樟(树干胸径dbh>8cm,高h>3m,冠幅直径φ>2m)、银杏(dbh>12cm,h>5m,φ>3m)、天竺桂(dbh>4cm,h>2m,φ>1.5m)等将被作为骨干树种栽种,而峨眉含笑、天师栗、马褂木、黑壳楠、交让木等珍稀名贵树种也将配置其间,林下和林缘将种植玉叶金花、峨眉桃叶珊瑚、异叶榕等多种林间灌木;池塘周边栽植柳树,池中植荷花。草地避免城市化草坪模式,培植由多种草本植物组成的地被草本植物草地。全区绿化建成后,将体现出“四围香稻、万顷晴沙、九夏芙蓉、三春杨柳”的景观效果。

广场上置配客家人原乡地树种蒲葵树(杆径>20cm,高>2m),体现亚热带风光。

这片绿化档次高,造价大,但在其四周,结合当地为中国著名水果之乡的观光农业特色,保留大片桃、李等乡土树与之交相辉映。

另外,该区的建筑设计完全体现了客家民居的风格,提取了客家民居的建筑符号,而与古镇的会馆建筑、民居建筑相协调。

图 13－1 客家圆楼接待中心(设计者:魏柯)

图 13－2 客家民俗文化村(设计者:魏柯)

思考题：

1. 试述风景旅游区总体规划的基本内容。
2. 试论风景旅游区定位的基本原理。
3. 对风景旅游区进行功能分区应掌握哪些基本方法？
4. 如何进行风景旅游区的空间布局和游览组织？

参考文献

1. 世界旅游组织,国家旅游局,四川省旅游局．四川省旅游发展总体规划．1999

2. 四川省旅游规划设计研究所,规划组副组长,技术负责人杨振之．四川省都江堰市旅游发展总体规划．1999—2000

3. 四川大学旅游规划与开发研究所,课题组组长王挺之,杨振之(总策划)．四川省江油市旅游营销策划．2000

4. 四川大学旅游规划与开发研究所,课题组组长王挺之,技术负责人(执行副组长)杨振之．四川省南部县旅游发展总体规划．2001

5. 成都市旅游局．成都市旅游业"十五"计划和2015年发展规划纲要．2000

6. 四川省社科院旅游资源开发研究中心,课题组组长陈世松,杨振之(技术负责人)．成都市洛带镇旅游发展总体规划．1999

7. 四川大学旅游规划与开发研究所,课题组组长王挺之,副组长(技术负责人)杨振之．成都市洛带镇"客家文化休闲区"修建性详规．2001

8. 杨振之著．旅游资源开发．成都:四川人民出版社,1996

9. 杨振之著．中国后花园．成都:四川人民出版社,1999

10. 吴必虎著．区域旅游规划原理．北京:中国旅游出版社,2001

11. 旅游规划原理．国家旅游局人事劳动教育司“岗位培训系列统编教材”,北京:旅游教育出版社,1999
12. 邹统钎著．旅游开发与规划．广州:广东旅游出版社,1999
13. 约翰·斯沃布鲁克著,张文等译．景点开发与管理．北京:中国旅游出版社,2001
14. 岳怀仁主编．风景旅游区经营与管理．昆明:云南大学出版社,1998
15. 刘振礼,王兵编著．新编中国旅游地理．天津:南开大学出版社,1997
16. 维克多·密德尔敦著,向萍等译．旅游营销学．北京:中国旅游出版社,2001
17. 冯若梅,黄文波编著．旅游业营销．北京:企业管理出版社,1999
18. 屈云波,高媛编著．市场细分．北京:企业管理出版社,1999
19.(台湾地区)樊志育著．市场调查．上海:上海人民出版社,1995
20. 梅尔文·格林著,冯百才,卢晓成,刘振卿编译．90年代的旅游饭店——旅游饭店业市场营销学新篇．北京:旅游教育出版社,1988
21.[南]S·翁科维奇著,中国人民大学俄语教研室塞语学习班译．旅游经济学．北京:中国人民大学出版社,1986
22.[美]朱卓仁著,南开大学旅游外语教研室译．休假地的开发及其管理．北京:旅游教育出版社,1992
23. 刘非编著．饭店业营销．北京:企业管理出版社,1999
24. 邹统钎著．旅游度假区发展规划．北京:旅游教育出版社,1996

25. 李溢著．世界热带亚热带海岛海滨旅游开发研究．北京:旅游教育出版社,1997
26.[英]罗伯特·霍尔登编著,蔡松坚译．环境空间．安徽:安徽科技出版社,北京:中国建筑工业出版社,1999
27.[西班牙]帕高·阿森西奥编著．生态建筑．南京:江苏科技出版社,2001
28. 若泽·塞伊杜著．旅游接待的今天和明天．北京:旅游教育出版社,1990
29. 陈安泽,卢云亭著．旅游地学概论．北京:北京大学出版社,1991
30. 庞规荃著．中国旅游地理．北京:旅游教育出版社,1995
31. 保继刚,楚义芳,彭华著．旅游地理学．北京:高等教育出版社,1993
32. 卢云亭著．现代旅游地理学．南京:江苏人民出版社,1988
33. 郭来喜著．人文地理学概说．北京:科学出版社,1985
34. 国家环保局自然保护司编．自然资源的合理利用与保护(论文集).1993
35. 中国旅游报．历年各期
36. 旅游时报．历年各期
37. 旅游学刊．历年各期
38. 旅游管理．中国人民大学报刊复印资料(1999—2001).
39. 梁思成著．中国建筑史．广州:百花文艺出版社,1998
40. 李蕾蕾著．旅游地形象策划:理论与实务．广州:广东旅游出版社,1999
41. James Hilton 著,罗尘编译．消失的地平线．西安:陕西师范大学出版社,2000
42. 董观志著．旅游主题公园管理原理与实务．广州:广东

旅游出版社,2000

43. 台湾地区“交通部观光局”. 台湾地区观光游憩系统开发计划 .1992

44. 钟海生,郭英之编著 . 中国旅游市场需求与开发 . 广州:广东旅游出版社,2001

45. 戴星翼著 . 环境与发展经济学 . 北京:立信会计出版社,1995

46. [美]罗伯特 E·史蒂文斯,菲利普·K·舍伍德,J·保罗·邓恩著,刘秀云译 . 市场投资分析 . 北京:机械工业出版社,2000

47. 西藏自治区人民政府,中华人民共和国国家旅游局,联合国开发计划署、世界旅游组织 . 西藏自治区旅游规划 . 1990

48. 四川省旅游规划设计所,技术负责人陈茂勋 . 四川省广安市旅游发展总体规划 .2000

49. 四川省旅游规划设计所,技术负责人李立华 . 四川省阆中市旅游发展总体规划 .2000

50. 四川省旅游规划设计所,技术负责人何毓成 . 四川省甘孜藏族自治州稻城县旅游发展总体规划 .2001

51. 四川省旅游规划设计所,技术负责人李钟武 . 四川省阿坝藏族羌族自治州旅游发展总体规划 .2001

52. 四川省旅游规划设计所,技术负责人刘开榜 . 四川省甘孜藏族自治州丹巴县旅游发展总体规划 .2000

53. 四川省旅游规划设计所,技术负责人陈茂勋 . 四川省眉山市旅游发展总体规划 .2000

54. 四川省旅游规划设计所,技术负责人李钟武 . 四川省甘孜藏族自治州旅游发展总体规划 .1999

55. 四川省旅游规划设计所,技术负责人朱创业 . 四川省甘

孜藏族自治州康定县旅游发展总体规划 .2000

56. 四川省旅游规划设计所,技术负责人叶红 . 四川省阿坝藏族羌族自治州黑水县旅游发展总体规划 .2000

57. 王大悟,魏小安著 . 新编旅游经济学 . 上海:上海人民出版社,2000

58. 王兴斌著 . 区域旅游规划 . 北京:中国旅游出版社,2000

59. D. Pearce, *Tourist Development*, *Longman*, 1989

60. C. P. Cooper(ed.), *Progress in Tourism*, *Recreation and Hospitality Management*, Belhaven Press, 1989

61. StephenL. J. Smith, *Tourist Analysis – AHandbook*, Longman, 1989

62. H. Robinson, *A Geography of Tourism*, London, 1976

63. Zev Naveh, ArtherS. Lieberman, *Landscape Ecology*: *Theory and Application*, Springer – Verlag New York, 1984

64. Gunn, Clare A, *Tourism Planning*, Taylor&Francis, 1979

65. Murphy, Peter *E. Tourism*, *A Community Approach*, Methuen &Co. Ltd.

66. Inskeep, Edward, *Tourism Planning*, Van Nostrand Rein – Hold, New York, 1991

67. Hunter, Colin&Howard Green, *Tourism and Environment*: *A Sustainable Relationship*? London: Routledge, 1995

68. Kotler, P., John Bowen, James Makens, *Marketing for Hospitality & Tourism*, Prentice – Hall, Inc. 1996

69. Heath, E., GeoffreyWall, *Marketing Tourism Destination*, John Wiley&Sons, 1991

70. Holloway, J. C., *The Besiness of Tourism*, Longman Group

Limited, 1995

71. Morgan, M., *Marketing for Leisure and Tourism*, Prentice Hall Europe.

72. Foster, D., *Travel and Tourism Management*, London, Macmillan. 1985

73. Butler, R. W., *The Concept of a tourist area cycle of evolution: implications for management of resources*, Canadian Geographer, 24:5－12, 1980